U0993735

中国经济文库·应用经济学精品系列（二）

·本研究系国家社会科学基金项目“黄河流域制造业双重价值链高质量嵌入研究”（项目批准号为：20BJY090）的最终成果

王　珏◎著

黄河流域制造业双重价值链高质量嵌入研究

Huanghe Liuyu Zhizaoye Shuangchong Jiazhilian Gaozhiliang Qianru Yanjiu

中国经济出版社
CHINA ECONOMIC PUBLISHING HOUSE
北　京

图书在版编目（CIP）数据

黄河流域制造业双重价值链高质量嵌入研究 / 王珏著. -- 北京：中国经济出版社，2024. 10

ISBN 978 -7 -5136 -7707 -3

Ⅰ. ①黄… Ⅱ. ①王… Ⅲ. ①黄河流域 - 制造工业 - 工业发展 - 研究 Ⅳ. ①F426. 4

中国国家版本馆 CIP 数据核字（2024）第 064948 号

责任编辑　孙晓霞　井　铭
责任印制　马小宾
封面设计　华子图文

出版发行　中国经济出版社
印 刷 者　宝蕾元仁浩（天津）印刷有限公司
经 销 者　各地新华书店
开　　本　710mm ×1000mm　1/16
印　　张　20. 5
字　　数　302 千字
版　　次　2024 年 10 月第 1 版
印　　次　2024 年 10 月第 1 次
定　　价　78. 00 元
广告经营许可证　京西工商广字第 8179 号

中国经济出版社　**网址** http://epc. sinopec. com/epc/　**社址** 北京市东城区安定门外大街 58 号　**邮编** 100011
本版图书如存在印装质量问题，请与本社销售中心联系调换（联系电话：010 -57512564）

前言 Preface

党的十九大提出中国经济由高速增长阶段转向高质量发展阶段，表明我国正处于转变发展方式、优化经济结构、转换增长动力的关键时期。黄河流域作为我国重大战略背景下的生态屏障和经济地带，在国家发展大局和社会主义现代化建设全局中具有举足轻重的战略地位。维护黄河流域各个省份社会稳定和民族团结，对于促进区域协调发展，具有重要意义。2021 年 10 月，中共中央、国务院印发《黄河流域生态保护和高质量发展规划纲要》，进一步将“黄河文化大发展大繁荣”和构建黄河流域发展新格局作为国家重大战略，黄河流域的高质量发展因而具有特殊的战略意义。

本书是国家社科基金“黄河流域双重价值链高质量嵌入研究(20BJY090)”的研究成果。课题组经过三年多的潜心钻研，遵循“双循环”战略思路，对内以产业为突破口，探索黄河流域产业结构调整的合理方向和适应新时期数字经济趋势的产业机构格局；对外以融入全球价值链为导向，探寻黄河流域通过与国内其他地区的产业衔接与互动高水平参与全球产业分工，从而形成黄河流域双重价值链高质量嵌入的有效路径。

全书由七章构成，首先从制造业转型升级的内涵、动因与测度入手，对制造业双重价值链概念的提出以及制造业价值网络的形成与演进进行了理论上的系统梳理与诠释；进而对黄河流域制造业现状及其在国内价值链和全球价值链演化中的地位变迁进行了较为系统而全面的分析，并基于双重价值链匹配测算及省际分析，用定量分析方法剖析了黄河流域嵌入国内价值链和全球价值链的影响因素。鉴于不可逆转的数字经济发展趋势，进一步将黄河流域高质量嵌入双重价值链的研究与数字经济相结合，对数字经济促进黄河流域高质量发展的机制及驱动因素进行了研究。最后，从区域协调（对内）、“一带一路”（对外）和双重价值链协同视角对黄河流域制造业高质量嵌入双重价值链进行了路径探索。

本书是课题组对新时期我国区域发展的初步思考和探索，涉及领域众多，问题复杂，研究不当之处敬请广大读者不吝批评指教。同时希望能够由此引发广泛的交流与讨论，以推动相关研究不断走向深入。

目录 Contents

第四章　黄河流域制造业全球价值链地位变迁

第五章　黄河流域制造业双重价值链形成与地位演变

表目录
Contents

图目录 Contents

第一章　制造业转型升级与价值链形成

19 世纪以来，全球范围内的制造业产业分工经历了五次大的变革（如表 1 –1 所示）。第一次国际产业分工始于 19 世纪 40 年代，主要表现为基于产业间分工的制造业从英国、德国等国家向美国转移。这种制造业不同产业间的分工承接持续了大约一个世纪，并将制造业分工向日益细化推进。自 20 世纪 50 年代起，制造业分工从产业间转向产业内，美国开始成为产业转出地，形成国际产业的第二次大转移。10 年后，产业内分工进而被产品内分工取代，日本迅速成长为产业转出国并以东亚其他国家和地区为主要的产业承接地，掀起以产品内分工为主要特征的第三次全球制造业转移。20 世纪 80 年代，曾经的产业承接地韩国、新加坡以及中国台湾和中国香港等开始向中国大陆输出制造业，不同的是，这一轮产业转移以更加细化的工序间分工为基础，并伴随工业互联网和大数据的萌芽进一步推动全球生产在工序间分工的基础上进一步出现产业融合。云计算、人工智能等新一代信息技术的发展正在削弱传统低成本优势在生产中的作用，以高端人力资本和技术为核心的新型综合优势变得更为重要，国际范围内的产业转移转变为从工业化发达国家向欠发达国家的双向转移，对以往国际产业转移的“边际产业扩张理论”及“雁阵模式”形成挑战。

表 1 –1　五次国际产业转移的特征

名称	特征	转出地	转入地
第一次国际产业转移（19 世纪 40 年代）	产业间分工	英国、德国	美国

续表

名称	特征	转出地	转入地
第二次国际产业转移（20 世纪 50 年代）	产业内分工	美国	日本
第三次国际产业转移（20 世纪 60 年代）	产品内分工	日本	韩国、新加坡、中国香港、中国台湾
第四次国际产业转移（20 世纪 80 年代）	工序间分工	韩国、新加坡、中国香港、中国台湾	中国大陆
第五次国际产业转移（21 世纪 10 年代）	工序间分工与产业间融合	中国大陆	东南亚国家、欧美国家

第一节　制造业转型升级的内涵、动因与测度

制造业是社会生产力的根基，是国家竞争力的直接体现。身处百年未有之大变局中，中国制造业的转型之路并不平坦，面临“过早衰退”“断链风险”“根基不稳”等多重挑战。推进制造业转型，是应对复杂多变的世界政治经济格局、切实转变经济发展方式、适应经济新常态的关键举措，是实现中国式现代化的必要基础，也是学术界广泛关注的热点问题。

一、制造业转型升级的内涵

在早期的研究中，制造业转型升级概念大多源自产业升级的相关研究，而且同时出现了很多近似概念。不同学者从不同角度阐述了产业结构升级的演进规律，李斯特于 1841 年提出了产业结构理论，他认为国家的经济发展大概分为五个阶段：原始未开化时期、畜牧时期、农业时期、农工业时期、农工商时期；同时，政治制度、科学技术、人员素质、民族精神都是生产力发展与工商业繁荣的重要条件和源泉。德国经济学家霍夫曼于 1931 年提出霍夫曼定律，其按照工业化进程中产业结构之间的比例关系和变动趋势，将产业按产品用途分为消费资料产业、资本资料产业、其他产

业；霍夫曼运用这种划分方法的目的是分析消费资料工业净产值与资本工业净产值的比例（霍夫曼比例）问题。霍夫曼认为，消费品工业占主导地位、资本品工业增速快于但规模小于消费品工业、资本品与消费品的工业规模平衡、资本品工业占主导地位是工业化进程的四个阶段。随后，1940年，科林·克拉克基于威廉·配第的国民收入与劳动力流动之间关系学说提出了配第—克拉克定理，他认为在国民财富增加的过程中，劳动力会在三个产业之间流动，在这个过程中第一产业的劳动力会不断流入第二、第三产业。对此，库兹涅茨在1941年验证了配第—克拉克定理，他认为劳动力的就业结构与国内第一、第二、第三产业的产值有关，并将这一发现命名为“库兹涅茨法则”。赤松在1960年提出了一种关于产业结构在国际间尤其是在西太平洋地区国家间传递的学说，其发展基础是各国产业梯度差的存在。根据马克思的两大部类分类法，雁阵式产业结构升级模式主要呈现两种模式，一种是经历了从消费资料产业到生产资料产业的转变，从农业逐步过渡到轻工业，最后到重工业的发展过程；另一种是消费资料产业由产品的粗制化向精制化转型，生产资料产业的产品则从生产生活用的生产资料向生产用的生产资料转化，从而推动了产业结构合理化和高级化。

随着研究的不断深入，许多学者对产业升级本质和方式进行研究。从产业升级本质的视角来看，不同学者对制造业升级的内涵基本形成统一认识。Gereffi（1999）认为，制造业升级是从劳动密集型生产向资本和知识密集型生产转型的过程。学者Poon（2004）同样认为，制造业升级是制造商从生产劳动密集型低价值产品向生产资本或技术密集型高附加值产品转化的过程。林毅夫等（1999）认为，不同的国家应当根据自身比较优势选择相符的产业结构，产业升级的本质就是产业发展所依赖的劳动要素向资本和技术要素转换的过程。迈克尔·波特（2002）指出，国家要素禀赋与劳动力要素、土地要素相比，国家资本要素、技术要素等要素禀赋更为丰富，产业升级是指要素比较优势的转变推动国家产业结构向资本密集型、技术密集型升级的过程。从产业升级方式来看，制造业升级方式主要包括产业间升级和产业内升级两种升级方式。Gereffi（1999）提出了产业升级的四种层次：产品升级、经济活动升级、部门内升级和部门间升级。Ernst（2001）将产业升级分为五个类型：产业间升级、要素间升级、需求升级、功能升级和链接升级，其中要素间升级、需求升级、功能升级和链接升级属于产业内升级。Humphrey 和 Schmitz（2002）将制造业升级的内涵定义为工艺升级、产品升级、功能升级、跨产业升级，其中工艺升级、产品升级和功能升级是产业内升级的方式，而跨产业升级则是产业间升级的方式。

一般而言，国内外学者有关制造业转型升级含义的理论研究主要集中在产业结构升级和价值链升级两部分内容，但目前还没有形成共识。在制造业价值链升级领域，自 21 世纪以来，国际分工体系逐步建立，“全球价值链”理论引起热论，一些学者从价值链角度研究制造业转型升级。他们认为，只要制造业企业通过创新提升了生产效率并在产业链和价值链中不断攀升，无论是劳动密集型生产还是资本和知识密集型生产，都是成功实现转型升级的表现（Humphrey and Schmitz，2002）。对此，部分学者认为制造业转型升级是产品的价值链地位提升和产业链优化，技术和产品附加值由低向高转变，实现产业结构高级化，提升盈利能力的过程（秦可德等，2013）；而此过程中技术创新至关重要，其本质表现是产业发展模式的转变，即从粗放型、低附加值向集约型、高附加值产业模式转变；外在表现为重点产业由依靠劳动向资本、技术等要素转移（张其仔、李蕾，2017）；制造业升级在宏观层面为国家经济发展阶段，在中观层面为产业间的关系结构，在微观层面则为企业与其竞争力的关系（周大鹏，2013）。部分学者指出，借助充足的劳动力优势，中国制造业以组装和加工为手段融入全球价值链，但随着发达国家制造业回流和发展中国家成本优势的双重挤压，如今我国制造业仍面临向上升级通道变窄、获利能力较低的被动局面（陈艺毛等，2019）。Javaid 等（2022）认为，制造业升级是制造业企业从劳动密集型转向技术密集型的演变过程。从产业演变维度来说，制造业转型升级的本质是生产要素的不断升级，从而推动制造业的产业结构向高级化、合理化方向不断发展，与此同时资源配置效率也大幅提升。制造业升级的核心是制造业由低附加值向高附加值转移，是一种价值链跃升。因此，中国制造业亟须通过产业转型升级实现价值链攀升，提升中国制造业在国际分工中的参与深度和地位。

在制造业产业结构升级方面，吴崇伯（1988）认为，东盟国家普遍在调整其产业，并普遍倾向于升级其制造业。这一转变正在推动产业结构从橡胶制品、木材加工、纺织等劳动和资源密集型轻工业向资本和技术密集型重化工业转变。从本质上讲，这需要逐步淘汰劳动密集型行业，转而支持技术和知识驱动型产业。一些学者认为，改革开放后中国经济的显著增长部分归因于经济结构的有效调整和制造业向高附加值产品的成功转型（Cheong and Wu，2014）。部分学者认为，制造业结构的高级化与合理化是推动制造业升级的主要途径，高技术制造业的比例越高，制造业结构高级化指数越高（何冬梅、刘鹏，2020）。从制造和转型的角度出发，中国的工业转型升级计划强调，转型涉及将发展模式转向创新驱动、绿色、智能制造、服务导向和国内消费驱动，升级旨在促进工业、技术、产品和组织等结构的整体优化。Poon（2004）指出，转型是为了使组织适应内部和外部变化，降低内部管理成本，并优化治理和管理结构，获取和应用核心技术，以提升竞争力，并进入资本和技术密集型的经济领域。

不同国家也针对自身制造业升级的内涵做了诸多界定和规划，如中国在 2015 年制定的《中国制造 2025》中，从战略高度阐述了制造业转型：实现中国制造向中国创造转变，中国速度向中国质量转变，中国产品向中国品牌转变，完成中国制造由大变强的转变。日本在 2021 年发布的《日本制造业白皮书》中，强调制造业转型是在加强供应链安全基础上，推动制造业数字化和去碳化。欧盟委员会在 2022 年发布的《工业 5.0：迈向持续、以人为本且富有韧性的欧洲工业》中，将制造业转型描述为增强产业链条韧性，推动工业生产由系统化、批量化向人本化、个性定制化转变。可以看出，制造业转型的内涵随国家和发展阶段而变。对于当代中国制造业来说，一方面，中国正处于发展中前所未有的变革之中，发展面临的环境复杂严峻，各方面的不确定性风险也在逐渐增加；另一方面，制造业本身面临严峻挑战，存在大而不强、低端锁定、高污染高能耗、高水平专利研发能力薄弱等问题。

二、制造业转型升级的动因

现有研究针对制造业转型升级影响因素的研究较多，笔者将其归纳为传统因素、制度因素、国际因素三大类，其中传统因素为金融发展、人力资本、技术进步，制度因素为财政金融政策、产业创新政策、环境规制政策，国际因素为国际分工、对外贸易、国际投资，具体如图 1－1 所示。

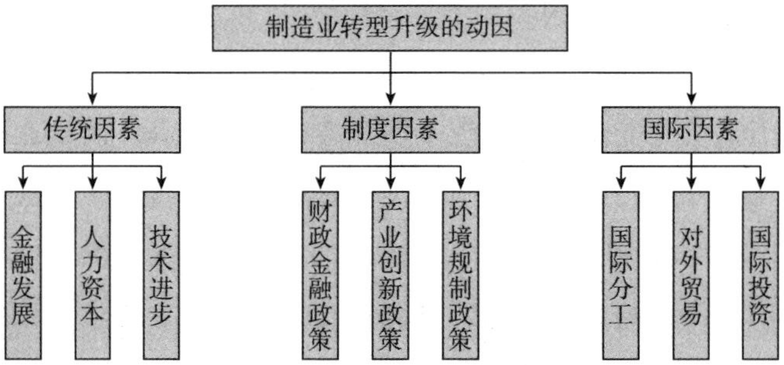

图 1－1　制造业转型升级的动因

（一）金融发展的推动

现有研究认为，金融发展是制造业转型升级的重要推动力量。唐松等（2020）认为，金融市场的融资和风险管理功能可以为制造业提供必要的资金支持与风险保障，从而促进制造业的技术创新和产业升级。金融市场的发展可以降低企业的融资成本，为企业的技术创新和产业升级提供资金保障。通过股票市场和债券市场等融资渠道，企业可以获得长期稳定的资金来源，降低融资成本，从而将更多的资金用于技术创新和产业升级（廖正方、王丽，2023）。此外，金融市场的发展也可以促进企业之间的竞争和合作，推动制造业的技术创新和产业升级。从企业发展的视角来看，部分学者认为金融市场的发展可以为企业提供更加灵活、多样化的融资和风险管理工具（肖锐等，2021）。例如，通过资产证券化等方式，企业可以将缺乏流动性的资产转化为可以在市场上交易的证券，从而获得更多的资金来源和风险管理手段。另外，金融市场的发展还可以为企业提供更加灵活的融资方式，如供应链融资、贸易融资等，以满足企业在不同场景下的融资需求。吴安兵等（2023）指出，金融市场的发展可以提高企业的风险管理能力，进而推动企业进行产业转型升级的意愿。通过金融市场的风险分散和转移机制，企业可以将风险分散到更广泛的投资者群体中，降低风险敞口。例如，通过购买保险等方式，企业可以将部分风险转移给保险公司或其他金融机构，降低意外事件造成的损失。

（二）人力资本的提升

人力资本是国家制造业转型升级的关键因素。随着经济的发展和技术的进步，制造业对人才的需求也在不断增加。高素质的人力资本可以推动技术创新和产业升级，提高企业的生产效率和质量水平，推动制造业向高端化、智能化、绿色化方向发展。具体来看，周国富等（2023）认为，人力资本可以提供必要的技术和管理支持，推动制造业的技术创新和产业升级。具有高水平技术和管理能力的人才可以引导企业采用新技术、新工艺、新管理方式，提高生产效率和产品质量，推动制造业向高端化、智能化、绿色化方向发展（惠宁、杨昕，2022）。具有高级技能的工人可以熟练地操作先进的生产设备，提高生产效率和产品质量；具有高水平管理才能的管理者可以引导企业进行有效的组织改革和流程优化，提高企业的管理效率和经营效益。程锐等（2023）认为，人力资本可以为企业提供创新的思路和方案，推动制造业的技术创新和产业升级，具有高水平创新能力和思维的人才可以提出新的思路及方案，引导企业进行技术创新和产业升级。例如，具有创新思维的设计师可以设计出更加符合市场需求的产品，提高产品的竞争力和市场占有率；具有创新思维的研究人员可以研究出更加先进的技术和产品，推动企业的技术创新和产业升级。刘新智和沈方（2021）以长江经济带为例，通过实证研究发现具有高水平文化素质和职业素养的人才可以引导企业形成积极向上的企业文化，提高企业员工整体的文化素质和职业素养，推动制造业的转型升级。此外，高水平文化素质的管理者也可以引导企业形成积极向上的价值观，提升企业的品牌形象

（赵卫军、朱建民，2023）；同时，具有高水平职业素养的技术工人可以熟练地操作先进的生产设备，提高生产效率和产品质量。

（三）技术进步的推动

现有研究普遍认为，技术进步是推动制造业转型升级的核心动力（逯进、李婷婷，2021）。随着新技术的不断涌现和推广应用，制造业的生产方式和管理模式也在不断变革。新技术可以提高生产效率和质量水平，降低生产成本，避免资源浪费，推动制造业向数字化、自动化、绿色化方向转型。王静（2021）认为，新技术可以提高生产效率和质量水平，随着消费者对产品质量和性能的要求不断提高，制造业需要不断采用新技术提高生产效率和产品质量，满足市场需求。数字化技术和智能化技术的应用，可以实现生产过程的自动化和智能化，以提高生产效率和产品质量。此外，新工艺和新型生产方式的应用，也可以提高生产效率和产品质量，进而推动制造业转型升级，通过采用新技术，可以降低制造业的生产成本，提高企业的投资回报率。韩先锋等（2019）指出，互联网技术和大数据技术的应用可以实现生产过程的精益化与智能化。随着新技术的发展和应用，制造业的生产方式和商业模式也在不断变革。清洁能源技术的应用可以降低能源消耗，减少环境污染，进而降低生产成本，提高企业的竞争力和市场占有率。郭炳南等（2022）基于中国282个城市样本数据，发现数字经济对产业结构合理化和产业结构高级化具有显著正向影响，且对于产业结构高级化的解释力更强；作用机制分析表明，绿色技术创新是数字经济释放产业结构升级红利的重要传导机制。

（四）财政金融政策的引导

财政金融政策是政府引导和促进制造业转型升级的重要手段（冯永琦、邱晶晶，2021）。政府可以通过财政资金的支持、税收政策的优惠、金融政策的引导等方式，鼓励企业进行技术创新和产业升级，提高企业的投资效率和利润水平，从而推动制造业的转型升级（鲁钊阳，2012）。政府可以通过设立技术创新基金、提供财政补贴等方式，为企业的技术创新和产业升级提供资金支持（李秀芳、金璐，2023）。仲颖佳等（2020）认为，政府可以提供一定的财政资金，支持企业进行新技术研究和产品开发，促进企业的技术创新和产业升级；此外，政府还可以通过购买先进设备等方式，为企业提供更加完善的生产条件，推动企业的产业升级和技术创新。张国庆和李卉（2019）认为，政府可以通过减少企业的所得税、增值税等税收优惠政策，降低企业的税负，提高企业的盈利能力；政府还可以制定针对制造业的税收优惠政策，如减免企业所得税、降低增值税税率等，鼓励企业进行技术创新和产业升级。刘赟和莫斌（2021）认为，金融政策的引导可以鼓励金融机构加大对企业的信贷支持，政府能够通过制定金融政策，引导金融机构加大对企业的信贷支持，降低企业的融资成本，提高企业的投资效率和利润水平。例如，政府可以通过设立政策性银行、提供低息贷款等方式，为制造业的转型升级提供更加灵活、多样化的融资支持。

（五）产业创新政策的推动

佟孟华等（2022）基于产业转型升级示范区政策，发现示范区设立可以显著提升区域内企业的创新投入水平和创新产出能力，示范区政策通过提高企业商业信用、提升城市居民消费活力和促进区域经济增长激励企业创新。孟繁瑜和李新瑶（2019）整理了历史文献与统计资料，对美国钢铁发展历史进行分析与规律探索，发现电炉化技术创新和废钢资源的合理环保利用是钢铁大国与钢铁强国产业经济持续发展的要因。研究结论认为，中国通过颁布产业创新政策和采用创新技术开发进行产业转型升级是很有必要的，应注重加强科技管理和创新政策的双重引导，鼓励产业发挥技术创新核心驱动作用，为产业转型升级提供强力支撑。孙大明等（2022）认为，产业创新政策是影响产业升级的重要因素，此举可以促进产业内的协同合作和创新发展。政府可以通过制定产业创新政策，鼓励产业内的企业进行协同合作和创新发展，推动产业的整体升级和发展。具体来说，政府可以设立产业创新平台，促进企业之间的技术交流和人才流动，推动产业内的协同合作和转型升级（王磊等，2017）；另外，政府还可以制定针对特定产业的创新政策，鼓励企业采用新技术、新工艺、新模式等方式，进行产业升级和技术创新，推动产业的整体升级和发展。

（六）环境规制政策的推动

现有学者普遍倾向于认为环境规制政策是政府对制造业实施的一种重要政策工具，它可以推动制造业的转型升级，促进经济的可持续发展（Ramanathan，2010）。环境规制政策通过设定排放标准、限制污染物排放等方式，迫使企业采取更加环保、高效的生产方式和技术推动制造业转型升级（李虹、邹庆，2018）。Porter（1991，1995）提出，为了达到排放标准，面对环境规制政策的压力，企业需要研发新技术、新工艺，进行技术创新和升级，采取更加环保、高效的生产方式和技术，提高资源利用效率和污染物处理能力。在环保政策的推动下，一些企业开始采用清洁生产技术，提高资源利用效率，降低污染物排放，从而实现生产过程的绿色化；政府对高污染行业实施严格的环境监管和环境规制政策迫使一些企业退出该行业，转而发展新兴产业，向更加环保、高效的产业领域转移，从而实现产业的转型升级（Zhao and Sun，2016）。Grossman 和 Krueger（1995）在早期研究经济与环境关系的文献中指出，政府可以鼓励企业开展循环经济活动，实现资源的再生利用和废弃物的资源化利用，减少对环境的污染和对资源的浪费；在此背景下，政府通过实施环保政策和循环经济政策，引导企业进行绿色化改造和循环经济发展，推动制造业向绿色化方向发展（Konisky，2007）。

（七）国际分工的深化

陈艺毛等（2019）认为，国际分工是全球化背景下制造业发展的重要趋势之一，它通过将不同环节及工序分散到不同国家和地区，实现了全球生产资源的优化配置和高效利用，国际分工的不断发展，也对制造业的转型升级产生了积极的推动作用。Johnson 和 Noguera（2012）认为，国际分工地位、出口增加值的提升成为产业升级的关键问题。在全球化的生产体系中，不同国家和地区的企业通过合作，实现了技术转移和扩散。Kee 和

Tang（2016）认为，发达国家的企业将生产环节转移到发展中国家的同时，将先进的生产技术和管理经验传递给了这些国家的企业。这种技术转移和扩散，促进了制造业的技术创新和产业升级，提高了生产效率和产品质量。Egger（2003）指出，国际分工推动了产业内分工的细化。在全球化的生产体系中，同一产业内的不同环节和工序也开始分散到不同的国家和地区；这种产业内分工的细化，促进了产业内部的协同合作和创新发展，不同国家和地区的企业在各自环节上发挥优势，提高了生产效率和产品质量，同时推动了产业的整体升级和发展。Yamashita（2007）使用日本制造业数据验证了国际分工，提高了企业的竞争力。在全球化的生产体系中，企业必须提高自身的竞争力，才能在激烈的市场竞争中生存和发展，通过国际分工，企业可以将不同的生产环节和工序分散到不同的国家和地区，实现全球资源的优化配置和高效利用，提高企业的生产效率和产品质量，进而提高企业的竞争力。

（八）对外贸易的扩大

对外贸易是推动制造业转型升级的重要手段之一。唐青青等（2023）认为通过国际贸易，企业可以引进先进技术、拓展市场，提高自身的竞争力和国际化水平，促进技术转移和扩散。通过与国外企业的贸易往来，国内企业可以引进先进技术、设备和产品，学习国外企业的生产方式和经营管理经验，提高自身的技术水平和创新能力（唐东波，2013）。吴丰华和刘瑞明（2013）认为，进口高质量的机械设备与零部件可以推动国内制造业的技术升级和生产效率的提高。另外，周茂等（2016）认为，对外贸易可以拓展市场和扩大销售渠道，通过与国外企业的贸易往来，国内企业可以拓展国际市场，扩大销售渠道，进而获取推动产业升级所需的产业要素。张辉（2004）认为，对外贸易可以提高企业的国际化水平，通过与国外企业的贸易往来，国内企业可以学习国际化的经营理念和管理方式，提高自身的企业管理能力与经营理念，此举有利于与国外企业建立合资或战略合作伙伴关系，可以促进国内制造业的国际化发展和跨国合作。然而，乔美华（2019）认为，对外贸易也带来了一些挑战和风险，如国际贸易摩擦、技术壁垒、汇率波动等，随着一个国家和地区的贸易开放程度提高，区域经济水平更高的省份更加注重绿色创新活动，接触到的绿色创新前沿技术较多，贸易开放的技术溢出同时增大其“鲶鱼效应”，这会倒逼国内企业重视技术创新和人才培养，提高自身的技术水平和竞争力，推动制造业的转型升级。

（九）国际投资的促进

现有研究普遍认为国际投资是推动制造业转型升级的重要动力之一，王亚飞和张毅（2021）指出，国际投资可以通过资本流动、技术转移和管理经验传播等方式为制造业提供资金、技术和人才支持，促进产业升级和创新发展。具体来说，国际投资可以为制造业提供资金支持，通过吸引外资，可以增加制造业的投资来源，扩大企业的资本规模，提高企业的投资能力和生产规模。外资的流入还可以促进国内金融市场的发展和金融体系的完善，为制造业提供更加稳定和有效的融资支持。此外，王玉泽和罗能生（2019）指出，国际投资通常伴随着技术转移和扩散，外国投资者通过技术转让、联合研发等方式向国内企业提供先进技术和管理经验。这些先进技术和管理经验的引入，可以促进国内制造业的技术创新和产业升级，提高生产效率和产品质量。国际资本在投资的同时会派遣高素质的管理人员和技术人员到国内企业进行指导及协助，这些人员的到来可以带来先进的管理理念和技术知识，推动国内制造业的转型升级（协天紫光、宋文豪，2020）。江若尘和陆煊（2014）通过评估上海自贸试验区自成立以来在市场准入、财税制度、金融外汇、贸易便利和法律法规等方面进行制度创新的阶段性成果，认为国际投资是参与全球价值链重塑、实现产业升级的重要途径。

三、制造业转型升级的测度

学者们对于制造业转型升级的测度大多始于与产业升级相关的定量研究，测度方法主要分为以下四大类。

（一）产业结构升级视角

国外文献研究中，除标准结构法外，学者一般采用相对比较判别法和经济发展阶段判别法测度产业结构升级。但这些方法的计算过程大多依赖长期数据，如霍夫曼系数和钱纳里标准结构等经济发展阶段判别法。对于国内研究者而言，学者们更倾向于针对不同的研究对象采取相应的衡量策略。

国内学者对于产业结构升级水平的测度大多从产业结构高级化和产业结构合理化两个方面展开，潘文卿和陈水源（1994）认为，产业结构高级化本质上与产业间技术水平及其相互关联水平有关，这种水平由关联经济技术矩阵映射，因此产业结构高级化和产业结构合理化水平可以由结构关联经济技术矩阵水平和实际产业结构偏离经济技术特征程度分别进行度量。陈静和叶文振（2003）以第三产业产值占国内生产总值比重衡量产业结构水平；靖学青（2005）认为，产业结构高级化是指随着经济不断增长，产业结构发生相应规律性变化的过程，并通过产业结构层次系数测量和刻画区域产业结构高级化程度。还有部分学者采用投入产出数据测度产业结构高级化与合理化水平（李博、胡进，2008）。从本质上看，学者们逐渐认识到产业结构合理化实质是三次产业间协调度、结构聚合质量或资源配置效率，因此逐渐有学者利用产业结构偏离度和泰尔指数测度产业结构合理化（干春晖等，2011）。由于产业技术密集度持续上升，傅元海等（2014）发现，从产业技术密集度出发，可以用高技术产业与中端技术产业的产值比测度产业结构高级化。考虑到在经济服务化的过程中（吴敬琏，2008），不同产业增长率存在一定差异，将三类产业结构发展水平通过某单一指标进行衡量可能会出现误差，干春晖（2011）通过各产业产值对产业结构高级化与合理化进行测度，在一定程度上对三种产业发展水平进行区分。上述方法均从产值和数量的角度对产业结构发展水平及趋势进行探讨，未考虑产业结构发展的质量层面可能会对客观认识我国产业结构发展趋势特点造成负面影响。另外，产业结构偏离度指标也存在一定局限性，即没有展示出某产业在经济发展中的地位。对此，袁航和朱承亮

（2018）用产业结构层次系数从数量维度衡量产业结构高级化，其特征是根据比例份额的相对变化刻画三大产业在数量方面的变化过程，将产业之间的比例关系和各产业劳动生产率相乘后加权测量产业结构高级化的质，并采用泰尔指数表征产业结构合理化水平。

为了可以多方面地反映产业结构水平，部分学者采用构建指标体系的方式测度。姚志毅和张亚斌（2011）从全球生产网络视角出发，从产业结构主体升级、网络内升级、网络间升级、区域和产业国际竞争力升级四个维度衡量整体及区域层面的产业结构升级水平。徐仙英和张雪玲（2016）从产业结构高级化、产业结构合理化、产业结构高效化三个维度出发测度产业结构水平，毕克新等（2017）在上述学者的研究基础上将产业结构升级相关测度研究拓展到行业层面，将制造业转型升级分为产业结构升级、产业转型升级、产业集群升级，测度了中国制造业的转型升级程度，并根据制造业 28 个行业 2010—2014 年的面板数据，运用结构方程模型进行实证检验。考虑到不同区域间产业结构差异性较大，部分学者采用修正的范数衡量产业结构发展状况（白雪梅、赵松山，1995）。周昌林和魏建良（2007）从专业化分工的角度将产业结构水平测度模型进行了重新划分，并指出经济增长并不一定伴随产业结构优化，而第三产业发展滞后是制约产业结构水平提升的根本原因。杨丹萍和杨丽华（2016）使用第三产业产值占地区生产总值的比重衡量区域产业结构水平，阳立高（2018）在分析人力资本、技术进步对制造业升级的作用机理基础上，将各行业工业总产值和制造业工业总产值的比值作为制造业产业结构的衡量方法。徐伟呈和范爱军（2022）则基于中国城市数据，采用熵权法从合理化、高度化、高效化三个维度衡量城市产业结构优化升级水平。

（二）产业集群升级视角

从产业集群升级视角来看，多数研究者通过构建多维指标体系来衡量产业集群升级水平。孙浦阳等（2012）采用区位熵衡量区域产业集群的发展程度，并将产业集群集聚程度视为产业集群升级水平。芮雪琴（2014）等在建立产业集群升级与区域产业转型相应指标体系的基础上，基于协整及 VAR 模型分析了产业集群升级和产业转型的互动关系，其中产业集群升级从创新能力、生产效率、竞争优势三个维度展开测度。李伟庆和聂献忠（2015）将集群产业升级路径的内涵界定在产业政策的完善、活跃的国际贸易、国际投资的溢出方面，并在分析产业升级与自主创新的基础上，运用 1998—2012 年中国省际层面的相关数据进行了经验性检验。在此基础上，毕克新等（2017）从集群技术创新能力、集群市场拓展能力、集群优势竞争能力三个方面衡量集群升级水平。陈启斐等（2018）指出，当下我国各省产业增加值数据完整性和可识别性不足，考虑到我国目前是劳动密集型背景下的出口导向经济体，产业集群增加值与出口增加值呈正相关关系，因此可以采用全球价值链中出口贸易额作为产业集群升级的代理变量。吴松强和蔡文洁（2019）认为，现有文献较少对产业集群升级进行直接衡量，在借鉴 Weinzimmer 等（1998）、Love 和 Roper（2001）的基础上结合实际调研情况，通过集群内企业的工艺流程、产品性能、研究成果、产品创新、品牌价值五个一级指标衡量产业集群升级。

还有部分学者采用调查问卷的形式测度产业集群升级水平，如易开刚和马骊（2014）基于本地知识溢出的维度衡量产业集群升级，选取了浙北嘉善地区电子信息产业集群、浙南温州地区服装产业集群、浙西衢州地区氟硅产业集群、浙东舟山海洋生物与海产品深加工产业集群、浙中金华地区汽车和零部件产业集群中的 500 家企业的中高层管理人员作为调查对象，并从企业间直接合作、企业间员工流动、企业衍生、企业间非正式交流、企业知识吸收能力、政府公共平台的利用效率六个维度测量产业集群升级水平。

（三）产业转型升级视角

现有研究针对产业转型升级大多采用单一指标衡量或构建指标体系衡量两种方法。邵敏和包群（2011）基于中国工业企业数据库，将企业出口密集度归为高度外销型、中度外销型、低度外销型以及完全内销型四类高低梯度，将“企业于某一年开始落入更低级别的出口密集度梯度”视作“出口企业转型”。也有部分学者从城市发展的角度衡量了工业转型升级水平，如岳意定和谢伟峰（2014）在界定工业转型升级内涵的基础上，从工业发展、信息化与工业化融合和对外开放三个角度构建了工业转型升级的测度指标体系。在早期，也有部分学者采用调查问卷的方式测度微观企业转型升级水平（孔伟杰，2012）。

随着全球价值链理论研究的不断深入，产业转型升级被部分学者认为是从价值链低端和低附加值向价值链中高端和高附加值转变的过程。对此，刘建民等（2015）考察了湖南省产业转型升级的速度和方向两个层面，分别采用产业结构超前系数和系数的年均变动情况来衡量；管军等（2015）同样以省际数据为研究样本，从对环境的影响、对省内经济的产业贡献和产业自身高效持续发展三个维度构建产业转型升级效果评价体系并对其进行测算，他指出，产业转型升级的内涵主要体现在低附加值向高附加值转换、高能耗高污染向低能耗低污染转换、粗放型向集约型转换三个过程中；在此基础上，马静和闫超栋（2020）从创新驱动、绿色发展、结构优化、效益提升四个方面构建了工业转型升级评价指标体系，考察测度了中国 30 个省（区、市）2003—2017 年工业转型升级水平状况，并采用 Dagum 基尼系数与 Kernel 核密度估计两种方法对工业转型升级的地区差距和动态演化进行了具体研究。刘新智等（2023）指出，产业转型升级是综合性指标，需要从多角度进行考察，将产业转型升级划分为产业结构优化、产业绿色发展、产业质量提升三个准则层。余泳泽等（2020）认为，产业转型升级需要从城市和企业两个层面进行衡量，将城市整体产业结构、制造业结构水平、制造业技术水平三个维度作为考察城市层面产业转型升级的一级指标，并采用主成分分析对其进行测度，在企业层面，运用专利申请、发明专利申请和企业劳动生产率考察企业升级。潘为华等（2019）在现有文献基础上，对制造业转型升级的测度方法、测度指标以及相关研究进行了全面回顾。他们从质量效益、创新能力、信息技术与绿色发展四个方面构建了制造业转型升级的综合评价指标体系和综合指数，利用熵权法确定了指标的权重，并根据 2007—2016 年中国 29 个省份的面板数据，对中国制造业转型升级的发展水平进行了测度。徐鹏杰等

（2020）认为第二产业和第三产业，尤其是第三产业占比的增加并不一定代表产业升级。例如，巴西的过早去工业化长期以来制约了本国的经济增长，但这从客观上推动了第三产业增加值的占比提高。对此，部分学者认为这种方法过于简化，未能全面体现中国产业转型升级的多元内涵，一些学者还使用与生产率相关的指标，如人均产出或单位资本产出，来衡量产业转型升级（赵卫军、朱建民，2023）。虽然这种方法反映了转型升级的主要目的，但可能未充分捕捉“升级”的本质，对此，有学者通过关注新兴领域的发展衡量转型升级。例如，使用规模以上工业企业新产品的产值来评估产业转型升级的水平（沈琼、王少朋，2019）。徐鹏杰等（2020）认为，创新和发展是产业转型升级的重要方面，但过于专注这一方面可能导致视角狭窄，故他参考已有研究成果的优点，并考虑到与“传统产业转型升级、新兴产业发展、引导要素向先进生产力集聚”等相关重要政策表述，从产业结构、产业效率、产业创新、产业绿色发展四个角度考察产业转型升级水平。

（四）企业转型升级视角

基于产业结构升级、产业集群升级等视角的测度只能表征产业结构和国内技术水平的变迁，无法反映在全球价值链背景下产业升级的水平。现阶段较普遍地将产业升级定义为产业向具有较高附加值和较高生产率的经济活动转移，这种转移过程强调技术进步作为基本驱动力的核心作用，因此部分学者根据产业发展水平的内涵，基于出口和企业生产率等数据表征产业转型升级水平。黄亮雄（2013）从技术水平角度出发，认为产业结构高度化本质是企业要素的生产率以及技术复杂度由低变高的过程，在该过程中产业也发生了转移，即转向生产率与技术复杂度高的部门。生产率和技术复杂度较高的产业部门的比例呈现上升趋势，进而使不同产业部门的生产率共同提高。大量文献基于 Hausmann 等（2007）的计算方法，测算了中国出口技术复杂度指标并用其表征我国产业转型升级水平。杨汝岱和姚洋（2008）借助海关数据库从技术进步的视角测算中国技术复杂度，并分析了其与国家经济增长之间的关系。周茂等（2016）在测算产品层面出口技术复杂度的基础上，将其平均到产业层面，再根据每个城市生产结构的权重计算出城市层面技术复杂度。另外，周茂等（2018）采用制造业细分产业技术复杂度和制造业生产结构相结合的方法测度地区制造业升级水平。余林徽和马博文（2022）指出，三次产业比重实际上衡量的是产业结构升级水平而非产业本身升级水平，技术复杂度能够反映制造业内部的结构调整以及产业结构变动的方向，在上述研究基础上，将技术复杂度拓展到县域层面，测算了县级制造业升级水平。

Kee 等（2016）指出，出口国内附加值率提供了关于一个国家或地区在国际贸易中所创造价值的关键信息，即出口商品中包含的国内生产价值的比例。一个国家或地区的出口国内附加值率增加意味着更多的价值是在本国内生产的，而不是通过进口获得的，这反映了国家或地区在国际价值链中的附加值贡献。较高的出口国内附加值率通常与更高水平的生产技术和创新能力相关联，国家或地区需要具备更先进的技术和生产能力，以提高产品附加值，因此提高出口国内附加值率可以被视为产业升级的体现。对此，刘志彪（2022）认为，实现制造业高质量发展的关键之一是提升我国产业附加值率，部分学者采用出口国内附加值率衡量产业升级，如毛其淋（2019）通过出口国内附加值率表征中国加工贸易升级水平，李艳和柳士昌（2018）在测算区域出口国内附加值率的基础上，以此衡量国家产业升级水平。李占国等（2018）在上述研究的基础上，分别测算了按贸易方式细分的国内附加值率、分产业国内附加值率、分生产要素国内附加值率、分技术密集度国内附加值率，并指出中国物质生产部门无论是总体比较还是分产业、分贸易方式、分要素密集类型、分技术密集度类型比较，2012 年相对于 2007 年都实现了明显的产业升级过程。苏杭等（2017）以 WIOD 数据库中的增加值与总产出之比来衡量制造业产业内升级，同时运用企业层面的生产率衡量了中国制造业产业内升级。

Reeg（2013）指出，产业升级的内涵之一是企业在创新驱动下的全要素生产率提升。国内部分学者也采用生产率衡量专业转型升级水平，如钱水土和周永涛（2011）在测算地区全要素生产率的基础上，探讨了金融发展对产业升级的影响效应。对此，孙早和席建成（2015）在分析产业升级内涵的基础上指出，从当下来看全要素生产率是衡量产业升级的最佳指标。此后，学者们逐渐开始采用生产率作为产业升级的表征变量，如徐思等（2019）将全要素生产率作为产业升级的代理变量，探讨了"一带一路"倡议能否推动我国产业转型升级；石璋铭和杜琳（2022）用制造业全要素生产率替代劳动生产率测度产业升级水平。刘秉镰和孙鹏博（2022）参考韩永辉等（2017）的做法，使用产业结构和劳动生产率的加权指数测算产业合理化升级指数（SR）。

第二节　制造业双重价值链的提出与形成

基于中国区域协调发展以产业协调为前提和基础，提出"制造业双重价值链"概念，即制造业全球价值链（GVC）及制造业国内价值链（NVC），制造业全球价值链与国内价值链的协调发展，是中国现代化产业体系形成的重要保障。

一、价值与价值链

（一）价值的内涵

企业作为经济主体，其基本目标是追求利润，这就涉及获取价值。企业的可持续运营及发展与其创造的价值息息相关，Kaplinsky 和 Morris（2001）将通过控制稀缺资源而在地方网络内部产生的经济租金称为"价值"，其主要包括以下三种类型。第一类是指在地方产业网络内部的企业所持有的资源，包括技术租金、组织租金、市场租金和人力资源租金；第二类包括在地方产业网络内各种正式和非正式联系产生的各种租金；第三类涉及由地方产业网络的内部和外部环境产生的各种租金。

（二）价值链的内涵

价值链（Value Chains）概念是由美国学者迈克尔·波特（Michael E

Porter）于 1985 年在他的著作《竞争优势》（*Competitive Advantage*）中首次提出的。这个概念强调了企业内部各个环节的价值创造活动，以及如何通过优化这些活动发挥竞争优势，Porter 将微观企业不同阶段的价值增值活动划分为几个主要价值活动（如内部物流、生产、外部物流、销售和售后服务）和支持性价值活动（如基础设施、人力资源管理、研发设计和采购）。这些活动共同构成了公司的价值链，共同为公司创造价值，当消费者愿意为公司的产品和服务买单时，即最终价值大于总成本时，公司就可以获得利润。此外，若每家公司都拥有其独特的价值链，公司之间的联系便会形成价值链体系。Potrter（2003）强调价值增值在不同阶段不一样，具有更高价值创造的阶段被视为“战略阶段”，提高这些“战略阶段”的资源配置效率对公司在国内外市场获得竞争优势十分重要。

与此同时，Kogut（1985）的研究提出价值增值链理论，其主要涉及了价值链的空间配置问题，特别是在全球化和国际化背景下，他关注了企业应该将哪些生产环节外包，哪些环节应该保持在自己掌握之下。他研究了不同类型的生产环节在国际市场上的配置和分配，以及如何根据企业、国家或地区的要素比较优势来制定最佳的配置策略。他的研究强调了在全球供应链与价值链中的空间布局和决策对企业的竞争优势具有重要影响，这些研究为后来的全球价值链理论提供了基础，并为企业在全球市场中实现竞争优势提供了有益的见解。

二、全球价值链的类型及其治理

（一）全球价值链的主要类型

国际贸易理论的相关研究为全球价值链理论的形成奠定了基础，传统贸易理论中的 Davod Ricardo 的比较优势理论、Heckscher – Ohlin 的资源禀赋理论、Samuelson 的古典贸易理论存在三个共同经典假设，分别是市场完全竞争且企业的生产规模报酬不变，各国只进行最终产品的贸易，同一行业内的企业是同质的。1970 年前后，国际市场环境发生了翻天覆地的变化，Krugman 认为完全竞争和生产规模报酬不变的假设条件已经不再适应当时动荡的国际市场环境，故他引入了规模报酬递增模型，提出了适用于不完全竞争市场的国际贸易理论内容。20 世纪 90 年代，企业在不同国家与地区也出现了某一层面的异质性，无法满足生产者同质性的假设。对此，Melitz（2002）指出，企业异质性应当成为主流贸易理论需要考虑的内容，其也为“新贸易理论”的出现奠定了基础。21 世纪，中间品贸易逐渐取代最终产品贸易成为国际贸易研究的主要方向，学者们基于与中间品贸易相关的理论拓展了传统的国际贸易理论的外延，形成了“新—新贸易理论”。随后的研究以此为全球价值链理论的基础，并进一步发展和完善了它。

进入 21 世纪初期，随着跨国生产和全球经济一体化的崛起，学者们开始基于全球经济研究全球价值链理论。1994 年，Gereffi 以美国零售业为研究对象，首次构建了全球商品链（Global Commodity Chain）框架，用来解释跨国公司外包生产环节的行为逻辑。这将全球价值链的研究从微观个体转向全球层面，并从“自上而下”和“自下而上”两个角度将全球商品链划分为采购者驱动型（Buyer - Driven）与生产者驱动型（Producer - Driven）两类。Gereffi 指出，生产者和采购者共同推动了全球价值链在不同功能环节的空间分离、重组与正常运作。随后，Krugman（1995）将价值链理论与空间经济学相结合，从地理角度研究了企业价值链的碎片化环节如何进行配置和重组。Henderson（1998）从功能整合差异的角度具体分析了全球价值链的双重驱动机制的成因和差异特征。其中，生产驱动者是全球价值链中的主导公司，它们通常是产品的品牌所有者或主要制造商，其价值链类型主要是技术和资本密集型价值链，强调由主要的制造商或生产者主导整个供应链。在这种类型的全球价值链中，主导角色通常由跨国公司（尤其是大型制造商）扮演，它们控制着产品的制造和生产过程的核心环节。其链条模式如图 1 - 2 所示。这些公司通常在产品的设计、市场营销、技术创新和战略决策方面发挥主导作用，负责协调供应链上的其他环节，并与供应商、分销商和其他合作伙伴合作，以确保产品的生产和交付。生产者驱动型全球价值链模式通常在高技术行业（如电子、汽车、半导体、飞机制造等）中很常见，这些行业需要专业知识和专业技术，以及持续的研发和创新，这一价值链模式促进了国际贸易和跨国投资，使各国的企业能够在全球市场上取得竞争优势。

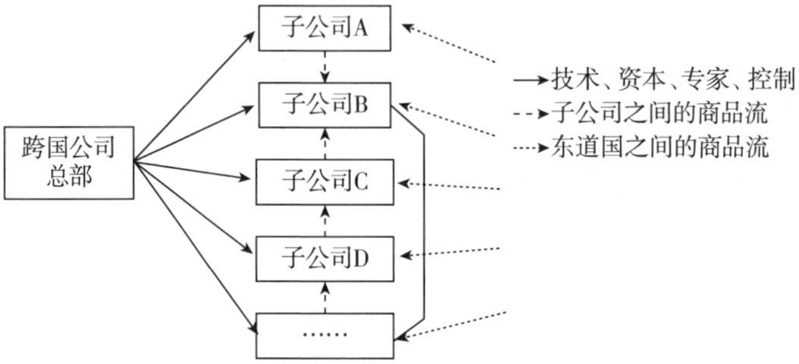

图1－2　生产者驱动型全球价值链模式

资料来源：Henderson J. Danger and Opportunity in the Asia – Pacific [M]. London: Routledge, 1998: 356 – 384.

采购者驱动型全球价值链（Buyer – Driven Global Value Chain）是全球价值链的另一种类型，其特点是由产品的买方或采购者主导整个供应链，链条模式如图1－3所示。在这种类型的全球价值链中，采购者被要求在供应链中发挥主导作用，采购者通常是零售商、品牌所有者、跨国公司或其他产品销售方。该种类型的价值链以市场需求为核心，采购者根据市场趋势、消费者需求和竞争环境来决定产品的设计、规格和特性。在供应链管理方面，采购者积极管理供应链，以确保产品按时交付、质量可控，并满足市场需求，他们可能与多个供应商合作，以保持供应链的弹性和效率；在产品定位方面，采购者通常根据市场定位来决定产品的售价、定位和目标市场，他们可能会完善产品以满足不同市场的需求；在品牌影响力方面，采购者通常拥有强大的品牌和市场渠道，这有助于产品的市场推广和销售，消费者也会更容易购买具有知名品牌的产品；在合作伙伴关系方面，在采购者驱动型全球价值链中，采购者与多个供应商和制造商建立合作伙伴关系，以满足市场需求，这可能包括全球范围的供应商网络；在产品创新方面，采购者通常鼓励产品创新，以保持市场竞争力，并积极参与产品的研发和改进。

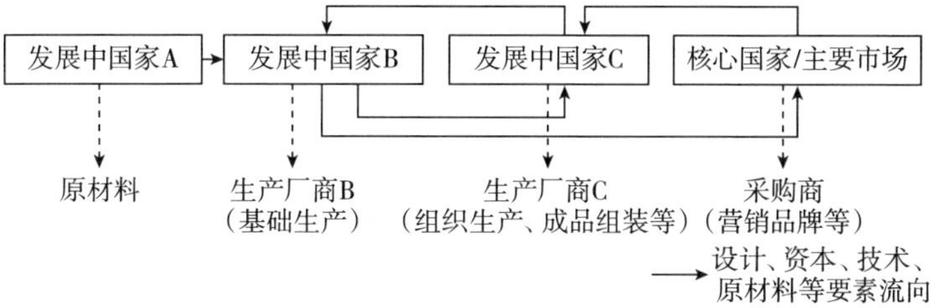

图 1－3　采购者驱动型全球价值链模式

资料来源：Henderson J. Danger and Opportunity in the Asia－Pacific [M]. London: Routledge, 1998: 356－384.

采购者驱动型全球价值链模式通常在零售业、快速消费品行业、时尚产业等领域很常见，这种链条模式强调了市场导向和供应链管理，采购者在产品的设计、市场推广和供应链优化方面发挥主导作用，其成功取决于采购者的市场洞察力、品牌影响力和供应链管理能力，以及他们与供应商之间的有效合作关系。张辉（2006）对 Gereffi（1994）的分析框架进行拓展，并比较了生产者驱动与采购者驱动的异同，如表 1－2 所示。

表 1－2　生产者与采购者驱动机制对比

类型	生产者驱动机制	采购者驱动机制
动力来源	产业资本	商业资本
核心能力	研发（R&D）与生产能力	设计与市场营销
进入门槛	规模经济	范围经济
产业类别	中间品、资本及耐用消费品	非耐用消费品
典型产业部门	计算机、航空器、半导体、飞机等	服装、鞋帽、玩具等
制造企业类型	以发达国家为主的跨国企业	以发展中国家为主的地方企业
产业联系方式	以投资为主	以贸易为主
产业结构	垂直一体化	水平一体化
辅助支撑	重视硬件发展，轻视软件发展	重视软件发展，轻视硬件发展
典型案例	格兰仕、波音、丰田、海尔、英特尔	沃尔玛、戴尔、耐克、国美

基于以上内容，Gereffi（2001）进一步提出全球价值链的概念，并以此来刻画目前跨国企业全球分工布局的生产活动，随后联合国工业组织于 2002 年定义了全球价值链的概念。全球价值链是指一个全球性跨企业网络

组织，连接了生产、销售、回收处理等过程，以实现商品或服务的价值。它涵盖了从原材料采购和运输，到半成品和成品的生产与分销，一直到最终消费和回收处理的整个过程。这囊括所有参与者和组织，涉及生产、销售等各种活动，以及它们的价值和利润分配。全球价值链上的企业分布在全球各地，从设计、产品开发、制造、营销、交付、消费、售后服务，到最终的循环利用等各种增值活动都由这些企业完成。

Humphrey 和 Schmitz（2002）根据企业在全球生产网络中的不同关系与位置，将全球价值链划分为四种主要类型，即市场关系型（Market Based）、等级关系型（Hierarchy）、俘获网络型（Captive Network）和平衡网络型（Balanced Network），并在这四种主要类型的基础上区分了四种升级模式，即工艺流程升级（Process Upgrading）、产品升级（Product Upgrading）、功能升级（Functional Upgrading）和链条升级（Chain Upgrading）。工艺流程升级是通过整合链条某个节点的生产工序使得生产更加具有效率，可以实现节点内部的附加值提升，在价值链中处于从属地位，产业竞争力较弱；产品升级则是通过改进产品本身的质和量以超越竞争对手，利用产品研发能力，逐步培育自主品牌，增强产业竞争力，整合链条环节内部；功能升级是通过重新整合现有价值链条中某些环节以实现链条位置转化，通过掌握关键核心技术和品牌，试图控制整个链条，使产业竞争力继续变强，地位由从属转换为领导；链条升级则是从一个链条到另一个链条的转换升级方式，实现了链条转化并进行价值链治理，控制价值链及核心环节，具有很强的垄断实力，这属于链条环节外在的整合。

针对嵌入不同类型价值链问题的研究，对不同状况的国家采取何种价值链升级路径有着重要意义。Kaplinsky 和 Morris（2002）在研究发展中国家价值链升级时曾指出，发展中国家的企业在嵌入全球价值链分工体系时通常会从工艺流程升级开始，然后会进行产品升级与功能升级，沿着这条路径最终达到整个链条或是部门间的升级。在产业升级的这种路径中，随着经济活动的附加价值不断提升，产业的非实体程度和空心化程度也不断提高。而国际实践表明，这种传统的价值链升级逻辑会被发达国家的领导型企业纵向挤压，形成低端锁定的困境。Gereffi（2005）认为升级是指在全球生产网络中，企业或产品从价值链低端节点向高端节点移动的过程，产业从劳动密集型向资本密集型、技术密集型再到知识密集型的转移。Kaplinsky 和 Readman（2005）认为升级必须满足两个条件，一是企业能够生产具备差异化并具有一定垄断作用的较高价格的产品，二是保持高价的产品市场份额有不断扩大的趋势。Kaplinsky 升级指数综合考虑产品的价格和市场份额，并可用来衡量一个产业的产品在全球价值链的升降级趋势。

（二）全球价值链治理的主要模式

全球价值链治理的内涵是指价值链内部经济实体的组织结构、权力分配以及协调关系。作为价值链理论的核心概念，全球价值链治理为研究跨境生产和业务活动、利润分配以及发展中国家参与全球经济提供了有价值的分析工具和方法。Gereffi（2003）首次给出全球价值链治理相关定义，即通过组织和协调价值链中企业的关系与制度安排，帮助它们在不同环节达成共识和协调，而不仅仅依赖市场力量。然而，全球商品价值链的现有治理理论难以区分具体的治理网络类型，提供的实际指导有限。Humphrey 和 Schmitz（2002）认为，全球价值链治理有三类：网络、准层级和层级。网络治理关注不同全球价值链阶段的互补企业，将平等合作、专业化角色和共同产品定义为特点。准层级治理适用于一家公司主导价值链，并制定规则以控制其他公司遵循生产过程和产品特性。层级治理涉及跨国公司利用子公司关系来控制某些价值链运营。Kaplinsky 和 Morris（2003）根据治理规则和标准将全球价值链治理分为三类：立法治理、司法治理和执行治理，但该分类方法存在一定的局限性，仅适用于垂直一体化或非市场化的等级治理关系，不足以将全球价值链治理模式的主要内涵纳入其中。为解决这一不足，Gereffi（2003）在 Humphrey 和 Schmitz（2002）的分类基础上，根据价值链主体参与程度，进一步将全球价值链的治理模式细分为五种类型，即市场型价值链、关系型价值链、模块型价值链、层级型价值链和领导型价值链。在这个分类中，市场型价值链的行为主体位于价值链的最底端，而层级型价值链的行为主体位于最高端。市场型治理模式主要关注价格因素，而层级型治理模式主要关注上下级。关系型价值链、模块型价值链和领导型价值链都属于网络型治理模式。Gereffi 等建立的全球价值链治理模式框架目前是最严谨的，它不仅将经典全球价值链类型纳入研究范畴，还详细分析了每一类治理模式的特征。此外，它还引入了各种经济分析方法，对相关特征进行了量化分析，为后续研究奠定了重要的理论基础。

Gereffi 等（2003）提供了选择全球价值链治理模式的三个标准，如表 1－3 所示：交易的复杂性、交易的标准化程度和供应商的能力。交易的复杂性主要体现在参与主体的互动频率，交易复杂性越高，参与主体之间的互动频率越高，这时采用网络型治理模式更为合适。交易标准化程度可以采用全球价值链中知识和信息的可用性、效率传递以及交易成本来衡量。一般来说，模块化治理模式更适用于对与产品生产流程、投入要素和成品相关的复杂信息进行标准化处理。层级型治理模式适用于能在价值链中建立标准化规则进而垂直整合并控制其他公司的企业。领导型治理模式适用于经常采用外包模式进行业务的公司。供应商的能力表现在其能否接受和执行由价值链主导企业传递下来的复杂信息，对于难以处理复杂信息的供应商，价值链主导企业应采用垂直整合或外包管理模式，采用层级型或领导型治理模式来协调和控制价值链的正常运作。

表 1－3　全球价值链治理模式

治理模式		交易的复杂性	交易的标准化程度	供应商的能力
市场		低	高	高
网络	模块	高	高	高
	领导	高	低	高
	关系	高	高	低
	层级	高	低	低

资料来源：Gereffi G，Humphrey J，Sturgeon T. The Governance of Global Value Chains [J]. Review of International Political Economy，2003，11（4）：5－11.

三、国内价值链的形成及其效应

（一）国内价值链的形成

国内价值链的概念起源于全球价值链相关理论，现有研究对于其概念内涵和边界范围尚未统一。最初 Schmitz（2000）、Fally（2011）、Meng（2013）、Beverelli（2017）等学者将国内价值链定义为国境范围内的垂直生产专业化，强调了价值链分工属地特征。对此，部分学者指出，发生在国境内的区域间垂直分工很多是由国外投资企业主导和参与的，如果将发生在国境内的区域间垂直专业化分工都统一为国内价值链分工，会高估不同地区间国内价值链分工水平。比较有代表性的学者有刘志彪和张杰（2007，2009）以及刘志彪和张少军（2008），他们指出国内价值链的分工是由本地企业主导和治理的，其大多属于立足国内市场和外包方式的网络经营模式。尽管这种国内价值链分工的定义解决了外资企业利润分配的问题，但对统计会产生很高的要求，这是因为经济全球化使得许多跨国公司相互持有股权。例如，国内企业可能持有外国股权，同样地，外国公司的中国投资在一定程度上也应该属于“国内企业”。因此，如果按照所有权来核算价值链，那么本地投资企业的本地消费和支持必须从国家价值链中排除，而为满足国内需求在境外进行采购的中国企业的部分活动应计入国家价值链范围内（黎峰，2021）。因此，在所有权层面上核算国内价值链分工具有相当大的挑战，这是学者需要进一步探讨的关键内容。黎峰（2018）认为，刘志彪和张少军（2008）提出的国内价值链概念是基于问题应用的角度，因为他们探讨如何推动国内产业价值链升级的目的是研究价值链分工问题。因此，黎峰（2018）在考虑了国内资源整合和配置的基础上，重新定义国内价值链分工，他认为国内企业（包括国内和外国投资企业）通过核心技术、品牌或营销渠道等优势，形成了一个完整的国内生产分工体系。此外，黎峰（2018）基于内生的所有权层面重新定义了国内价值链分工，指出在国家价值链分工框架内，产业链主要涉及国内企业基于国内需求向国内支持企业（包括国内和外国投资企业）外包，甚至可能涉及逆向外包给外国公司。另外，部分学者如高敬峰和王彬（2020）认为，价值链包括初始生产要素投入到最终产品消费的整个过程，基于整个生产加工过程的地理分工情况，价值链进一步分为国内价值链和全球价值链，根据中间产品是否跨越地区，国内价值链进一步分为省内价值链和国内区域价值链。

综上所述，多数学者对全球价值链的概念界定较为统一，但对国内价值链的内涵及核算方法等有着多种观点。对于部分国内价值链研究者而言，基于地域层面的国内价值链分工忽视了中国对外部供应链和国际市场的高度依赖，而以所有权为基础的国内价值链分工统计核算面临巨大挑战，实践意义有限。基于内生能力的国内价值链概念具有两个关键特点：首先，它强调主要由拥有国内资本的企业创造的价值；其次，中国当前的发展目标是通过整合和利用国内资源，最终实现产业升级，从而攀升至全球价值链的高端。

（二）国内价值链的效应

随着国内大循环在我国经济发展中的地位越来越高，学者们对国内价值链的研究也越发深入，如国内价值链参与度、地位、长度、广度、深度和匹配度等。多数学者从国内价值链产生效应的角度展开研究，包括产业升级效应、经济增长效应、技术创新效应和全球价值链升级效应等。

首先，现有研究发现嵌入国内价值链存在积极的产业升级效应。例如，Navas（2010）研究了巴西的制鞋和家具业，发现与嵌入全球价值链相比，嵌入国内价值链可以为发展中国家提供更大的高附加值产业发展空间，公司嵌入的价值链深度与企业盈利能力成正比。赵蓉等（2021）分析中国的区域间投入产出数据和工业企业数据发现，国内价值链嵌入程度的提升能够显著促进产业升级。然而，国内价值链分工地位的提高并不一定有助于提高升级能力。同样地，冯帆和张璐（2020）也观察到区域间的国内价值链贸易可以显著提高产业结构水平，但不同地区的效果存在差异，该效应在中西部地区显著，而在东部地区则不显著。

其次，部分学者对国内价值链带来的经济增长效应进行探讨。例如，苏丹妮等（2019）从国内价值链分工网络的角度研究了经济增长的空间溢出效应，同时考虑了市场化的调节效应，结论指出，中国的经济增长通过国内价值链网络产生了显著的溢出效应，而市场化进程的推进有助于放大这些溢出效应。高敬峰和王彬（2020）在上述研究的基础上将国内价值链区分为省内价值链和国内区域价值链，其研究显示，中国的中西部地区主要通过嵌入国内价值链促进地区经济增长，而东部地区更多地依靠嵌入全球价值链推动地区经济增长。盛斌等（2020）探讨了全球价值链和国内价值链对经济增长的互动效应，结论显示两种价值链存在一定的互补效应，这种互补效应对沿海地区的影响相较于内陆地区更显著。

再次，随着创新驱动和共同富裕等发展战略的不断推行，现有研究对国内价值链影响区域间技术差距和技术创新展开实证研究。例如，邵朝对和苏丹妮（2019）使用 2002 年、2007 年中国省际投入产出表，对省份进行两两配对后发现，省际的国内价值链贸易有助于减小地区技术差距。黎峰（2021）在测算地区—行业层面国内垂直专业化分工的基础上，发现国内的垂直分工能够缩小区域间技术差距，这种影响在中西部地区尤为显著。此外，一些学者还通过实证检验分析了国内价值链对技术创新的影响，如吕越和包亚楠（2019）构建了一个因果识别机制，利用中国加入世界贸易组织（World Trade Organization，WTO）的外部冲击来研究国内价值链长度对企业创新的影响，结果表明，国内价值链的参与程度能够推动区域创新发展。

最后，关于国内价值链的效应研究不仅包括国内价值链在国内产生的影响，还包括国内价值链在国际贸易方面产生的影响，如探究国内价值链对全球价值链攀升的助推效应。一些学者通过定性分析发现，许多发达国家（如日本和韩国）在构建全球价值链的同时建立了并行的国内价值链，旨在在国内培育高级生产要素和竞争优势，然后扩展到全球价值链（Ernst and Kim，2001）。刘志彪等（2007）从代工企业的角度分析了这个问题，并认为培育国内价值链可以将潜在的国内需求转化为具有产业基础的市场需求。从全球价值链向国内价值链的转变被认为是突破全球价值链低端困境的关键，是提升价值链的可行途径。这对于中国的产业转型和升级具有重要意义。基于此，刘志彪和张杰（2009）从理论上强调了培育国内价值链对全球价值链的提升至关重要，研究显示，在动态竞争中实现全球价值链提升的可行途径是在东部地区嵌入全球价值链的基础上，重点发展国内价值链，并通过产业迁移和价值链延伸，构建以本地企业为主体的国内价值链。在此基础上，袁凯华等（2019）采用定量分析方法发现，与以往的“低端俘获”理论不同，出口迅速扩张并未使中国制造业的国内增加值率大幅下降，其主要原因在于全球价值链在中国内部的延伸推动了中国制造业在全球价值链中的提升。刘景卿和车维汉（2019）从安全角度进行了安全分析，并强调了从安全角度构建国内价值链的重要性。他们认为，当全球价值链受到破坏时，国内价值链的发展可以作为一种替代方式缓解外部冲击带来的损失。

四、双重价值链的形成及其交互

针对中国嵌入全球价值链面临的“双重锁定”，许多学者一直在寻找摆脱“困境捕捉”的策略，并朝着更高附加值领域迈进（Xu et al.，2015；Kong et al.，2016；Li et al.，2016；许家云等，2017）。然而，中国制造业主要通过 OEM 和加工贸易等低端方式参与到由发达国家主导的价值链中，升级到价值链的高附加值领域以及产业的高端转型一直存在挑战（黎峰，2016）。此外，逐步的开放导致中国地区之间发展差距扩大，不同区域在国内价值链和全球价值链的嵌入地位也存在着明显差距（张杰、刘志彪，2009；张少军、刘志彪，2009）。随着出口推动经济的作用逐渐减弱，作为一个拥有巨大内需潜力的主要经济体，中国不能忽视基于本土市场的国内价值链。在“双循环”发展战略背景下，全球价值链和国内价值链的交互逐渐受到国内学者的重视，并日益成为研究热点（李根强、潘文卿，2016）。在这两个价值链的互动中实现产业升级和区域协调发展，最终实现“双循环”战略目标，对于后发展起来的发展中国家来说，是解决“质和量”无法同时兼顾问题的关键手段。

学者们对国内价值链与全球价值链之间的互动展开研究，此类研究大致分为两个方面。在研究初期，研究成果大多为国内价值链的内涵及治理分析。刘志彪（2011，2012）认为，想要转变中国制造业发展方式，从劳动密集型转变为技术和资金密集型，重新构建基于国内需求的国家价值链是中国制造业成功转型的战略举措，也是保持经济快速稳定增长的关键手段。张少军和刘志彪（2009）指出，在开放的经济条件下，中国注重公平与效率的平衡不仅是促进东部地区早期发展实现区域协调的重要保障，还可以促进全球价值链与国内价值链之间的积极互动。Beverelli（2016）和Meng（2016）指出，全球价值链的发展应当在国内价值链的发展基础上进行，二人在各自研究中阐述了全球价值链和国内价值链开展融合研究的必要性。随着国内价值链的理论研究不断完善，部分学者围绕双重价值链的测算、经济效应等命题展开了实证分析。张少军和刘志彪（2009）通过联立方程模型的经验分析了国内价值链与全球价值链的对接程度，研究结果表明中国国内价值链尚未有效整合到全球价值链中。对此，部分学者针对该研究指出，测算过程中使用的中间产品来自不同渠道，以此作为衡量地区参与双重价值链的变量可能会存在一定误差，无法精确衡量地区参与的程度。随后，李根强和潘文卿（2016）、苏庆义（2016）和Meng（2017）将模型从KWW（2014）和WWZ（2013）扩展到国内地区，讨论了区域专业化、增值偏好和明显的比较优势等方面的问题，现有实证研究也在不断为准确评估与区域参与双重价值链相关的具体问题提供方法上的选择。

第三节　制造业价值网络的形成与演进

一、全球价值网络的形成、界定与测度

（一）全球价值网络的概念

在全球价值链基础上，从国家经济关系的视角切入，将全球价值网络

发展起来。全球价值网络是指商品与服务各个生产环节或工序的价值创造及消费活动在世界范围内流动所展现的空间形态和整个过程，包括所有参与国家和参与产业的组织形式、活动内容、价值流动等，是由参与网络行动的国家或产业的价值创造、流动与分配等一系列活动构成的经济贸易形态。其包括与全球价值链一致的六大分析维度：投入产出结构、地理范围、治理任务、经济升级、本地制度背景和利益攸关方。

（二）全球价值网络的测度

全球价值网络更注重国与国之间的增加值关系及价值流动，包括创造和吸收。按照“世界—区域—国家”的逻辑顺序递进，制造业全球价值网络的整体网特征可以通过密度和中心势来考察，以整体把握全球网络的发展特点；在区域格局层面，派系和聚类方法能够有效划分区域，便于进一步支持理解世界经济格局结构；在国家层面，中心性能够衡量网络节点国家的权力大小，便于深入认识制造业全球价值网络格局形成的根本。

制造业全球价值网络密度（Density）反映制造业国内增加值出口贸易的世界覆盖程度和各国贸易联系的紧密程度，其整体网标准差反映制造业全球价值网络内的密度特征异质性；在技术分析时可以将其分为无权密度和加权密度。网络密度可以表达为 $D=M/[N\times(N-1)]$，其中，M 表示网络中的贸易活动实际联系数，N 表示网络中参与贸易活动的国家数，亦即网络规模，加权整体网的 M[①] 则为网络中的贸易活动实际增加值。借鉴已有研究，整体网标准差可以表达为 $S_D=\sqrt{\frac{\sum_{i=1}^{N}(D_i-\overline{D})^2}{N-1}}$，$D$ 为密度特征，i 代表参与的国家。全球价值网络中心势（Centralization）的分析有利于研判世界制造业生产网络和消费网络的时空演变。全球价值网

① 加权网络即赋值网络，根据戴维·诺克的研究，赋值有向的网络密度可以表示为：$D=\sum L_w/[N\times(N-1)]$，其中，$\sum L_w$ 表示所呈现关系的所有赋值总和，无论如何都不改变密度性质。

络标准化中心势表示为 $C_{RD}(World)=\frac{\sum_{i=1}^{N}C_{RD\max}-C_{RD}(i)}{N-2}$，其中，$C_{RD\max}$ 为整体网范围内的相对点度中心度最大值，$C_{RD}(i)$ 为 i 国的相对点度中心度，i 代表某个国家，N 为网络规模，可以做出度和入度的区分以更好地依据价值流动方向分析内聚变化。

在分析区域格局层面，凝聚子群和聚类是重点使用的方法。k－丛概念是凝聚子群和派系思想的推广，它通过关联关系确定网络中的“圈子”。而块模型（Block Model）作为一种聚类方法，将一个全球网络分成多个被称为“块”（Block）的亚群体或位置，是 N 个国家组成的网络矩阵的一部分。建立块模型是一种数据简化技术，通常使用 CONCOR（Convergence of Iterated Correlation）方法分组提炼出有效的国家关系。

在分析全球价值网络中的国家节点时，“中心性”是研究行动国家权力拥有和地位状况的核心概念，包括世界的中心势（World Centralization）和国家的中心度（National Centrality）。局部中心度（Local Centrality）即国家的中心度，反映一个行动国家在全球价值网络中的主导地位状况，若该国家具有最高的度数，则称该国家在所属全球网络中处于中心地位，更易于获得信息和控制资源，拥有更高的权力和影响力。根据社会网络分析理论，“中心性”的权力量化可以把国家的中心度分为点度中心度（Degree Centrality）、中间中心度（Betweenness Centrality）和接近中心度（Closeness Centrality）三个维度，如表 1－4 所示。其中，C_{AD}（i）为国家 i 的绝对点度中心度，C_{RD}（i）则为相对点度中心度；C_{AB}（i）与 C_{RB}（i）分别为国家 i 的绝对中间中心度和相对中间中心度，g_{jk} 表示国家 j 和国家 k 之间存在的捷径路线数，g_{jk}（i）表示国家 j 和国家 k 之间存在的经过第三个国家 i 的捷径路线数，此时国家 i 控制两个国家制造业价值交往的能力用 g_{jk}（i）$/g_{jk}$ 表示；$C_{AC}^{-1}(i)$ 与 $C_{RC}^{-1}(i)$ 表示国家 i 接近中心性的绝对中心度和相对中心度，d_{ij} 表示国家 i 和国家 j 之间的捷径距离；N 为参与国家数，即网络规模。

表 1－4 “中心性”的三种具体表达

名称	点度中心度	中间中心度	接近中心度
绝对中心度	$C_{AD}(i)$	$C_{AB}(i)=\sum_{j}^{N}\sum_{k}^{N}\frac{g_{jk}(i)}{g_{jk}}$ $j\neq k\neq i\cap j<k$	$C_{AC}^{-1}(i)=\sum_{j=1}^{N}d_{ij}$
相对中心度	$C_{RD}(i)=\frac{C_{AD}(i)}{N-1}=\frac{i\text{的点入度}+i\text{的点出度}}{2N-2}$	$C_{RB}(i)=\frac{2C_{AB}(i)}{N^2-3N+2}$	$C_{RC}^{-1}(i)=\frac{C_{AP}^{-1}(i)}{N-1}$

二、全球价值网络格局的演变

全球每一个开放的国家作为全球价值网络的一员，之间存在着实际或潜在的经贸关系，那么全球价值网络的结构即为每一个开放国家建立在增加值贸易基础上的经贸关系模式。在有关全球价值网络结构的量化研究中，“子结构”或“小群体”是重点关注的研究对象。

（一）从以美为主的“多极化”到以中、美、德为主导的相对“集中化”

2005 年，世界经济处于繁荣发展的上升通道。美国制造业的国内增加值在 2005 年达到 5001.889 亿美元，占全球创造国内增加值的 11.05%，居世界首位。德国和中国分别以 4758.214 亿美元、4383.529 亿美元分列第二、第三位。日本则以 4017.394 亿美元位列其后，而第五位的法国只有 2274.913 亿美元。在当时的制造业全球价值网络中，美国凝聚着世界多国，并与之进行制造业国内增加值的经贸往来，直接主导着包括中国、日本在内的亚太地区价值网络，形成了 3 国“亚太小群体”，创造的制造业国内增加值占到世界的 29.62%。同样地，在欧洲地区，德国与意大利组建的小群体凝聚了法国和英国这些经济体量较大、综合实力较强的发达国家，形成了 4 国“欧盟小群体”，创造的制造业国内增加值占世界的 23.70%。全球制造业在国内增加值创造方面表现出典型的“多极化”特征，“亚太小群体”和“欧盟小群体”的制造业国内增加值出口把全世界紧密地联系在一起。

2009 年，世界经济发展达到历史繁荣的转折点。由于美国国内金融危机的混乱，加之德、美制造业之间的竞争博弈，两国在当年并没有直接凝聚为第一层小群体。2009 年，中国的制造业国内增加值为 7945.254 亿美元，美国为 5623.692 亿美元，两国合计占全球制造业增加值的 25.07%。可见，在世界经济快速发展的后 4 年中，美国制造业创造的国内增加值仅上升了 12.43%，年均增长不过 3.11%。跨国公司不断将生产工序发包境外，加剧了生产的碎片化和市场分割，加之美国自身的产业结构演进导致的工业“空心化”问题是此现象的主要原因。与之截然相反的是，中国持续改革开放，不断整合亚太制造产业链和价值链在中国国内聚集、成长，4 年间制造业国内增加值上升了 81.25%，年均增长超 20%，并加强了与美国的经贸联系。德国在 2009 年的制造业国内增加值为 5394.06 亿美元，与美国体量相当，4 年上升了 13.36%。但从聚类结果中可以看出，德国在 2009 年已经不再主导“欧盟小群体”了，“欧盟小群体”昔日的凝聚力在显著下降。全球价值网络格局初显中、美、德三大制造巨头的世界映像。中、美、德通过与欧洲、东亚等国家的直接联系，共同把世界网络联结起来，过去的“多极化”共同发展局面正在消失。

2015 年，中国制造业的国内增加值达到 15921.45 亿美元，是第二位美国的 2.04 倍。其次的德国依然保持较为明显的增长，制造业国内增加值部分达到 6624.55 亿美元。日本和韩国紧随其后，而欧洲的法国、意大利和英国则表现在 2000 亿美元左右。截至 2015 年底，中国与美国在制造业的全球价值网络中处于领导地位，表现出“二元主导”特征，中、美两国对制造业行业的增加值创造直接与世界其他地区相连。2009 年，德国制造业增加值国内创造部分的主导权力在削弱，但其依然是制造业增加值创造的世界第三大主要区域，并直接与法国、意大利和英国等欧洲国家整合制造业价值网络。

制造业全球价值网络的创造与核心—外围结构如表 1 – 5 所示。

表 1-5　制造业全球价值网络的创造与核心—外围结构

名称	2005 年	2009 年	2015 年
全球价值创造	45255.28 亿美元	54125.51 亿美元	74578.83 亿美元
核心第一梯队	美国	中国、美国、德国	中国、美国
核心第二梯队	德国、意大利	法国	德国
核心第三梯队	法国	意大利	法国
核心第四梯队	中国、日本	英国	日本
核心第五梯队	英国	日本、韩国	英国
外围重要参与国	韩国、西班牙、瑞典、俄罗斯	印度、西班牙、俄罗斯	意大利、印度、韩国、西班牙、俄罗斯

注：数据来源于 TiVA 数据库制造业行业的国内增加值；笔者根据 2-从聚类使用 UCINET 6 软件进行整理。

目前，制造业全球价值网络的权力中心以中、美、德 3 国共同支撑。中国与美国、德国的制造业价值联系在强化，中美间的制造业联系尤为显著，而美德间的制造业联系却没有很显著。这是由于美国和德国作为制造业强国，很多前沿领域存在制造同质性，而中国由加工组装的低附加值环节正向研发、品牌高附加值环节转型，与美德之间存在技术和产品的异质性，承载了大量差异化制造环节和领域。随着中国制造业的强势发展，中、美、德 3 国的制造竞争将会持续面临巨大的合作性挑战和大国安全性博弈。

（二）基于 CONCOR 方法的制造业区域块空间格局

依据“核心—外围—边缘”理论，制造业全球价值网络按照国内增加值贸易的联系可以分为五个区域块（如表 1-6 所示）：区域块Ⅰ为亚太核心区，均为亚太地区的制造业核心承载国，但还无法主导全球制造业的国内增加值创造；区域块Ⅱ为亚太外围区，其制造业价值的流动大多与区域块Ⅰ相联系，并依赖于区域块Ⅰ的这些国家，故称为“亚太外围区”；区域块Ⅲ为全球外围区，多为欧洲国家，并与全球核心区的德国、法国、英国、意大利等联系在一起，形成支撑；区域块Ⅳ为全球核心区，均为体量巨大或经济发达的国家，如美国、中国、德国等，对制造业价值的空间分布和创造、吸纳起到主导作用，属于权力中心；区域块V为边缘区，基本为欧亚经济体量甚小和人口甚少的国家，在制造业价值创造中被深度边缘化。从制造业全球价值网络的权力中心角度来看，权力强度降序依次为全球核心区、亚太核心区、全球外围区、亚太外围区和边缘区。

表1-6 CONCOR聚类的制造业全球价值网络区域块

区域块Ⅰ 亚太核心区	区域块Ⅱ 亚太外围区	区域块Ⅲ 全球外围区	区域块Ⅳ 全球核心区	区域块Ⅴ 边缘区
澳大利亚	智利	希腊	芬兰	拉脱维亚
日本	哥斯达黎加	瑞士	美国	冰岛
韩国	新西兰	斯洛文尼亚	俄罗斯	爱沙尼亚
加拿大	哈萨克斯坦	匈牙利	法国	卢森堡
中国台湾	爱尔兰	荷兰	德国	立陶宛
巴西	阿根廷	摩洛哥	瑞典	马耳他
菲律宾	南非	奥地利	意大利	克罗地亚
印度	秘鲁	比利时	中国	塞浦路斯
印度尼西亚	墨西哥	葡萄牙	英国	文莱达鲁萨兰国
沙特阿拉伯	以色列	斯洛伐克	西班牙	保加利亚
新加坡	哥伦比亚	捷克	波兰	柬埔寨
越南	挪威	丹麦	世界其他地区	
马来西亚	中国香港	罗马尼亚		
泰国		突尼斯		
		土耳其		

块模型分析可以确定一国在全球价值网络中的位置，另一个重要结果是其相应的图像矩阵，该图像矩阵是根据密度矩阵和密度临界值确定的0~1编码矩阵（如表1-7所示）。从图像矩阵的对角线可以看出，全球核心区和亚太核心区的密度值都超过当年世界整个网络密度，表现出自身区域块内部的高度活跃性，而外围区和边缘区的三个区域块则相反。2015年，全球核心区11国的制造业国内增加值达到41584.39亿美元，占全球制造业增加值的55.76%；而亚太核心区14国（地区）则达到18247.02亿美元，占全球制造业增加值的24.47%；亚太地区和部分欧洲发达国家

组建的大核心区，其制造业国内增加值超过全球80%的份额。亚太核心区中的很多国家与中国邻近，可以看出，区域块Ⅰ对全球核心区中的中国有着巨大的支撑力。这也是中国进入21世纪不断融入世界经济、深入国际产业分工体系的结果和表现，40年来，中国深度整合的亚太地区主要国家的制造业价值链在东亚地区集聚，显著地形成了表1-7中的“亚太核心区”映像。美国所在的北美洲，甚至是整个美洲，都没有形成对美国制造业网络的支撑。而欧洲一些发达国家虽跻身全球核心区，拥有着先进制造业的发展基础和科技环境，但对泛欧地区的整合程度明显没有东亚地区高，人口规模决定的生产供给和市场需求是网络密度或凝聚力不高的主要原因。

区域块Ⅱ和区域块Ⅲ自身内部的制造业国内增加值活动并不活跃，主要是通过全球核心区中的国家与世界进行联系。而区域块Ⅴ中的国家由于经济体量和贸易规模都很小，对应的矩阵元素均为0，没有与世界发生联系，这些国家将在今后的制造业全球格局中被“完全边缘化”，先进的制造技术变革也不会在这些边缘化的地区率先展开，因为生产能力和需求场景的演进也需要规模基础。

表1-7　制造业全球价值网络区域块的图像矩阵

名称	区域块Ⅰ	区域块Ⅱ	区域块Ⅲ	区域块Ⅳ	区域块Ⅴ
区域块Ⅰ	1	0	0	1	0
区域块Ⅱ	0	0	0	1	0
区域块Ⅲ	0	0	0	1	0
区域块Ⅳ	1	1	1	1	0
区域块Ⅴ	0	0	0	0	0

注：笔者将2015年整个网络的密度0.2103作为密度临界值，整理CONCOR方法下的密度矩阵获得图像矩阵。

（三）制造业全球价值网络的发展变迁

基于2005—2015年TiVA数据库中的制造业国内增加值，全球价值网络核算框架的价值关系矩阵得以建立，可视化网络图通过UCINET和Net-Draw绘制。

2005年，制造业全球价值网络格局以美国为主导。美国与加拿大、中国、英国、日本、韩国、德国的制造业价值流动最为频繁，增加值贸易量也巨大，这六个贸易伙伴占美国制造业国内增加值输出全世界的 16.49%。从 2005 年制造业全球价值网络格局可以看出，至少有四条较粗的线条与美国相连接（如图 1－4 所示）。

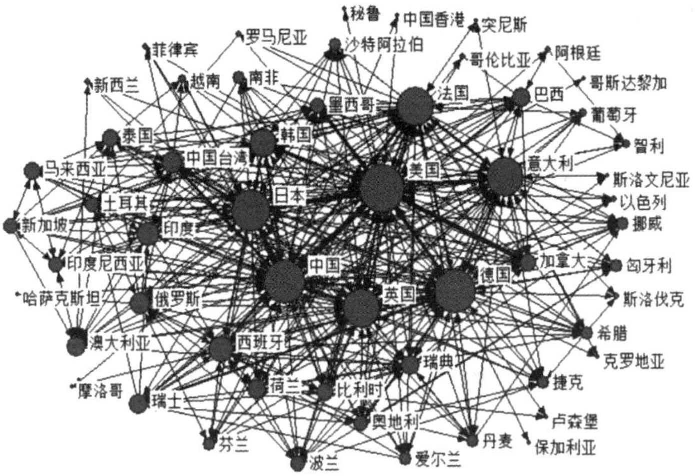

(a)2005年

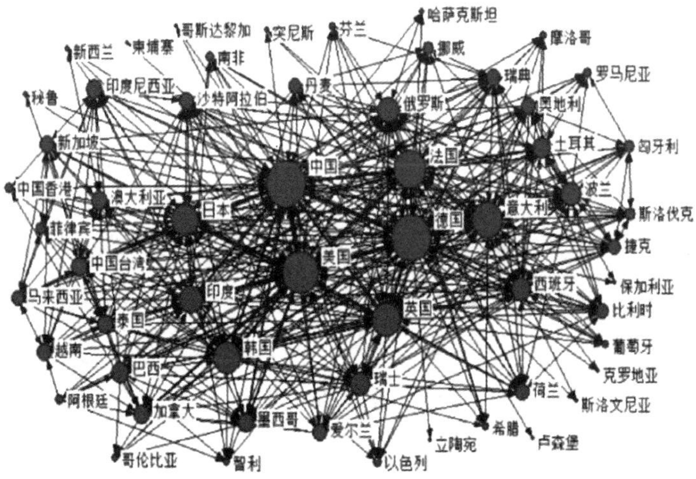

(b)2015年

图 1－4　2005 年、2015 年制造业全球价值网络格局

注：每个经济体作为一个节点，依照点的中心度（Degree）分为 9 个等级大小；每个经济体之间的增加值贸易关系作为有向连线，分为 4 个等级粗细，每年小于 10 亿美元（原始数据以百万美元为单位，UCINET 设阈值为 1000）贸易流量的关系连线不显示。

三、制造业全球价值网络中的国家权力中心

制造业全球价值网络总体特征和区域映像的变迁是由参与网络行动的国家力量变动导致的。因此，在国家层面分析全球网络中的制造业价值创造和吸收对探讨“世界—区域—国家”格局的权力中心是必要的，具体表现为参与网络行动的国家核心性和控制力。

（一）制造业全球价值网络中的国家核心性

对2015年制造业全球价值网络的加权出度中心性（相对出度）进行排序，中国（6.943）、美国（3.400）、德国（2.889）、日本（1.842）、韩国（1.431）分列前5位，第6～10位分别是法国（1.071）、意大利（1.069）、英国（0.830）、印度（0.708）、中国台湾（0.675）。全球价值网络的相对出度中心性反映一个国家或地区在全球增加值贸易网络中输出自身国内创造增加值的能力，直接表现为该国或地区的生产市场容量和能力。加入世界贸易组织之后，中国对外贸易迅速发展，在2006年，中国制造业对世界的出口国内增加值达到5695.23亿美元，首次超过5664.74亿美元的美国，更超过商品贸易总额全球第一的德国。2005—2015年，中国制造业在全球增加值贸易中的出度中心性呈明显的上升趋势，国内制造业生产网络不断扩张，生产市场不断扩大，国内部分创造的增加值越来越多，对全球制造业的输出能力和控制力不断增强。相较于中国制造业出度中心性的表现，世界其他国家大都呈下降趋势，这是由世界经济格局多极化发展决定的，而中国在全球多极化发展进程中表现亮眼。该特征也可由TiVA数据库中的世界其他国家（Restof World）数据得出论证，因为数据库中64国之外的世界其他国家的出度和入度中心性都在不断上升。发达国家对制造业增加值的创造和输出能力在减弱，尤其是以美国、德国、日本为代表的制造业强国，技术创新的放缓和逆全球化力量对现有国际制度的冲击对它们影响更大。从制造业出度中心性来看，东亚地区的制造业价值网络对全球份额分割严重，表现出以中国为首整合的东亚网络近年来在不断强化，持续的改革开放顺应全球化的命运共同体。

对 2015 年制造业全球价值网络的加权入度中心性（相对入度）进行排序，美国（5.096）、中国（3.389）、德国（1.623）、日本（1.285）、英国（1.279）分列前 5 位，第 6 ~ 10 位分别是法国（1.168）、墨西哥（1.055）、加拿大（0.979）、韩国（0.943）、印度（0.821）。全球价值网络的相对入度中心性反映一个国家或地区在全球增加值贸易网络中吸收他国国内创造增加值的能力，直接表现为该国或地区的消费吸纳容量和能力。尽管中国人口众多，但制造业价值网络的入度中心性一直居全球第 2 位，并呈现出不显著的上升特征。中国制造业商品的消费市场庞大，但国内的消费能力还有待大幅提升和深度挖掘。受欧洲人口增长的困境和日本人口老龄化影响，德国、英国、日本制造业价值网络的相对入度中心性在同趋势下降，对制造业商品的消费吸纳有限。即使美国拥有全球最强大的消费市场，但美国制造业的相对入度中心性指标下降了 45.68%，以量化权力中心性的角度来看，美国对全球制造业外国增加值的吸纳能力在急剧减弱，这也在一定程度上反映出美国国内逆全球化的势力阻碍美国深度参与国际分工，究其原因在于美国收入分配两极分化的持续恶化和民粹力量的兴起。

制造业出度和入度中心性的衰弱标志着美国对制造业生产网络的权力控制开始出现明显的弱化。而中国则表现出完全相反的制造业价值网络特征，中国制造强国的大国地位正在崛起，如图 1 - 5 所示。标准化的出度和入度中心势能够反映在整个加权的制造业全球价值网络中的集中趋势，也就是创造制造业国内增加值的全球集中度或是吸纳他国制造业国内增加值

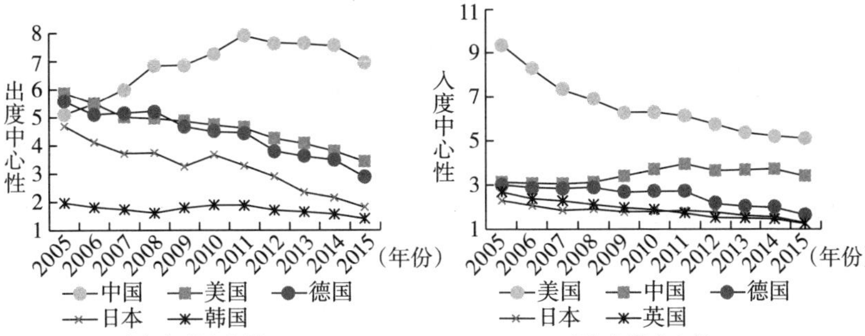

(a) 出度中心性　　(b) 入度中心性

图 1 - 5　2005—2015 年世界主要国家的网络相对加权出（入）度中心性

的全球集中度。

（二）制造业全球价值网络中的国家控制力

中间中心性测量的是行动国家对资源控制的程度，即行动国家对制造业价值流动的控制力。中间中心性越高，该国家对制造业价值流动的控制力越强，参与程度越深入。而接近中心性则反映的是不受他国控制的测度。[①] 对2015年全球制造业国内增加值矩阵的相对中间中心度进行排序，中国（15.039）、德国（11.481）、美国（11.038）、意大利（5.444）、法国（4.988）分列前5位，其次为日本（2.600）、英国（2.102）、韩国（1.474）、印度（1.190）、俄罗斯（0.981）。这些国家在网络中把握着价值流动和交往的关键区域，扰乱其地位必将重塑全球价值网络格局。

2005—2010年，美国制造业的中间中心性全球第一，但持续下滑，美国对制造业价值创造的控制力在急剧下降；与此同时，中国的控制力却在上升，加工制造的枢纽地位凸显，奠定了“世界工厂”的全球地位。德国作为前三大全球性制造业中心表现平稳，其他国家也没有明显的趋势性变化。由此可见，美国对制造业价值创造的控制力在该阶段转移了很多到中国，美国与中国对制造业价值创造的控制力表现出“此消彼长”的特征。但有一个细节必须说明，中国对制造业价值创造的控制力在2010年后强于美国，并不能代表中国对制造业生产、消费等领域的综合控制力强于美国，因为数据是基于每个国家的国内增加值总量，且没有对制造业细分行业进行分析。参与生产的规模总量大、加工组装与流转等非核心环节的增加值多于美国、中国国内完备的工业体系和战略环境都是中国的指标强于美国的可能原因。如图1－6所示，2005—2011年，全球价值网络的中间中心性在下降，且在美国控制制造业价值的背景下，美国对此的控制力确实在降低；2011—2015年，中国中间中心性由11.05%上升到14.31%，处于引领地位。不可否认的是，基于连接其他国家的中间中心性指标，制

① 接近中心性相关的指标也有测度，但与度数中间性和中间中心性的指标具有内在一致性，且国家间接近中心性指标差异特别小，对于研究的意义不大。一般来讲，以上三种中心性指标是相关的。

造业权力中心在向中国转移，但步履维艰。

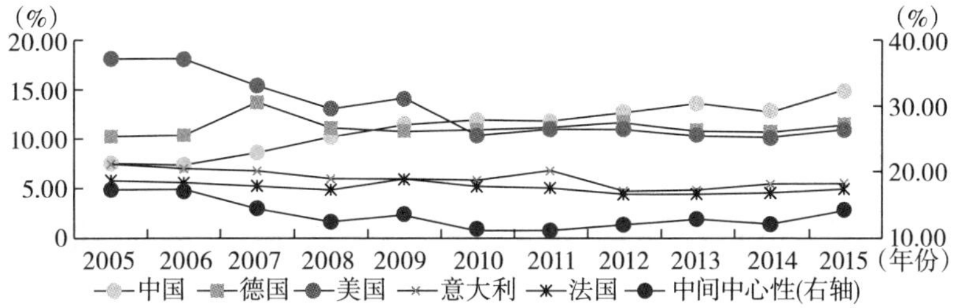

图 1－6 2005—2015 年主要国家制造业全球价值网络相对中间中心性

（三）制造业全球价值网络发展趋势

第四次科技产业革命将率先爆发在工业基础雄厚且体系完备的经济体中，尤其是制造业价值创造和吸纳规模化的国家或地区。基于制造业国内增加值出口的视角，制造业全球价值网络的整体凝聚力在不断增强，参与的国家在不断增多，但其内部成员不平衡性和极化特征明显，以中、美、德 3 国为主导的世界映像已经取代过去的以美为主的多极化制造网络格局，权力中心正在向中国转移。2015 年的制造业全球价值网络基本划分为全球核心区、亚太核心区、全球外围区、亚太外围区和边缘区五大区域块，这五大区域块相互支撑与组织协作。各区域的生产规模和消费能力直接决定了其角色，其网络权力中心的变迁也显示着今后的大国科技博弈主要是以东亚、欧盟、北美为首的核心利益国在科技产业领域的激烈竞争。

目前，中国已经在制造业领域积累了大量的价值创造，但大多是由价值链低端环节和个别行业贡献的，部分关键的中间投入品仍受制于发达国家，中国制造业“大而不强”是急需解决的问题。高质量发展是基于做大之后谋求更优的战略抉择。在百年未有之大变局的历史阶段，中国制造业应持续加强以人工智能、数字业态为核心的新一轮基础设施建设，让科技赋能新型的工业互联基础设施，并支撑与服务制造业的升级和价值网络的攀升。中国政府主导的公共服务治理必须着眼于自身制造业的发展，为制造业升级开辟智能化前沿空间和需求场景，加快引导制造业全网络系统演进，并为承接与担当全球制造核心区奠定制度基础和提供切实保障。

第二章　制造业双重价值链的系统演进

在制造业生产模块化发展的背景下，全球制造业通过整合价值链构建了全球价值网络。基于此，中国制造业的演进过程可以分为纵向的生产系统演进和横向的要素配置系统演进两个层面。纵向生产系统演进强调生产过程的控制与优化，即主要分析技术创新驱动下制造业生产系统升级路径和企业、行业、国家与全球各层级价值创造主体间的关系。而横向要素配置系统则主要关注要素使用效率，其关注的侧重点是人力资本要素与其他物质资本之间的协调性。在这一基础上，本章主要从制造业生产系统、横向要素配置与制造业纵横向协同演进这三个方面分析价值演化的关系，构建制造业生产网络演化模型。

第一节　制造业双重价值链范式构建

一、价值链分解：从二维到三维

在价值链条中，“微笑曲线”理论明晰了附加值更多地体现在曲线两端，上游研究开发和生产制造以及下游营销和售后服务等价值相对较大，而处于中间环节的组装加工附加值相对较低，企业只有不断往附加值高的区块移动与定位才能持续发展。“微笑曲线”理论有两个要点，第一个是关于附加价值的位置，第二个是关于竞争的形态。但这种附加价值位置的确定只是基于两个维度——功能和价值。我们把价值链条按照功能架构进行拆分，可以分解为研究开发、产品设计、生产制造、组装加工、市场营销、品牌运营以及售后服务。其中，从研究开发到组装加工这个流程是生产环节，从组装加工到售后服务这个流程是流通环节。那么价值链条被划分为两大环节，生产环节的最初端和流通阶段的最末端占据着链条的高价值节点，组装加工作为连接两大环节的一环处在价值链底端。这是基于功能架构的一种二维价值链分解。

单纯基于功能视角的价值链延伸难以突破“低端锁定”，在价值链的动态调整过程中，产品架构对本土企业的全球价值链升级意义重大。为了解决视角单一无法突破的价值链“低端锁定”困境，借鉴 Schilling 的研究思路和刘维林对产品与功能架构的双重嵌入分析框架，把这样的解析逻辑扩展到全球与国内价值链的研究思路中，对价值链进行模块网络化分解，从而构建三维度双重价值链范式。

按照功能架构进行分解实际上是一种基于价值创造互动流程的垂直分解，而引入的产品架构分工是对供应链条的横向分解，把供应链条上各个组成品进行模块化整合，增加价值链体系的又一个维度。这些产品 1、产品 2、产品 3 等都是某一产成品的组成品，单独对这些组成品进行拆分，与功能架构的分解形成了垂直水平式的节点，每一个节点都可被视为一个模块，此外加入价值量，就构建了一个基于产品—功能—价值三维度的价值链研究范式，如图 2－1 所示。

基于产品—功能—价值三维度的价值链体系具有立体化的网络结构，其本质是在“微笑曲线”理论的基础上加入产品架构以扩展价值链体系维度，使之能够进行准确的节点定位。这种三维的定位可以将价值创造的过程进行模块化分解，让每一个被分解的模块呈现在网络空间中，其中的产品维度、功能维度和价值维度是每个模块的锁定标准，一旦被分解锁定后该模块就具有独特唯一性。因此，每一个被分解的模块价值也会根据产品和功能环节的差异而不同。三维度的研究框架有利于突破功能升级，使得中国制造业企业可以参与国际产品内分工，并找到自身的优势节点进行价值链的攀升。

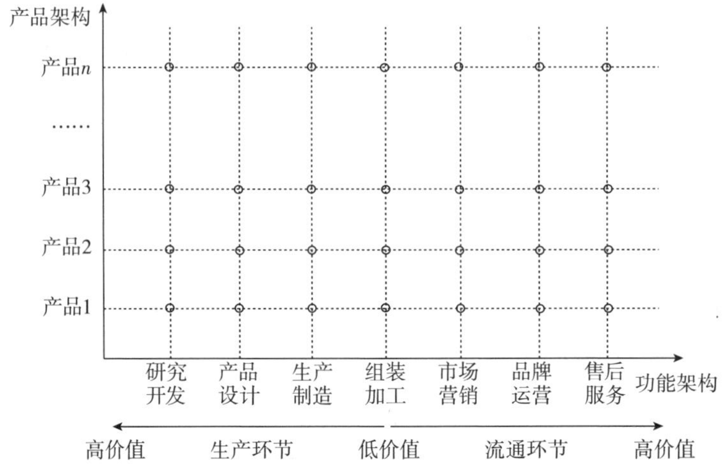

图 2－1　基于产品—功能—价值三维度的价值链体系

二、全球价值链与国内价值链的双重嵌入及互动

（一）单体企业的双重嵌入

尽管全球价值链与国内价值链的本质都是实现制造业在全球价值链中的地位攀升，但两者的演化途径存在较大差异，从全球价值链理论来看，制造业价值链升级主要表现为制造业沿着价值阶梯逐步提升的优化过程，而国内价值链理论下的制造业价值链升级则强调通过实现区域间的协同互动推动一国制造业的转型升级。在经济全球化背景下，中国形成了两个“中心—外围”格局。基于全球价值链的视角可得到第一个格局为发达国家—中国东部地区，其中发达国家是中心，中国东部地区是外围；基于国内价值链视角可得到第二个格局为中国东部地区—中国西部地区，其中中国东部地区是中心，中国西部地区是外围。中国东部地区在两个“中心—外围”格局中扮演双重角色，已然成为联系国内价值链与全球价值链的枢纽。第一个格局中的中国制造业企业能够通过价值链整合直接嵌入全球价值链，实现价值模块跃迁与全球价值链地位攀升。但这需要制造业企业明确自身在全球价值链中具有优势的模块节点，在价值链分割中获得主导

权。然而，现阶段中国多数制造业企业尚未达到标准制定阶段，仍属于传统的制造业企业，在品牌经营与标准制定上的能力还有待扩展，因此在第二个格局中国内价值链的构建十分重要，国内价值链构建与资源整合协调了中国区域专业化分工，进一步增强了本土关联，使得中国东西部地区能够基于国内价值链实现在全球价值链中的攀升。

（二）产业集群的抱团嵌入

与单个企业独立嵌入全球和国内双重价值链相比，以大规模生产为优势嵌入全球价值链与国内价值链的地方产业集群更容易实现升级。一是产业集群中大量企业能够通过专业化生产网络相互联系，构建成熟的服务型制造与供应链体系，为更进一步的制造业转型奠定基础。二是产业集群抱团嵌入价值链能够支持地方创新与生产系统的发展，有利于协调中国区域专业化分工。此外，依托专业化市场的产业集群会逐步在内部形成制造业企业间的创新合作网络，进而提升整个集群的产品创新能力与核心竞争力，突破单体企业在实现双重嵌入时所面临的困境。三是在产业集群抱团嵌入全球价值链的过程中会选择将总部设置在国内，工厂集中布局于国外工业园区内，有助于我国制造业主动融入发达国家主导的全球创新链（Global Innovation Chain）。而全球价值链和全球创新链两个链条的“双重嵌入”充分发挥了我国“中心枢纽”作用以及产业链完备等比较优势，有利于强化国内价值链分工（刘志彪、吴福象，2018）。国际产能合作与产业价值链的延伸能够进一步联通“全球价值链—全球创新链—国内价值链”，在推动形成价值“三环流”体系高效运转的基础上，促进我国制造业的转型升级。

三、双重价值链视角下制造业攀升机理

在构建三维度双重价值链范式的基础上，本书从以下几个部分演绎中国制造业价值链的攀升机理。

（一）知识溢出与学习

知识溢出与学习是双重价值链嵌入下实现制造业转型升级的重要机

制，基于产品、功能、价值三维度的模块内部各个节点位于一个立体化网络中，在某个节点上参与分工的各个制造业企业有着相似的经济基础和制度环境为模块内部知识溢出与学习提供条件。价值链中各节点间高效的传导机制能够加快知识转移，并收敛知识在价值链网络中的扩散，在一定程度上减少转移与学习时间滞后带来的影响。值得一提的是，尽管模块内部的知识溢出能够提升制造业企业的效率，但对企业在价值链上实现功能升级与链条升级的正向影响不显著（刘维林，2012）。这主要是由于中国制造业整体位于全球价值链生产末端，在以加工贸易、贴牌等方式嵌入全球价值链的过程中面向国际客户的知识转移通常带有较强的专业性特征，此时进行知识转移的主要目的在于提升代工企业的生产效率，保证制造业企业通过“干中学”获得的技术仅能运用于低附加值的组装加工环节。

尽管嵌入全球价值链产生的知识溢出效应对中国制造业升级的促进作用有限，但鼓励制造业的双重嵌入能够增加知识学习的界面，使得中国制造业企业能向国际先进制造业企业学习，同时承接模块中不同节点内其他企业的知识转移，通过产品架构与功能架构的双向延伸占领全球生产网络中的中心节点，突破价值链主导企业的知识隔离与封锁，进而丰富子链条架构。

（二）制造业服务化

黄群慧（2014）从交易关系这一视角出发，将制造业服务化划分为“企业内部的制造业服务化”和“企业外部的制造业服务化”。前者体现在制造业企业内部服务职能得到强化，后者则体现在制造业中生产性服务业的占比增加。两者均是通过顾客参与、服务要素投入与供给帮助企业获取范围经济和规模经济，从而使不同的价值链参与者获得价值增值服务（White et al.，1999；Reiskin et al.，2000）。从价值链“微笑曲线”来看，制造业服务化能够促使制造业沿着价值链生产与流通两个环节进行价值链的攀升。

在生产环节，制造业服务化能够通过缓解融资问题提升企业创新能力。制造业服务投入中的金融服务投入已经成为制造业获取人才与技术创新资金支持的重要渠道，有利于制造业企业建立高效的研发创新体系，最终实现研发创新举措的稳定化和持续化。与此同时，制造业服务化还能通过推动企业间信息共享与工艺流程的协同合作，分别从制造业企业内部与外部服务化这两个维度帮助制造业形成范围经济和规模经济，实现制造业高质量发展。在流通环节，制造业服务化大大缩短了制造业出口企业与东道国之间的文化距离、制度距离和传统概念上的空间地理距离（刘斌等，2016；陈虹、王蓓，2021），距离的缩短加快了信息传递与要素配置速度，对制造业实现价值链攀升有积极作用。不仅如此，制造业服务化还实现了制造业企业生产模式由产品导向到服务导向的转变。通过引导顾客参与研发活动并开展体验式营销，使企业能够更好地把握顾客需求，推进产品差异化策略与“产品—服务”一站式售后，最终增加产品附加值，提高制造业综合竞争力。

（三）市场开拓

市场开拓涉及价值链流通环节中的市场营销、品牌运营等节点，本质上是制造业运作模式的创新，即生产者与消费者高效率对接。而互联网技术的发展推动市场开拓模式完成了巨大变革。一方面，借助互动、精确且具有开放性与实时性的互联网，制造业企业与顾客能够实现跨境交易，进行高效的互动，这解决了制造业以往只能依赖于区域市场作为发展空间的问题。另一方面，互联网技术的发展进一步开发了国内市场需求潜力，引致制造业企业进行产品创新。互联网具有的信息化功能为更深层次的需求市场提供了供给渠道，即通过精准定位客户需求提升营销效率，同时减少制造业企业的产品创新成本。总体来看，国内与国外市场的开拓有助于制造业企业依托大规模市场优势充分整合市场资源，完成技术更新与市场战略再规划，识别价值链中的模块节点以精准嵌入全球价值链获取附加值。

（四）产业转移与集聚

在全球价值链逐渐成为国际生产贸易活动主要组织与治理方式的当下，中国制造业嵌入全球价值链中的地位太低，国内环节太短。为了提升企业参与全球价值链获得的附加值，中国制造业需要通过产业转移与产业链延伸优化国内价值链。张少军和刘志彪（2009）表示应该利用中国东部地区对外开放的地理位置优势与东中西部地区产业梯度差异优势，将低附加值的加工贸易产业转移至中西部地区，同时令东部地区发展研究开发与售后服务等高价值环节，实现其在全球价值链中的攀升。

外部产业转移必然伴随着部分地区产业的集聚，基于价值链模块化分解的节点定位，大量制造业所形成的模块聚集会形成规模效应，进而产生正外部性。产业集聚带来的规模效应使得价值链高端产品的生产成本相对降低，有利于推动一国制造业在全球价值链中的地位攀升。产业集聚同样为构建规模报酬递增的生产链条提供了基础条件。生产链条升级提升了一国制造业在全球价值网络中的获利能力，同时与产业集聚共同实现了“一带一路”地区经济的内向化增长，有助于形成国内竞争优势，进而鼓励全球价值链与国内价值链形成良性互动。

第二节　制造业生产系统纵向演进

一、制造业纵向系统网络化

全球化让国内与国际的界限模糊，网络化让线上和线下的融合成为趋势。因而，制造业在生产系统上的纵向演进逐渐呈现网络化特征。借助Sturgron等的研究，将全球价值链中现实组织形式或者说治理关系划分为三大类：市场型、层级型和网络型，可以进一步将网络型划分为三小类：模块型、关系型和领导型。其中，市场型是指在相对自由的环境中，企业产品和工艺知识较简单，同时信息和标准化程度较高，价格机制是其运行的核心；层级型是指在供应商能力较弱的情况下，企业生产只在内部完成，其交易复杂性较高，管理控制是其运行的核心机制；网络型是指在有互补能力的企业共存的情况下，在平等合作的基础上，双方就价值链的重要环节进行分工，共同定义各种产品，同时在价值链中分享各自的核心能力。而决定变量则是交易的复杂性、交易的可编码性和供应商能力，影响因素包括标准化、技术发展与创新、供应商与采购商关系、政策因素以及网络化程度，如图2-2所示。

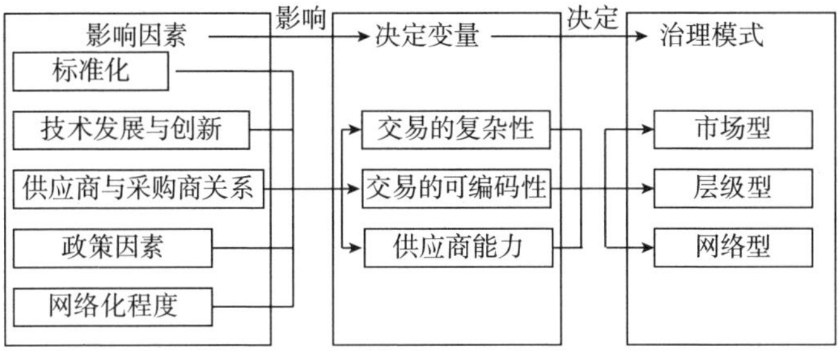

图2-2　全球价值网络形成机制

（一）影响因素影响决定变量

网络化使得制造业标准化提高，通过网络平台将来自全球的智慧整合以促进技术发展和创新；网络化使得供应商和采购商之间沟通更为方便快捷，政策变动传递更加及时；网络化程度的加深会使得大部分影响因素向着积极方向发展，进而影响决定变量。

（二）决定变量决定治理模式

网络化使得交易体系内的各主体之间的连接更加紧密，形成一种“你中有我，我中有你”的现象，同时使得交易体系外的企业或主体信息更加容易地进入交易体系内，这不仅会让整个交易体系信息多样化，还会让交易主体的可选择余地变得更多。网络化通过影响因素影响包括交易的复杂性、交易的可编码性和供应商能力在内的决定变量，使得各主体之间的交互作用加强，交易变得更为复杂；随着网络化的深入，整个交易体系内的信息和知识的可获得性得到增强，其传递变得更有效率且成本降低，这提高了交易的可编码性；不同于传统全球价值链治理模式，因为供应商能力达到标准而选择外包，或因为供应商能力较低而选择垂直治理，随着网络化的渗透，完全有可能出现第三种选择，即选择交易体系之外的供应商。

无论是哪种选择，企业或主体选择的都将是较前一个生产周期供货能力更为强大的供应商，供应商能力都将会得到提升。在这三个方面的共同作用下，决定变量将向着正向发展，进而决定治理模式倾向于网络型。

（三）网络化推动制造业转型升级

网络化推动制造业转型升级的实现通过三个维度：动力维、竞争维和要素维，其中动力维包括压力与推力。

1. 动力维

一方面，身处于价值链低端和发达国家相继出台“再工业化”战略的“内忧外患”给予我国制造业压力，迫使我国制造业必须在相对较短时间内通过网络化的方式实现转型。另一方面，通过网络化将体系内外主体连接起来，我国制造业通过这个平台拥有更为丰富的知识和经验，这些知识和经验推动了我国制造业转型。

2. 竞争维

从宏观来看，位于全球价值链高端的多为具有较强竞争力的发达国家，我国制造业位于全球价值链低端，需要在线上和线下这两个方面竞争、发展，才能向价值链高端攀升；从微观来看，网络化将使得企业间的竞争更为剧烈，但这种剧烈且良性的竞争带来的将是技术、包装、质量等各方面的提升，以上宏观和微观两个方面促进我国制造业转型升级。

3. 要素维

网络化带来的是高端要素和多元要素的注入，大数据、云计算等网络化方式使得制造业定制个性化、创新多样化，对平台内的知识引进、消化、吸收和再创新使得我国制造业技术性提高。随着网络化的加深，创新的来源将不会局限于企业内部研发，还会通过与交互作用强的其他企业交流核心能力，迸发出新的思想，实现高端要素和多元要素的注入，进而实现我国制造业的转型升级。

如图 2 -3 所示，网络化基础不断加深、网络化环境不断改善，随着网络基础设施投入增加，网络化绩效提高，网络化潜力提升。这一系列“连锁反应”使网络化得到推动，而网络化的推动通过“三维”动力因素的相互作用可以使我国制造业的产品结构、创新方式、销售模式和竞争机制得到改善。三个维度的相互作用、相互影响，在循环过程中改进了产品结构，改变了传统的创新方式，拓展了制造业产品的销售渠道，同时改善了制造业的竞争机制。网络化将现实中的组织形式向网络型推进，最终我国制造业会由价值链低端向价值链高端攀升，实现我国制造业由劳动密集型、低附加值型的粗放型经济向技术密集型、高附加值型的集约型经济转型升级。

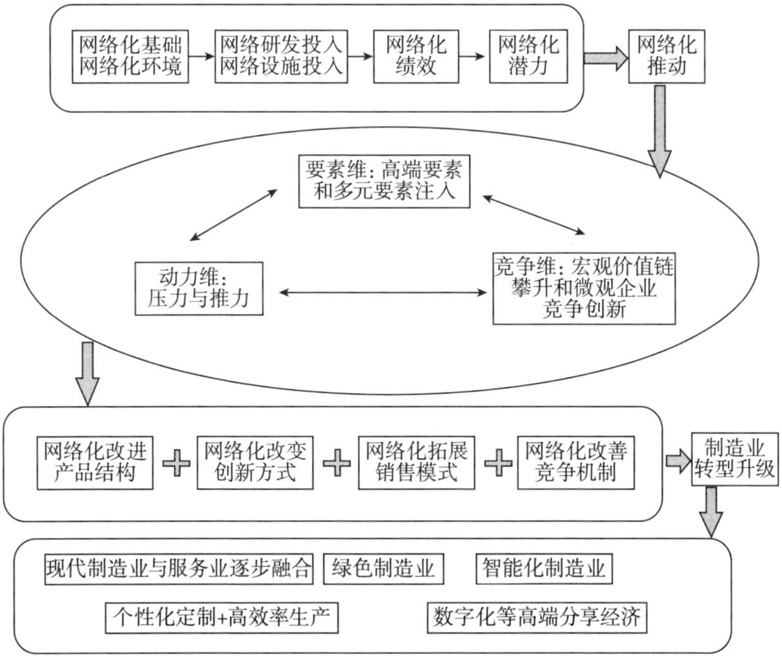

图 2-3 网络化推动制造业转型升级机制

二、基于内生技术创新的制造业纵向生产系统

向生产系统的演进是生产过程本身的优化路径，可分为企业、行业、中国制造业和全球制造业四个层级，在内生技术革新系统影响下的内部运行机制以及各层级之间的信息传递与相互作用亟待探究。制造业经济系统

网络化演进是各层级系统内部升级与系统间组织关系升级的立体合力，而制造业价值链的攀升本质上是制造业经济系统升级的价值表现。

马歇尔（1961）将经济增长视为一个整体，其主要推动力在于持续技术进步对生产率提高的促进作用。在《资本主义、社会主义与民主》一书中，熊彼特亦提出技术进步来源于企业为打败或追赶竞争对手而进行的投资。相比于传统经济学对产业经济均衡发展的偏向，对制造业系统演化的研究应立足于演化经济学，从微观视角对企业创新、生产模式演进以及产业竞争等问题进行分析。

（一）技术进步推动制造业转型升级

技术进步对产业升级的作用具有决定性。技术进步因改变要素禀赋结构而改变要素供求，从而使特定产业部门出现规模报酬递增，进而引起产业间与产业内部结构变迁即产业升级。而表现为来源或实现方式的技术进步路径的不同，会进一步决定要素禀赋结构的变化方向，进而影响产业升级效率。因而，选择适当的技术进步路径是快速、有效促进产业升级的关键。早期的研究倾向于对比技术引进与自主研发两种路径对产业升级的不同影响，其结论多为二者并行不悖，互为补充，应将两种路径进行适当融合以推动产业升级；也有部分学者认为，只有自主研发路径有利于产业升级，技术引进不利于产业结构高级化。黄凯南将技术演化过程表述为技术“创新、选择、扩散”的过程：技术创新产生新技术，为技术演化提供基础动力；技术选择保留报酬较高技术；技术扩散是技术付诸实践、模仿和学习的过程。技术创新又包括自主创新、模仿创新和合作创新，自主创新是技术创新和产业创新的关键。技术选择则要与发展阶段相适合，以确保引进技术与现有技术水平和劳动力技能水平相匹配，实现技术的渗透与普及，从而提高技术的有效性。技术在制造业各层级之间的扩散会提高整体技术水平，从而提高经济发展水平，此时将技术引进和自主创新相结合，实现各层级之间的正反馈机制和网络效应下的相互作用，则成为制造业持续升级的最优选择。

技术进步与变迁亦是演化经济学迄今最为重要的研究领域。不同于古典经济学的要素投入角度、现代经济增长理论的资本积累模型、一般均衡增长模型和干中学增长模型等将技术内生化，演化经济学将技术进步视为产业演化背后的根本力量，认为技术进步既来源于市场竞争，又是市场竞争过程的核心。梅特卡夫于1998年建立的产业内部变迁模型就类似于生物变迁，揭示了微观企业间的竞争导致的技术创新行为的异质性，以至企业技术水平和生产成本存在差异，同样的投资在技术水平较高的企业可以获得更高市场份额，从而提升行业整体效率，且商品市场的替代和互补关系使得产业间出现关联效应，高效产业获得发展优势，因此，个体企业的技术进步行为推动整个行业乃至产业的升级。

新一轮技术进步动力机制不仅来自国内竞争层面，还来自全球竞争层面和学习效应：企业间竞争推动内在技术进步，促进整体行业升级；行业间竞争和知识溢出，促使技术水平进一步提高，从而提高制造业整体质量，实现产业结构优化；既受生产者驱动又受采购者驱动的全球价值链，分别表现为具有垂直一体化特征、以产业资本形式活跃于价值链各生产环节的国际投资，以及具有水平一体化特征、以商业资本形式活跃于流通环节的国际贸易，如图2－4所示。

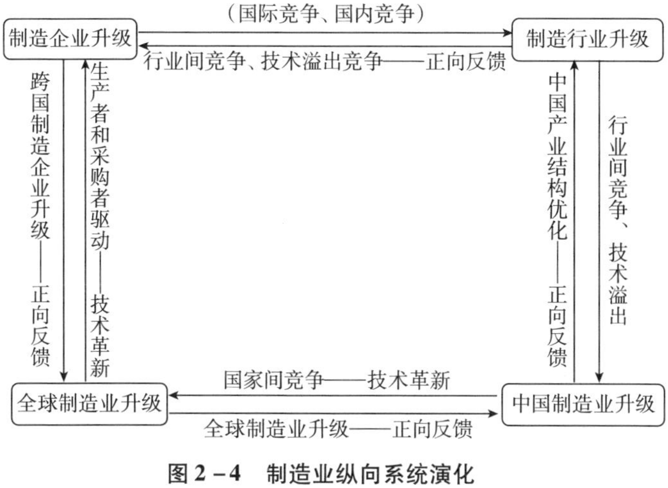

图2－4　制造业纵向系统演化

（二）创新驱动制造业转型升级

阿西莫格鲁认为，产业结构升级的根本动力和途径是创新。创新通过提高生产效率与整合产业链来纠正先前扭曲的产业结构，进而带来结构红利。“创新”概念由熊比特（1912）首次提出，他将“创新”划分为新生产方法、新产品、新市场、新组织形式和新材料五种类型，实际上包括技术创新、产品创新和制度创新三个层面。

一是技术创新层面。技术创新的主体是企业，表现为企业内部生产技术与设备的改进、原材料利用效率的提高和加工工艺的简化。第一类观点认为，创新驱动制造业升级主要通过全要素生产率的提高。丁志国等（2012）、唐未兵等（2014）认为，中国工业增长的重要推动力为全要素生产率，全要素生产率的提升来源于技术进步、人力资本优化等方面，而技术进步又是由技术创新或技术引进推动的。第二类观点将比较优势理论应用于创新促进产业升级的相关研究中。张其仔等（2008）、洪银星等（2010）认为，创新促进比较优势不断演进升级，并向竞争优势转变，而国家的产业升级路径依其比较优势演进的方向进行。邓向荣和曹红（2016）则指出，国家通过创新的方式适度偏离比较优势可以推动产业转型和经济发展，而过度依赖资源禀赋优势则不利于国家创新，阻碍其他产业升级。第三类观点认为企业研发投入提高资源配置效率，从而引致技术进步并最终带来制造业升级。Romer 等（1990）将技术进步指标内生化，并将其考虑进经济增长模型，强调技术创新提高了劳动生产率以促进经济增长和产业升级。另外，某一企业完成技术创新与技术进步后，可以产生技术转移效应，将知识和信息等技术匹配要素转移出去，产生溢出效应，推动其他企业技术升级，从而推动产业升级。刘新争（2016）指出，与中低技术制造业相比，高技术制造业的技术溢出效应更为显著，且能有效促进地区的产业创新与升级。中国制造业取得巨大成就离不开技术学习与模仿创新，低技术企业可以模仿高技术企业的技术，并在此基础之上完成创新，进一步提升低技术企业创新能力与水平，从而提升自身技术水平并缩小与高技术企业之间的差距。第四类观点以开放的视角从全球角度研究制造业升级。技术创新通过提升创新主体在国际分工中的地位以推动产业升级，新兴企业必须通过创新行为提升自身在价值链中的地位，从而增强国际竞争力并实现功能升级。

二是产品创新层面。产品快速成长并逐渐成熟的重要驱动力是产品创新，而企业创新能力的重要体现和产业升级的重要特征是产品升级。从产品创新动因的角度来看，消费者对新产品的需求增强制造业企业研发新产品的动力，并推动产品高端化演进以实现产品创新，企业新产品的出现增强了自身竞争力并加速了技术进步，从而驱动制造业升级。从产品演化升级的角度来看，Hausmann 等（2007）提出全球产品空间理论，并指出影响产品升级的重要因素是产品的比较优势，后发国家应当从与自身比较优势相近的产品逐渐向高附加值的产品演进，在推动产品结构升级的过程中提升产业结构。根本性的产品创新是产业形成的原因，产业在经历过根本性的产品创新后会发生一系列渐进性创新并形成产业群，从而促进产业的持续发展。产业升级是历代产品不同生命周期演化的集合，因而产品创新必将推动产业升级。

三是制度创新层面。首先，制度驱动经济发展的实质在于对经济主体创造力的激励。不同的制度安排形成不同的激励机制，通过影响行动者的动机及其对环境的辨识能力影响行动选择的社会结果。其次，制度创新能够通过提供信息和博弈规则，降低交易风险，减少交易成本，推动科技成果的产出，提高科技创新对经济社会的促进能力。最后，制度通过为参与创新活动的主体设置正式（如法律、法规等）和非正式（如习俗、惯例等）行为规范，降低行为不确定性，提供连续性和稳定性预期。

制度创新可以分为政府层面的制度创新和企业层面的制度创新，但企业的制度创新高度内嵌于其技术进步以及与之密切相关的产品创新中，因此这里的制度创新主要指政府层面的制度创新。政府通过制定产业政策、搭建制度体系形式进行制度创新，制度创新在制造业升级方面产生了直接效应与间接效应。一方面，制度创新本身能够促进制造业不断升级。政府实施的新兴战略性产业扶持政策为产业的发展塑造了完善的制度环境，保护该产业免受外部环境的不利影响，推动该产业持续发展，使之逐步替代低端产业最终实现制造业升级。另一方面，政府制度创新通过刺激企业技术创新、产品创新进而推动制造业升级。良好的制度环境提高了资源配置效率并弥补了市场缺陷，从而为制造业企业实施技术创新和产品创新提供了广阔的发展空间，进一步促进推动企业技术进步和制造业升级，所以国家技术创新能力由该国的制度质量决定。制度创新往往在直接效应和间接效应的共同作用下推动制造业的演化升级：政府政策制度的优化推动了新兴产业的发展，从而直接驱动了制造业升级，同时以激励企业技术创新、产品创新的方式间接促进了制造业升级。

创新是企业活动和政府行为共同作用的结果，企业作为创新主体实施技术创新和产品创新，政府实现制度创新以支持创新活动。企业技术创新和产品创新为制度创新指明了方向，政府制度创新为企业技术创新和产品创新提供了制度支撑，在技术创新、产品创新与制度创新的共同作用下，制造业资源配置效率和创新效率得以有效提升，因而制造业得以升级。

企业的“短视”、行业发展程度及创新要素禀赋的制约等因素使各个产业处于非均衡状态，从而导致产业内无法形成推动技术进步的良性互动机制。此时，解决产业升级过程中技术要素不足问题就需要根据比较优势理论与动态优势理论，借鉴国外先进技术，通过不断吸收整合，提高自我创新能力。

技术创新和制度创新的共同发展，是推动科技强国建设的强大动力。在科技强国能力提升的过程中，制度创新推动了技术创新，而技术创新是制度创新的根本所在。一方面，制度创新以一定的技术为基础。在某种程度上，一国的技术能力基础决定了国家创新制度的选择。另一方面，技术创新会在一定程度上对制度创新提出需求。

第三节　制造业要素系统横向演进

横向要素配置系统的演进是现有生产水平下生产组织方式的优化路径，按要素投入的类别将制造业要素配置划分为三个平行系统：提供劳动力的人力资本系统、提供生产原料的自然资源系统，以及提供物质资本的资本投入系统。要素配置系统的横向演进是指在现有技术水平下生产要素投入协同制造业生产组织实现升级的过程，其本质是要素比较优势的路径变化。经济增长理论指出，促进经济增长的重要因素既包括物质资本又包括人力资本。周长富和杜宇玮（2012）认为，影响制造业企业转型升级的宏观因素不仅包括体制环境、经济发展水平和国际制造业发展趋势等，还包括人力资本、物质资本等微观要素投入因素。基于此，本节将中国制造业横向系统演进的影响因素按生产要素投入类别划分为人力资本与资本投资系统这两个部分。

一、制造业要素配置系统的演化升级

Gereffi（1994）、Humphrey 和 Schmitz（2000）、Ernst（2001）等较早从要素视角研究产业升级演化，劳动力、技术、资本、市场和制度五要素及其相互作用直接影响产业升级方向与路径。李娜等（2012）认为，产业升级是产业结构升级或主导产业转换过程，本质上是要素比较优势的路径演化。周长富等（2012）认为，影响制造业升级因素不仅包括经济环境、产业政策、国际贸易等宏观因素，还包括劳动力、自然资源、资本等微观要素投入因素。经济增长理论指出，物质资本和人力资本都是促进经济发展的决定性因素。人力资源素质是制造业升级关键因素。刘军（2003）、李秀敏等（2007）、张国强等（2011）亦均证实了人力资本对制造业升级的重要作用。从自然资源要素角度出发，早期国外学者提出“资源福音”观点，用来描述资源丰裕度对推进经济发展的正向支持作用，而在现实研究中却发现资源丰裕地区的经济增速出现放缓现象，国内制造业发展中的“荷兰病”效应对邻近地区制造业发展具有负面影响。现有的资源禀赋状态难以为制造业竞争力的提升及绿色转型发展提供持续动力，而通过相应的规制政策可以释放其资源禀赋比较优势。丁志国等（2012）则认为，固定资产投资可以有效促进第三产业发展，但不能有效促进第二产业发展。韩江波等（2013）从要素配置结构变革及演化、发展战略选择及主导产业更迭的角度进行深层次研究和细致剖析，将产业升级分为产业初级升级——以除资本要素外的初级要素为主要配置结构；产业资本升级——以资本要素为主要配置结构；产业高级升级——以高级要素为主要配置结构。张其仔（2008）亦提出，产业升级呈现由其比较优势演化路径决定的非线性形态，表现为产业内升级和产业间升级的交叉进行。以上文献为深层次理解产业演化路径的要素配置效应提供基础。我国制造业由低级、低劳动生产率、低附加值经济状态向高级、高劳动生产率、高附加值经济状态的发展变化过程，依靠要素配置投入比例从以低级要素为主向以高级要素为主转变。因此，从横向要素投入来看，我国制造业转型升级过程亦是要素配置演化过程。

综上所述，制造业演化过程是内生技术创新系统和要素配置系统协同演化的结果。技术进步会提高要素配置效率，同样地，要素配置效率也会诱发技术创新，两者的演化会相互影响，改变彼此的适应图景，导致各自演化轨迹交织在一起，形成共同演化。技术作为一种重要的高级要素，若独立于劳动力、物质资本等初级要素，便不能发挥其边际收益递增的优势以促进产业结构升级。我国技术进步表现出较强的物化型特征，资本体现式技术进步在现阶段与技能需求的互补关系更为显著。要素投入亦是技术的载体，在实现技术扩散的基础上，进一步推动创新。

借鉴黄凯南（2018）的观点，内生技术创新系统和要素配置系统协同作用会决定制造业适应度与整体效率，二者演化会通过影响制造业发展适应度建立关联机制，从而建立共同演化机制。新技术的产生会改变相应要素价格，进而改变原有要素配置结构下的行业收益，推动行业各主体寻求更适合的要素投入。即技术演化通过改变行业在现有要素配置结构下的报酬以及要素配置效率提高的预期收益影响要素配置系统演化。反过来，要素配置系统演化通过行业主体内部和行业间竞争、新技术学习和扩散、集聚产生正向溢出效应等对技术演化产生系统性影响。总而言之，横向、纵向两大系统的协同作用，共同推动制造业经济系统网络化演进，是实现我国制造业转型升级的内在规律。

二、人力资本结构与中国制造业系统演进

Porter（1990）将生产要素分为基本要素和高级要素，基本要素包括自然资源、地理位置、非熟练劳动力等一国自然拥有的先天要素，高级要素包括现代化电信网络、技能劳动力、先进技术等需要通过长期投资和后天开发才能获得的要素，而先天具有的非熟练劳动力可通过后天训练和开发转变为高级要素，因而劳动力规模显著扩大，劳动密集型制造业转型升级，人力资本的消长成为动态比较优势的决定因素。要素投入可以通过资本积累的数量效应和结构调整的要素配置效应提高工业全要素生产率。一个国家的制造业产业结构转型能力不仅体现在人力资本积累对制造业升级的支持性作用上，还体现在人力资本结构调整对制造业结构转型的持续性配置作用上。而自主研发作为产业发展内生动力，显著促进了中国制造业全球价值链地位的提升。对中国制造业而言，当要素条件发生变化，只有增加资本投入，进而积累人力资本，提升研发水平，推动要素禀赋的结构性升级，才能真正实现从“制造业大国”向“制造业强国”的转变。

（一）人力资本积累的数量效应

冉茂盛和毛战宾（2008）认为，人力资本存量的增加有助于实现制造业产业转型。其中，人力资本具有的要素功能与效率功能在推动制造业转型升级中起到关键作用。要素功能强调人力资本积累会导致物质资本的集聚，即物质资源会自动流向人力资本存量较高的制造业部门，当某一制造业部门人力资本存量较大时，其引致物质资源流入与集聚的速度就越快。要素集聚则进一步引发了其他生产要素在制造业内部各部门之间的优化再

配置，有利于实现制造业的转型升级。效率功能则强调人力资本存量与技术进步间的正向联系，人力资本积累会通过知识外溢与学习提升一国制造业的技术创新和技术模仿吸收能力。除此之外，制造业各部门中人力资本分布的差异性也会促进制造业升级。制造业中各部门人力资本分布的差异影响产业结构变迁的内在机理，假设具有人力资本比较优势的部门率先取得技术突破并进入加速增长期，那么处于高增长率的部门向后与为其提供机器和原料的部门相联系，在侧向上能够促进它们所在城市和地区的发展，向前激励了更多部门积极引入人才，这种基于后向、旁侧、前向的联系将诱发扩散和渗透效应，进而导致制造业不同部门实现交替增长的“自发演化”过程。

（二）人力资本结构调整的要素配置效应

人力资本存量的增加并不必然会实现制造业的系统演进。结构主义认为在某一给定时点上，一国的要素禀赋结构，即物质资本、人力资本等资源的相对丰裕程度会内生决定该国在对应时点下的最优产业结构，且经济结构与要素结构优化调整的适配性能够产生结构红利，总体上带动经济增长。刘智勇等（2018）认为，人力资本结构调整主要是指一国或地区中初级人力资本与高级人力资本相互替代的人力资本结构动态调整过程。

人力资本结构调整的配置效应能够提高生产要素在产业部门间的流动速度，有效地促进制造业全球价值链地位的提升。具体而言，当市场信息变化时，人力资本结构的调整能够提升经济体由非均衡向均衡状态转变的速度（牛旻昱等，2013）。而产业转型实质上是通过要素在各个制造业部门间流动最终实现利润率平均化，因此，要素配置效应下生产要素流动速度的提升最终能够实现制造业产业结构由旧均衡向新均衡的高效率转变，有助于加速制造业产业转移与扩散进程。与此同时，人力资本结构调整的要素配置效应也能够通过提高要素利用效率推动本国制造业在全球价值链中的地位攀升。当人力资本结构与物质资本内部结构合理配置时，各生产要素的边际产出应该等于市场出清时的要素价格，即各生产要素产出份额等于它们的成本份额，此时人力资本与物质资本的使用效率均得到提升，制造业结构随之向高级化迈进。

三、资本投资与中国制造业系统演进

资本是现代产业发展中必不可少的生产要素之一，而不同类型的资本投资对一国制造业系统演进的影响机制和程度存在较大差异。本节参照张军等（2004）、田素华（2001）和杨俊杰（2012）的研究，以投资取向差异为标准将资本投资具体细分为生产性资本投资、技术性资本投资和投机性资本投资。

（一）生产性资本投资与制造业升级

生产性资本投资主要指企业为了维持和扩张生产经营活动而进行的资本投资（冯白、葛杨，2016）。市场经济的发展进一步丰富了生产性资本投资的方式，生产性资本投资主要包括固定资产投资与无形资产投资。其中，固定资产投资主要涉及厂房、生产设备与存货投资，而无形资产投资则主要包括子公司、合营企业的股票、股权投资等。在制造业企业投资中生产性资本投资往往占比最大，且生产性资本跨部门流动与重新配置对推进区域制造业结构调整具有显著影响（Massell，1961）。一方面，生产性资本投资与制造业企业生产经营活动间的联系最直接也最紧密，增量资本向生产性资本的转化能够迅速增加制造业体量，从而提高现有制造业的集约化和专业化程度。且对于产业资本需求量相对较大的技术密集型制造业部门而言，生产资本存量的增加更是直接推进了其产业量的增长，实现整个制造业结构的升级。另一方面，生产性资本投资能够通过改变制造业企业存量资本的物质形态与区域选择提升该部分资产的潜在价值，有助于不同区域实现制造业产业间协调发展以及对应的结构升级，加上产业集群、产业关联等释放出的放大效应，区域制造业结构的调整可能进一步深化。

（二）技术性资本投资与制造业升级

技术性资本投资通常指企业为引进专利技术、开展创新研发活动而进行的资本投资（冯白、葛扬，2016）。技术性资本投资作用于制造业升级的内在机制主要包括以下三点。第一，技术性资本投资实现了制造业技术进步与技术效率的大幅增加，有利于提高制造业企业自身全要素生产率，促进制造业全球价值链地位提升。制造业尤其是高端制造业企业多数远离商业银行信贷半径中心（刘喜和等，2022），且其成长与发展多依赖于技术性资本的持续大量投放。因此，技术性资本投资方式决定了制造业创新能力的培育程度，对于企业全要素生产率的提升效应较强。第二，通过技术外溢等方式提高制造业主要产业全要素生产率，并带动相关产业要素生产率提高，从整体上实现制造业的转型升级。技术创新在不同产业之间的扩散具有一定的溢出效应，其表现之一就是不同产业之间的技术融合。这种融合将缩小各个产业技术基础的差距，使它们的技术基础逐步均衡，逐渐达到同一水平线上，从而使产业之间传统的边界变得模糊；产业融合则使各产业增长率的差异缩小，多部门并行发展，相互促进。第三，技术性资本投资会通过影响制造业内部构成关系的变化影响产业的发展。在这一过程中，技术创新促进了新兴产业的形成与夕阳产业的更替，以此推动制造业内部产业结构的转型。与固定资产投资的即时性不同，技术资产投资需要经历资本、技术、资产到资产附加值的循环深化过程，且技术性资本投资推进制造业价值链攀升的过程本质上是一个资本深化的过程。技术性资本投资能否成功转化为技术资产、提高区域全要素生产率，关键在于其是否与制造业企业自身技术发展水平及区域经济发展程度相适应。

（三）投机性资本投资与制造业升级

投机性资本通常是指没有固定投资领域的短期资本（方先明，2012）。投机性资本以赚取投资收益为目的，具有很强的逐利性，对于投资领域的选择仅从短期回报率考虑。在投资标的中，一般认为投机性资本投资通过对资金短缺方的资本注入，更直接地促进了制造业实体部门的发展。投机性资本具有的借贷功能满足了企业重大项目的融资需求，不仅对制造业企业的发展、扩张、技术提升等起到推动作用，还可以支持大型项目的施工完成。例如，固定资产技术改造、重大科技研发项目等。除此之外，投机性资本价格变动还能够反映供求关系，其价格的适度提升能够通过收入效应、经济晴雨表效应、资产价格风向标效应活化经济，提高经济的活跃程度，为制造业发展及结构转型提供良好的外部环境。值得一提的是，投机资本的过度扩张会引发资本市场风险，同时造成经济空心化、结构扭曲等问题，不利于制造业发展。

第四节　人力资本系统与中国制造业双重价值链系统演进

个性化需求增多催生的大规模定制化生产需要促使制造业模块化生产方式出现并向网络状演变，与之密切相关的适应性人力资本系统也经历了类似的模块化进程。

一、制造业网络化人力资本系统模型的构建

人力资本对制造业产业结构转型的作用不仅表现在人力资本存量对产业发展的支持性作用上，还表现在人力资本结构对产业转型的持续性配置作用上，主要包括三个方面，一是人力资本投资的积累效应，二是人力资本结构的配置效应，三是人力资本转化为实际生产力的效应。要使人力资本对制造业转型升级的正向影响扩大，就必须考虑如何使制造业人力资本培育系统的供给与模块化生产系统对人力资本的需求在数量、层次、结构等各个维度上得以匹配。由此，我们首先探讨制造业人力资本培育系统的内部运行机制。

（一）人力资本培育主体及其相互关系

人力资本培育包括个人、学校、科研机构、企业、政府五大主体和知识、组织与战略三大要素。知识的传授与积累主要通过学校和科研机构实现；以组织的形式完成从知识到技能的转化则由企业负责。政府制定发展战略，为人力资本培育指明方向并提供支持。其中，学校是人力资本的初始孵化基地，通过普适教育与专业教育，初步积累人力资本，并促成了人

力资本结构的初始演变。政府对学校的投资是分层次的，对基础教育的投资确保了一般型人力资本的数量，对高等教育的投资增加了异质型人力资本的产出，对职业教育的投资有针对性地确保了技能型人力资本的输出。学校实际的教学效果和教学质量又为政府政策制定提供参考，学校与企业的合作为人力资本由知识向技能的转化提供了实践平台。两者的相互作用能够降低人力资本从业初期的磨合成本，促使人力资本尽快适应工作环境。学研合作能够使高层次人力资本专注某一领域知识的研究，同时提升学校教育的水平和科研机构的研发能力。研究机构则更注重实操与知识的综合运用，是对学校教育的升华和专业性提炼。政府对研究机构的投资会促使研究机构从事方向明确的突破性研究，有利于技术创新，而创新成果的普及与传导引起的社会经济变革又促使政府调整相关战略布局。一些研究机构从事的专业研究服务于企业，促使了企业的技术革新，同时企业为研究机构提供经费，加速了科研工作的进展，实现了学校教育与企业实践的高度整合。企业对人力资本培育的投资取决于其本身的经济实力和其对人力资本投资回报的预期。企业中的人力资本主要通过“干中学”获取有效经验，并通过企业有针对性的专业培训获得专业技能的提升。政府运用相关政策规范并引导企业的经营行为，促使企业内部人力资本适应其工作领域与基本规则。企业向政府缴纳税收又为政府进一步的人力资本投资提供了物质支持。

而个人是人力资本培育的核心，与其他主体不同的是，个人具有双重属性，既是人力资本的投资者，又是人力资本的实际获益者。个人能够根据社会环境与自身需求选择对自身进行人力资本投资的种类、深度及时间段，同时无论是教育、培训或是其他来自外界的培育投资，最终都汇聚于个人，并以个人能力的提升和潜能的发挥作为人力资本作用的表现形式。个人主体除与其他主体之间均存在信息的传导和交互作用外，还承担着对其他主体之间的交互作用进行整合与反馈的职能。考察个人人力资本的演进，应当注重个人对人力资本培育的整合效应，除了物质资本与时间的投资，还应关注社会反馈、情绪、需要和动机对人力资本形成的综合影响。

当这些经济实体共同构成一个经济系统时，忽略它们本身的内部结构与信息，只考虑它们的功能和与外部的联系，则可以得出其模块化的表达形式：模块化 =（模块，模块之间的关系）（昝廷全，2003），在人力资本培育系统中，我们可以将个人、学校、科研机构、企业、政府五大主体看作既具有各自内部运行机制又彼此关联的五个不同模块。

（二）简单人力资本培育系统的模块化表现形式

简单人力资本培育系统即以单独个体为对象的个人人力资本形成机制。在该系统中，个体具有青木昌彦（2002）认为的“存在处理系统信息模块”的类似功能，个体是处理信息的“指挥官”，其主要功能是接收外来信息及其他与之关联的模块反馈的信息，并据此进行分析、决策乃至创新，是核心模块。政府、学校、科研机构以及企业在人力资本培育方式上具有各自独立的复杂运行规则，同时部分规则之间存在关联性，是支持简单人力资本培育系统运行的分支模块。

如图 2－5 所示，各模块由从属于自身的子功能模块构成，并与系统中的其他模块产生交互作用，进行信息的交换与沟通，个人模块负责集成处理，对系统信息进行消化和吸收，最终达到提升人力资本价值的目的。

该系统运行的条件是：各职能模块明确自身分工和工作内容，及时接收与处理关联模块提供的有效信息并提供反馈，同时通过信息整合对自身的功能进行改进。各模块自身的结构和功能水平决定着其本身的性能，模块彼此间交互能力的强弱决定着系统整体的运行质量。

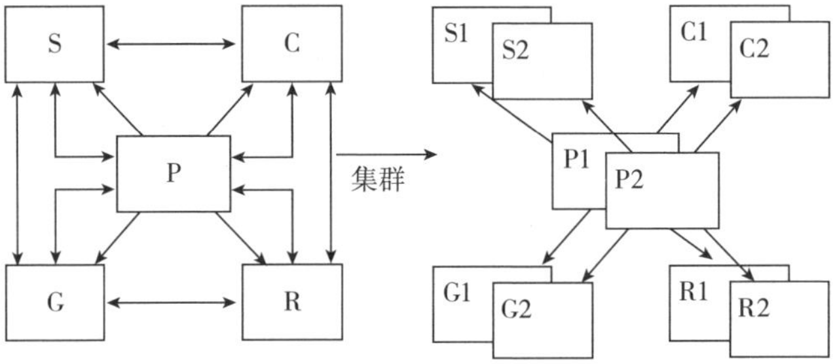

图 2－5　简单人力资本培育系统的模块化与集群发展

共软系统、共硬系统与软、硬部之间的诱导转化是经济系统运行的三种主要形式。人力资本培育系统中存在“共软系统”：各主体部门的基本职能是独立的，学校专注教育，企业专注有助于生产力提升的在职培训，研究机构专注创新成果等。而各主体之间的关系却不断变化，例如，政府对学校的教育投资可以是针对高等教育的，也可以是针对基础教育的，其投资比例的变动则会直接影响不同层次人力资本的输出数量。同样，学校教育可以在校园中进行，也可以与科研机构和企业进行合作，为学生提供更多的社会实践机会，这也会导致教育产出人才的类型差异。人力资本培育系统中同时还存在“共硬系统”：当在一定时期内，各经济主体形成了相对稳定的信息交互方式与合作模式之后，将更加聚焦于本身职能模块的调整与完善，如企业改进人力资本培育的方案、增加人力资本投资经费等。值得关注的是软硬系统之间的转换。当有针对性地将各经济主体的基本职能引入某种易处理的关系时，会促使各经济主体之间的关系也发生相应变化。例如，个人学习了某种易掌握的记忆方法，在提升自身学习效率的同时，也提升了学校教育的实际成果；企业在引进某种已知的员工管理规则后，自身物质资本收入得以提升的同时，也增大了受益员工自身对人力资本培育投资的概率。

模块化分解使各主体的责任和职能更加明确，而系统经济的统筹思想则有助于强化各主体“硬部”的实际性能，增大对各主体“软部”的关注，促使人力资本培育系统效率与灵活率的提升。

（三）制造业网络化人力资本培育系统的形成

在现实中，模块化制造网络内部大量简单人力资本培育系统同时运行，并根据实际产出人力资本的质量、领域、层次形成不同的结构。随着模块化生产规则的建立，人力资本培育系统会自发形成具有适应性的运行规则，并且会随着实际生产的变动进行调整和优化，具有自组织特征。人力资本系统网络的组织水平和协调性影响人力资本效用的发挥。模块化生产网络布局越合理，与之匹配的人力资本培育系统内部协调性越强，则人力资本能力的发挥越充分。系统内部有效信息传导越充分，系统间有效信息交互越深入，则系统的运行水平越高。这表现在模块化生产空间关系网络的数据交互上。实时有效的数据交流与反馈能增强模块的性能，同时能提升人力资本系统的效率。

制造业网络化人力资本培育系统的形成主要体现在以下三个方面。

首先，人力资本培育系统嵌入模块化制造并与之协同演变。具有同等结构的人力资本适用于与之匹配的近似生产领域，形成人力资本组织结构。如图 2 -6 所示，A 代表制造业某行业的人力资本运行系统，A1 为其初始水平。S1 与 S2 是两个同质企业各自独立的人力资本集群系统，它们拥有自身独立的集群优势，表现为不同的企业竞争优势。由于同质模块之间的竞争，两企业间出现信息交互与人力资本流动，推动 A 行业整体技术和发展水平的提升，并向更高级的 A2 水平演进，同时该行业的高级化又促使 S1 与 S2 具有更强的人力资本竞争实力，提升系统内部人力资本的质量水平，使得 S1 与 S2 也向更具专业优势的 S3 与 S4 演变。随着模块化生产方式和领域的变动，人力资本系统的构成和运行轨迹也产生差异，而人力资本系统经由集聚、裂变与网络化的过程同样推动了生产的专业化进程并加深了模块化程度。而且，嵌入式人力资本培育系统网络的整合效应大于简单人力资本培育系统的独立效应。

其次，简单人力资本培育系统的优化会增强总系统的实际效用，这表现在集群中异质性人力资本的数量增多与质量提升均能提升整个集群组织的运行效率。某一领域大量的人力资本集群有助于该领域的效率提升与创新突破。在人力资本集群作用于模块化生产并推动生产演变的过程中，其本身的发展也会产生裂变，人力资本的专业性可能更强（同领域出现更多高水平人才），也可能发生专业领域的转化（原本从事研发的人才向管理转型）。由此，可能衍生出新的领域和创新成果（新产品乃至新行业出现）。集群与裂变在时间和空间维度上交错发生，最终形成庞大的人力资本培育网络系统。图 2 -6 中模块化生产系统存在与 A 相关的行业 B，如产业链上下游企业。相关行业的人力资本系统具有协同演进的性质。图 2 -6 中 A 与 B 表示相互关联的两个行业的人力资本运行系统，S、T 分别是 A 与 B 各自行业内部的人力资本集群系统。由产业关联性导致的 A 与 B 的合作和信息交互，使得 A、B 内部的人力资本集群对彼此的知识领域和业务内容了解较深。当 A、B 行业分工进一步细化，最终形成垂直分解时，中间环节 C 逐步独立出来。一部分来自 A 的人力资本集群（S1）可能与一部分来自 B 的人力资本集群（T1）重新匹配组合，形成与产业链垂直分解相对应的适配于 C 的人力资本培育系统。

最后，人力资本集群的裂变。裂变的本质是创新。人力资本能力的提升和知识结构的变动带来技术革新，并衍生出新的行业，同时新行业的发展又促使人力资本系统向与其匹配的方向裂变。图 2 – 6 中，D 是模块化生产系统中与 A、B 不相关的行业，拥有其自身独立的人力资本运行系统，同时具有 A、B 两个行业的知识储备的行业 C 与行业 D 在某些环节匹配与转化后，会催生出新的行业 E，新行业 E 的人力资本系统呈现出整合的性质，具有更强的专业广度与深度。

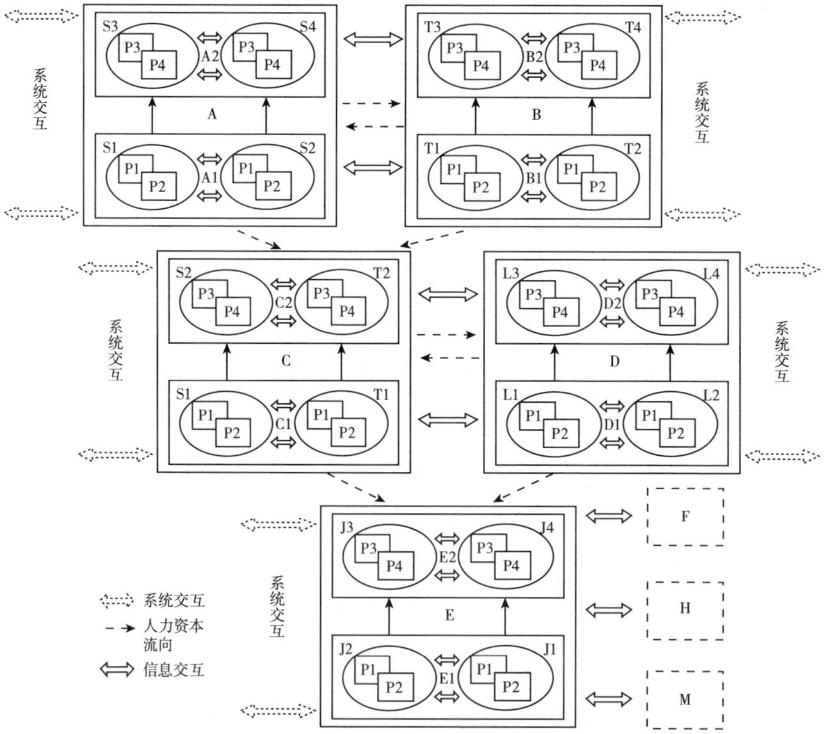

图 2 – 6　嵌入模块化生产过程的人力资本培育网络系统

实际中的人力资本培育系统在模块化生产中通过实时发生的集群、裂变不断分化与重构，最终形成具有多向交互关系的人力资本培育系统网络。

二、网络化人力资本培育系统嵌入模块化生产的运行机制

人力资本培育系统网络嵌入模块化生产的过程实际是机械生产模块化与协调各生产环节的组织关系模块化的统一。基于以上对简单人力资本培育系统模块化运行的内在机理与制造业多重系统协同运行机制的分析，两者在生产的不同阶段和环节具有不同的协同机制。

（一）积累机制选择

模块化生产对人力资本的需求是分层次的，基础人力资本是支撑制造业生产可持续性的要素之一，我们将人力资本培育系统能够持续为制造业生产提供人力资本的运行过程称为“人力资本培育系统嵌入制造业模块化生产的选择积累机制”。人力资本数量取决于人力资本培育系统整体的投资力度和广度。政府增加教育投资，学校扩大施教范围，制造业企业提供更多实习机会等均会使人力资本培育系统投资总量上升，从而使获取教育资源的人口基数上升，实际形成的人力资本总量增加。个体具有不同的教育背景、认知水平和兴趣偏好，分工的多样化为个体提供了宽泛的选择空间，使其能够根据个体差异做出从业选择；同时，处于不同模块的制造业企业对初始知识储备、技能水平的要求不尽相同，所需要的人力资本类型也有差异。制造业企业按照自身的生产内容和范畴选择与之相适应的人力资本，人力资本是否匹配模块化生产由生产的实际规则决定。在双向选择的作用下，适应性人力资本得以保留，非适应性人力资本则被淘汰，从而形成具有初始类别差异的人力资本积累。

（二）配置机制协同

人力资本的合理分配对经济增长和产业升级具有重要的促进作用。网络化人力资本系统与模块化生产协同促进人力资本配置结构优化的过程被称为“人力资本培育系统嵌入制造业模块化生产的协同配置机制”。制造

业的模块化分工促使个体专注某一领域技能的掌握与提升，成长为更具专业性的人才并同时加速人力资本的模块化集聚，形成不同层次的人力资本专业结构。同行业系统内部的信息交互使不同层次的专业结构之间能够进行知识传导，从而缩小各层次之间的能力差距，促使不同层次的人力资本共同提升。基于信息交互的行业内人力资本流动又使人力资本与生产过程的匹配更加精确合理。不同行业间的信息交互有效展开，无论是互补行业间的合作还是同质行业间的竞争均能促使行业间人力资本的流动，最终使最合适的人处于最适合的岗位。培育系统对人力资本的流动配置与模块化生产对人力资本的整合配置共同作用，有效提升了人力资本的使用效率，有助于制造业结构的优化。

（三）传转机制创新

人力资本水平与匹配程度可以促进企业的技术进步和收益，进而有利于产业转型升级和经济增长的实现。网络化人力资本培育系统促使制造业模块化生产技术创新并对成果进行转化的创新传转机制主要表现在三个方面。一是产权技术研发及其转化。专业性人力资本集聚有利于集中资源解决关键问题，实现技术突破。模块化的组织形式能够增强信息沟通的时效性与真实性，保证技术实践的过程中各个环节无缝对接并协调一致，从而完成从技术到生产的精确转化。二是共性技术的普及与泛化。行业内部技能型人力资本掌握共性技术之后，通过人力资本行业内与行业间的流动产生的知识外溢加速技术扩散，从而推动整体行业技术水平的提升。三是组织创新与转化。模块化生产活动的组织方式也具有模块化的特征，组织方式根据实际的生产过程不断调整，逐渐形成适应性的组织模式。组织模式的演进和优化为技术创新提供条件，又为适应技术创新的成果演化出新的组织方式，促使生产与管理同步迈进。

将模块化逻辑引入人力资本培育的基本程序后，各模块的主体职能及相互连接关系得以清晰，进而得以归纳出制造业人力资本培育与模块化生产这一共生网络系统。应对该系统从独立模块向网络化演进过程进行详细描述，强调其自组织特性及协同运作机理，指出人力资本培育系统的运行嵌入制造业模块化生产的过程并逐渐与其匹配。总之，模块化生产的发展水平及其与人力资本培育系统的关联强度影响着制造业转型升级。

第五节　制造业纵横向系统协同演进

制造业纵横向协同演进，是指生产系统演进与要素配置之间的深度融合。纵向生产系统演进强调生产过程本身的优化，主要研究技术进步如何推动生产系统的升级，以及生产系统在不同层级主体间的关系协调，这属于生产系统内部的纵向发展。而横向要素配置系统则侧重不同要素如人力资本、物质资本等在生产活动中的有效配置及协调，这属于生产要素间的横向配合关系。生产系统的优化离不开要素深度协同，要素配置的高效也需要生产流程的支持。随着技术手段的发展，生产系统和要素配置在数字化背景下将实现前所未有的深度协同，这将成为未来制造业高质量发展的重要趋势。

一、生产系统优化依赖于要素深度协同

在前文中，我们论述了基于产品—功能—价值三维分解构建立体网络式的价值链体系，这是一种深入理解生产系统各个部分价值贡献的有效模式。该模式的核心是在“微笑曲线”理论基础上，加入产品架构这一维度，精准地将价值创造过程进行模块化分解。每个被分解的模块通过产品、功能和价值三个维度进行唯一定位，从而定量评估其价值输出，弥补传统定性分析方法的不足。同时，将各模块呈现在网络空间中，有利于研究其间的价值传递规则。不同模块根据产品环节和功能差异，其价值体现也会有所区别，能够更真实地反映实际情况。

然而，制造业生产是一项系统工程，其各个环节及要素存在着高度的耦合性与互动性。生产系统的优化需要对系统各个部分进行全面而深入的调整与改进，这就离不开生产要素之间的深入协同。生产要素包括人力资

源、物质资源、财务资源和技术资源等，它们之间存在着内在的联系与依赖关系。生产系统优化若没有充分发挥各要素的作用及其间的协同效应，将难以发挥最大的优化效果。以自动化水平的提升为例，这需要大量的技术资源投入，如采购智能设备、研发自动化系统等，也需要相应的财务保障。但自动化仅仅依靠设备是不够的，还需要人力资源的支持，比如操作人员的培训，以适应新的工作模式。同时，自动化也会影响人力资源的配置，可能会减少一定数量的操作人员。此外，自动化系统的优化还需要技术研发人员与操作人员进行深入交流，及时解决问题，使系统长期高效运行。所有这些过程都需要各要素深入配合，才能发挥自动化的最大效果。又如信息化建设，其本身需要技术资源提供系统支持，但仅仅建立信息系统是不够的，还需要合理利用人力资源。同时，信息系统还可以为其他优化提供数据支持，如为质量管理提供关键质量数据，为流程优化提供参考依据。信息系统与其他优化举措也存在交叉作用，如信息系统优化可提高自动化水平。所有这些都需要各要素深入配合，互相促进，共同发挥作用。所以，生产系统优化涉及各个层面，包括技术层面、管理层面以及各要素配置层面等。它们之间存在着复杂的内在联系，任何一个要素的改进都不可能脱离其他要素，需要各要素深入协同配合，才能真正发挥系统优化的效能。可以说，生产系统优化在很大程度上依赖生产各要素之间的深入协同。只有充分发挥各要素的特长及其协同效应，才能实现制造业生产系统的真正优化。

二、要素高效配置需要生产系统支持

要素配置系统的横向演进，是在现有技术条件下，通过优化生产要素之间的配置关系和协同程度，实现生产组织升级的过程。这属于生产要素投入本身的横向优化，而不是单纯依靠技术进步推动的纵向升级。其本质是利用要素之间的比较优势，优化配置路径，提高整体效率。此外，经济增长理论表明，物质资本和人力资本都是促进经济增长的重要因素。只有保证两者协调配置，才能发挥它们的最大潜力。

生产要素的配置与生产系统之间存在着互动影响的关系。要素配置高效不仅需要各要素内部协调，更需要生产系统的配合支持。生产系统包括研究开发、产品创新、生产制造、组装加工、营销策划、品牌运营与售后服务等多个环节，这些环节构成了生产活动的运行环境和保障体系。首先，生产系统决定了生产要素的使用范围。随着科技发展，生产系统会不断进行升级和变革，不同阶段的生产系统对生产要素的需求会有很大差异。例如，传统制造业需要大量生产线工人，而智能工厂则需要更多自动化设备专业人员。如果生产系统更新不及时，将难以满足新技术下生产要素的需求，影响配置效率。其次，生产系统决定了生产要素的使用方式。生产流程的设计直接影响各要素在不同环节的作用定位。例如，模块化生产线会使人力资源专注于各自岗位，而整体生产线需要人员灵活调配。生产系统的优化可以提高要素在各个环节的利用率。再次，生产系统影响生产要素之间的协同程度。良好的生产流程可以使各要素在不同阶段形成有效衔接，如原材料与人工之间，而生产瓶颈则会降低要素利用效率。只有生产系统进行深层次优化，才能提高要素间的协同水平。最后，生产系统决定了生产要素的监控与评估手段。现代智能制造能依靠生产数据实现要素配置的实时优化调整，而传统制造难以进行精细化管理。生产系统自身的数字化和智能化程度直接影响要素配置的可控性。所以，生产要素高效配置需要生产系统的全面支持，只有在系统层面进行优化，才能真正发挥各要素的潜力，实现深层次的协同协调。生产系统与要素配置是互相依存的关系，它们只有协同发展，才能共同提升企业生产效率。

三、数字化背景下制造业纵横向协同发展

随着数字技术如云计算、大数据等在制造业的深入应用，生产系统与要素配置将实现前所未有的深度整合。通过数字双胞胎等技术手段，各个生产环节与要素将实现实时联动和优化，实现真正意义上的“纵横协同”，这将成为未来制造业可持续发展的新模式。

数字化为生产系统优化提供了强大的技术支撑。通过建立数字孪生和

智能模型，企业可以对生产流程进行动态模拟优化，找到系统效率的新峰值。同时，物联网等技术可以实现设备与系统在线监控，找到问题的症结，进而进行精准优化。这有效提升了生产系统的智能水平。杜传忠等（2023）研究发现，数字经济对制造业全要素生产率具有明显的赋能效应，这种效应主要通过技术进步、技术效率和规模效率三条路径实现，其中，通过技术进步赋能制造业全要素生产率为主要作用路径。数字化也为要素配置带来新的可能。以人力资源为例，通过智能设备人机协作的方式，人员的工作强度得到有效分担，同时提升了工作效率和安全性，这改变了传统生产模式对人力资源的依赖。同时，数字化还使资源的虚拟化、流动化和共享化成为可能，这给要素配置的优化带来重要影响。涂磊等（2023）研究发现，数字化转型有助于促进创新要素集聚，进而提升制造业生产率，其中，创新人才集聚对制造业生产率提升的作用更加突出。王振华等（2023）研究发现，数字金融通过改变资本要素和劳动力要素的配置，对技术进步偏向产生影响，并最终作用于收入分配格局。李杰等（2023）研究发现，数字化转型主要通过降低信息不对称程度，促进企业配置更多高水平劳动要素、降低劳动要素边际产出和边际成本的偏离程度改善劳动要素错配问题。

数字转型为生产系统与要素配置带来新机遇的同时，也暴露出一些深层次的调整需求，主要体现在以下几个方面。首先，人员与智能设备的高效协同需要优化。传统生产模式下，人工参与度高，而数字化后智能设备将逐步替代人工劳动。这需要重新定义人员在生产中的作用，并优化人机协作流程。例如，通过培训让员工掌握智能设备的操作和维护，同时识别哪些工作更适合人工参与等。其次，资源管理模式需要重塑。数字化使资源的虚实融合和开放共享成为可能，这需要调整传统的内部集中管理模式，构建基于数字技术支撑的开放和动态的资源配置新模式。例如，与供应商实现更深层次的联动协作，实现资源池管理等。此外，生产决策也需要系统优化。这需要构建数据采集体系，并建立算法模型支持决策，将大数据分析结果有效融入生产调度和问题诊断中，实现数据驱动。所以，数字化转型对传统生产模式提出了更高要求，这需要生产系统与要素进行全面协同，在人机、资源、决策等多个环节找到新的平衡点，形成深度耦合的新模式。在数字化背景下，生产系统与要素配置新的协同发展模式主要表现在人机协同、虚实资源协同、开放协同等多个方面的深入融合。具体来说，人机协同需要利用智能设备实现人员与智能系统的深度整合，重新定义人工参与的工作内容和方式。虚实资源协同则通过数字孪生等技术，实现实体资源及其数字模型在线监控与协同调度，提升资源利用效率。在开放协同方面，需要构建基于数字技术的开放协作模式，实现企业与供应链各主体在资源共享等各个环节的深层次联动。最后，数据驱动与云边智能也将成为新的协同点。一方面将大数据分析结果深度融入决策管理，支持动态优化；另一方面通过边缘计算，实现设备与边缘云平台的深度耦合，支持实时决策。

第三章　黄河流域制造业国内价值链现状与特征

制造业是一国的支柱产业，是产业分类中的重要部门，它直接体现一国的生产力水平。2020 年 4 月，习近平总书记在陕西考察时进一步强调制造业是国家经济命脉所系。而黄河流域制造业更是作为支撑经济增长的基础在“一带一路”建设中起到重要作用。由于现阶段黄河流域存在区域发展质量有待提高、流域生态环境脆弱等突出问题，研究黄河流域制造业的高质量发展及其嵌入国内价值链十分重要。本章首先探究了黄河流域制造业发展现状，并在这一基础上明确了黄河流域各省份国内价值链嵌入地位，对其嵌入国内价值链现状进行阐述，最终就黄河流域如何完成区域内专业分工及其嵌入国内价值链的影响因素进行了分析。

第一节　黄河流域省份制造业发展现状与特征

作为中华人民共和国成立后的工业重镇，黄河流域依赖其优越的地理位置与丰富的自然资源形成了较为全面的现代化制造业体系。但流域内各省份多以能源开采作为制造业发展的基础，长期以能源产业为主的发展模式使黄河流域整体缺乏高新技术产业支持，面临区域产业结构趋同、资源枯竭与增长动力不足等问题。如何助推黄河流域制造业转型升级，加快融入国内价值链，对构建以本土企业为主体的国内价值链，提升我国制造业总体水平均有重要意义。基于此，本节主要从整体、区域与行业这三个维度对黄河流域制造业发展现状进行了较为详细的阐述，并总结其发展特征。

一、整体发展水平

黄河流域地域广阔，自然资源丰富，在经济与社会发展中占据重要地位。黄河流域跨越我国东、中、西三大区域，总人口占全国总人口的30%，2021 年，黄河流域 9 个省份的国内生产总值为 286851.7 亿元，经济总量占全国的 25.08%。《中国工业统计年鉴 2022》数据显示，2021 年，黄河流域工业规模以上企业单位数为 93186 家，制造业平均用工人数为 1486.6 万人，制造业资产总计为 255138.41 亿元，占全国的比重分别为 21.11%、20.76%、23.12%。

从工业增加值来看，黄河流域制造业经过长期发展，产值规模明显提升，但在全国工业增加值中所占的比重并无明显变化。黄河流域工业增加值从 2000 年的 9128.70 亿元上升至 2021 年的 962464.92 亿元。图 3－1 给出了 2000—2021 年黄河流域工业增加值占全国工业增加值的比重，2000—2013 年黄河流域工业增加值占全国工业增加值的比重明显上升，其中 2013 年占比为 22 年来最高，但 2013—2018 年黄河流域工业增加值占全国工业增加值的比重明显下滑，最终稳定至 25% 左右。这也表明尽管近年来黄河流域制造业发展较为平稳，但内生动力匮乏，相较于我国东部沿海地区，黄河流域制造业整体的经济发展水平仍有待提升。

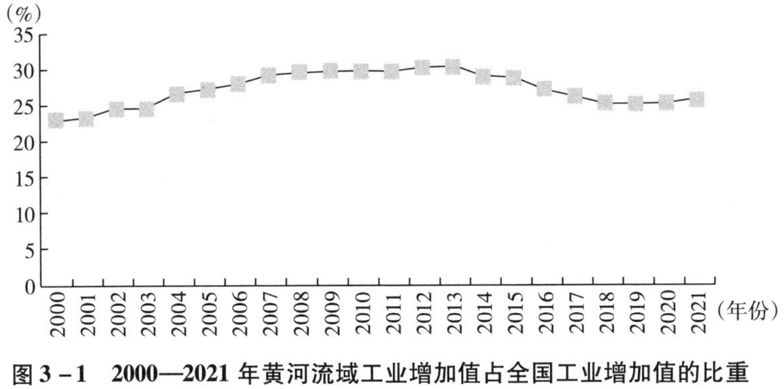

图 3－1　2000—2021 年黄河流域工业增加值占全国工业增加值的比重

资料来源：各省国民经济和社会发展统计公报、各省统计年鉴。

二、区域特征水平

黄河流域各省份资源丰富，流域内不仅包含了农产品主产区，还拥有重要的能源、化工、原材料等基础工业化设施，2018—2021 年其工业增加值占全国工业增加值的比重逐渐稳定。然而，黄河流域各省份经济发展的不充分、不协调问题阻碍着黄河流域经济高质量发展的进程。各省份发展水平迥异，其中位于黄河流域的西部省份经济发展水平较低，位于黄河流域的东中部省份经济发展水平较高，中游地区与上游地区的经济发展相对迟缓，较上中游地区而言，下游地区经济高速发展。总而言之，整个黄河流域经济发展失衡的问题尤为严重。基于此，本节进一步从以下几个方面探讨黄河流域不同省份间制造业发展的差异性。

（一）黄河流域各省份制造业发展规模

图 3 -2 给出了 2021 年黄河流域各省份工业增加值和利润总额。如图 3 -2 所示，黄河流域各省份中，山东的工业增加值最高，达 27243.55 亿元；青海的工业增加值最低，仅为 1992.90 亿元。同样，利润总额最高的山东为 5003.16 亿元，最低的青海为 197.95 亿元。综合来看，黄河流域各省份总体发展水平不高，且各省份之间工业增加值与利润总额差距较大，工业增加值最高值与最低值相差 25250.65 亿元，而利润总额最高值与最低值相差 4805.21 亿元。

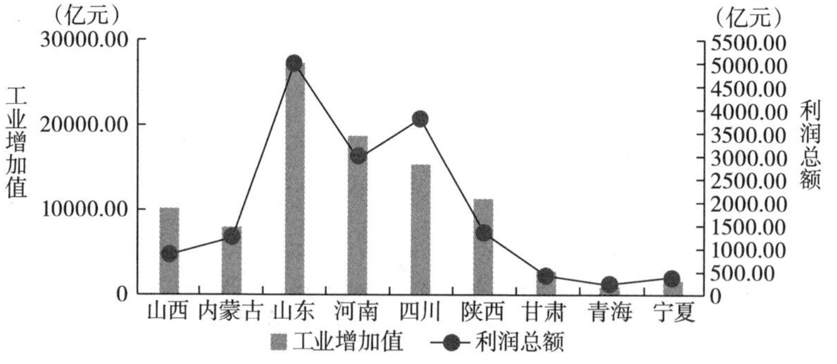

图 3 -2　2021 年黄河流域各省份工业增加值和利润总额

资料来源：2022 年《中国工业统计年鉴》、各省国民经济和社会发展统计公报。

（二）黄河流域各省份制造业对外开放水平

借鉴余世勇等（2022）的研究，本书从对外贸易水平与制造业外商直接投资两个方面来分析制造业对外开放水平。从对外贸易水平来看，黄河流域各省份制造业对外贸易水平稳中有进。2021 年，黄河流域工业制成品进出口总额达 57718. 24 亿元，与上年同期相比有明显提升。图 3 –3 给出了 2021 年黄河流域各省份工业制成品进出口总额。如图 3 –3 所示，黄河流域工业制成品出口总额区域差异明显，山东、四川和河南的工业制成品出口总额相对较高，分别为 16844. 91 亿元、5658. 85 亿元和 4725. 36 亿元，而青海的工业制成品出口额仅为 16. 95 亿元。值得注意的是，山东的工业制成品进口总额为 14507. 13 亿元，而其余 8 个省份的工业制成品进口总额为 11378. 12 亿元，即山东的工业制成品进口总额相比其余 8 个省份总额之和还要高，差距之大，可见一斑。

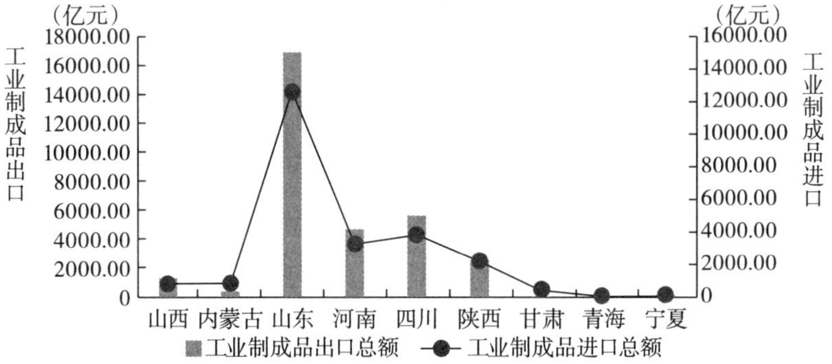

图 3 –3　2021 年黄河流域各省份工业制成品进出口总额

资料来源：国研网“对外贸易数据统计库”。

从制造业外商直接投资来看，黄河流域大部分省份承接的制造业外商直接投资在全国范围内属于较低水平。表 3 –1 给出了 2021 年黄河流域各省份制造业外商资本总额。如表 3 –1 所示，山东制造业外商资本总额在全国各省份排名中遥遥领先，位于全国第 5；陕西和四川处于中等偏上水平，分别位于第 10 与第 15；宁夏、甘肃和青海排名相对靠后，分别位于第 28、第 29 和第 30。黄河流域制造业外商资本总额为 2432. 76 亿元，其中山东制造业外商资本总额为 1306. 80 亿元，而青海制造业外商资本总额仅为

5.76亿元，可见山东制造业外商资本总额占黄河流域外商资本总额的53.72%，且与青海制造业外商资本总额之间的差距高达1301.04亿元。从整体来看，外商投资者和地方政府对黄河流域东部地区制造业发展高度重视，一定量的外商直接投资额为制造业创新发展提供了坚实的经济基础。

表3-1　2021年黄河流域各省份制造业外商资本总额

省份	各省份制造业外商资本总额（亿元）	各省份制造业外商资本总额全国占比（%）	全国排名
山西	95.26	0.41	22
内蒙古	61.19	0.26	23
山东	1306.80	5.58	5
河南	129.44	0.55	20
四川	324.42	1.38	15
陕西	489.08	2.09	10
甘肃	8.37	0.04	29
青海	5.76	0.02	30
宁夏	12.44	0.05	28

资料来源：2022年《中国工业统计年鉴》。

（三）黄河流域各省份能源消耗现状

图3-4给出了2021年黄河流域各省份能源消耗总额情况。如图3-4所示，2021年，在电力消耗方面，山东、河南和内蒙古分别以7383亿千瓦·时、3647亿千瓦·时、3957亿千瓦·时居于前列。在工业煤炭消耗方面，山东、内蒙古与山西的煤炭消耗总量相对较高，分别为5635.98万吨、6432.59万吨与4119.20万吨。总体来看，大部分黄河流域省份制造业发展均伴随着过高的能源消耗。

各省份能源消耗从需求层面揭示了黄河流域的能源依赖问题，而黄河流域能源工业产业的GDP占比则进一步从能源供给层面阐述了黄河流域能源依赖现状。以黄河流域主要能源产业，即石油、煤炭及其他燃料加工业，燃气生产和供应业，电力、热力生产和供应业，煤炭开采和洗选业，石油和天然气开采业等行业为例，图3-5给出了2015—2018年黄河流域各省份能源产

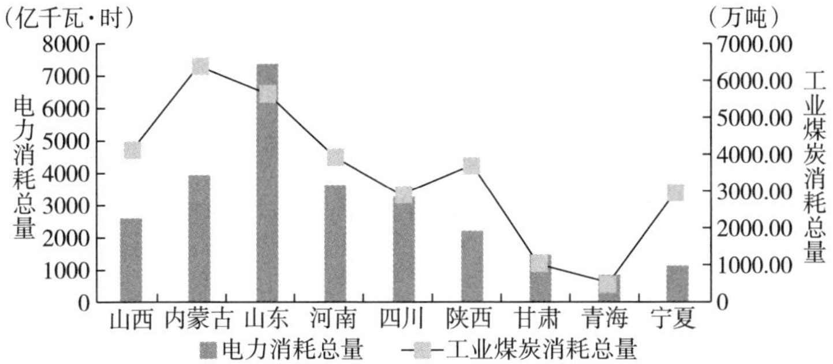

图 3-4　2021 年黄河流域各省份能源消耗

资料来源：2022 年《中国统计年鉴》《中国能源统计年鉴》。

业产值占 GDP 比重。如图 3-5 所示，受我国产业结构调整与经济发展方式转变的影响，黄河流域省份能源工业产值占 GDP 比重除山西、青海外整体呈下降趋势。其中，内蒙古能源产业调整速度最快，2017—2018 年，该省能源产业产值占 GDP 比重由 43.54% 下降至 32.20%。2018 年，除河南、四川的能源工业产值占 GDP 比重较低，其他省份能源工业产值的 GDP 占比均高于全国平均水平，其中山东的比重接近全国平均水平，为 22.74%。宁夏、内蒙古和陕西的比重分别为 55.02%、32.20%、33.78%，而山西的比重高达 66.97%，且相较于 2017 年有反弹趋势，表明能源产业是宁夏、内蒙古、陕西、山西这四个省份最重要的支柱型产业，一旦能源产业出现问题，全省经济可能急剧下滑。黄河流域较高的能源产业占比从供给侧角度揭示了该地区对能源产业的高度依赖问题。

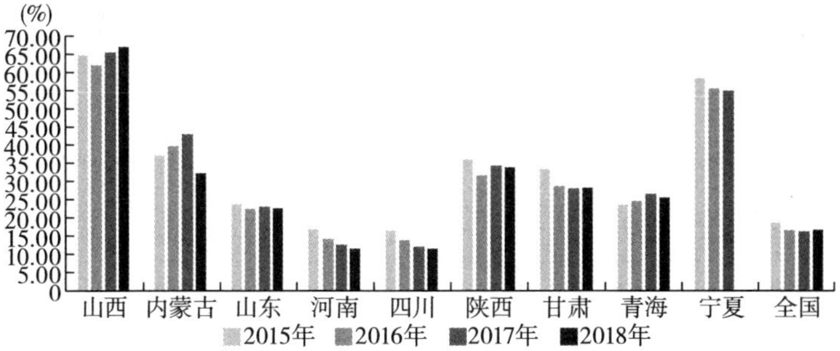

图 3-5　2015—2018 年黄河流域各省份能源产业产值占 GDP 的比重

资料来源：历年中国及各省份统计年鉴。

（四）黄河流域各省份制造业研发创新水平

图3-6进一步给出了2021年黄河流域各省份研发经费投入与专利拥有数。如图3-6所示，在黄河流域各省份中，山东、四川和陕西的研发经费投入力度相对较大，分别达到了308.64亿元、215.78亿元和163.47亿元。而在专利拥有数方面，山东、四川与河南则分别以47210件、41613件、17338件居于前列。

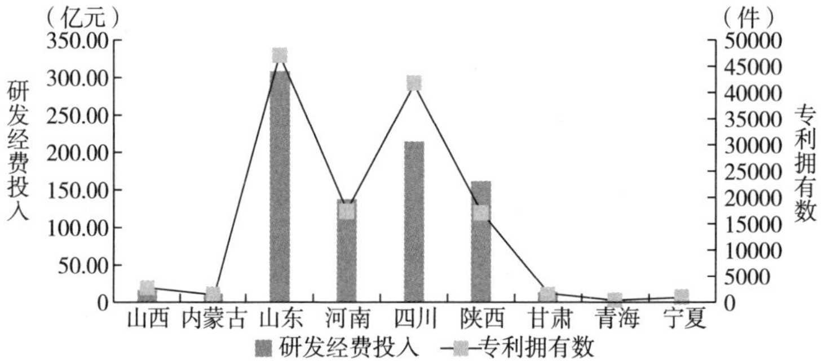

图3-6　2021年黄河流域各省份研发经费投入与专利拥有数

资料来源：2022年《高技术产业统计年鉴》。

本节进一步利用OECD技术行业划分标准将制造业分为高技术型制造业、中高技术型制造业、中低技术型制造业和低技术型制造业，通过分析高新技术在黄河流域的状况可得到表3-2。如表3-2所示，高新技术制造业主要集中在山东和河南，山东占据了近“半壁江山”，河南次之。

表3-2　2021年黄河流域各省份高新技术制造业占比情况　（%）

高新技术制造业行业	山西	内蒙古	山东	河南	四川	陕西	甘肃	青海	宁夏
化学原料和化学制品制造业	4.42	8.65	47.29	13.06	12.64	6.69	1.37	1.88	3.99
医药制造业	3.54	2.90	41.19	17.09	21.92	9.66	2.54	0.30	0.86
通用设备制造业	2.29	0.68	43.65	23.91	21.58	6.21	0.92	0.04	0.73
专用设备制造业	5.83	0.61	41.53	24.43	15.87	8.99	1.78	0.02	0.95
计算机、通信和其他电子设备制造业	6.09	1.03	17.62	29.27	34.58	8.77	0.95	0.42	1.28

具体来看，山东、河南两省的通用设备制造业占黄河流域总体的比例为67.56%、化学原料和化学制品制造业占60.35%、医药制造业占58.28%、专用设备制造业占65.96%。四川、陕西、内蒙古、山西的高新技术制造业有所发展，但是整体体量较小。而青海、宁夏、甘肃3个省份高新技术制造业占比则极低。

综合而言，尽管许多省份为了优化产业结构，积极提升与制造业相关的技术研发经费投入量与相关专利拥有数，但盲目投资高新技术产业并不能使其产值占比增加。各省份高新技术制造业营业收入（如表3-3所示）与高技术产业研发经费投入之比在一定程度上反映了黄河流域各省份研发经费产出效率。以黄河流域东部地区与甘肃为例，山东、河南与甘肃的高新技术制造业创新投入产出系数分别为83.31、111.03、65.60，相较于山东与河南，甘肃高新技术制造业营业收入与其投入的研发经费相比还不尽如人意，大量的研发经费投入没有得到相应回报。

表3-3　2021年黄河流域各省份高新技术制造业营业收入　单位：亿元

高新技术制造业行业	山西	内蒙古	山东	河南	四川	陕西	甘肃	青海	宁夏
化学原料和化学制品制造业	1104.72	2161.28	11813.64	3262.59	3157.28	1671.94	342.28	468.49	997.12
医药制造业	252.01	206.23	2928.87	1215.25	1558.50	687.09	180.97	21.12	61.35
通用设备制造业	182.59	53.94	3487.97	1910.70	1724.25	496.46	73.38	3.39	57.99
专用设备制造业	455.33	47.58	3244.86	1908.74	1239.48	702.02	138.99	1.37	74.13
计算机、通信和其他电子设备制造业	1463.98	248.69	4236.68	7039.31	8317.46	2108.59	229.57	99.85	307.13

资料来源：2022年《中国工业统计年鉴》。

（五）黄河流域各省份主要产业类型

表3-4展示了2021年黄河流域各省份主要工业产品类型及产量。从表3-4中可以看出，各省份制造业仍主要依靠自然资源禀赋进行生产，且产品结构同质化现象较为严重。陕西、山西、宁夏、甘肃等地制造业产品以能源制品、金属矿制品与非金属矿制品为主，山东的主要工业产品则集中在工业原材料、生产通用类设备等领域。其中，山西的原煤与焦炭产量

在全国最高，山东啤酒、原盐与烧碱等工业产品产量均居全国首位。就产品结构同质化而言，山西、内蒙古、陕西、甘肃、宁夏5个省份的主要工业产品均包括原煤；而天然气为内蒙古、四川、陕西、青海4个省份的主要工业产品；此外，类似于原煤和天然气，原盐、啤酒、焦炭、硫酸、烧碱、纯碱等产品也是多个省份的主要工业产品。

表3－4　2021年黄河流域各省份主要工业产品类型及产量

省份	主要产品	单位	产量	在全国排名
山东	机制纸及纸板	万吨	2473.86	1
	烧碱	万吨	1044.44	1
	大中型拖拉机	万台	19.38	1
	啤酒	万千升	461.32	1
	原盐	万吨	1154.81	1
河南	啤酒	万千升	184.58	5
	卷烟	亿支	1569.19	3
	硫酸	万吨	510.92	6
	纯碱	万吨	472.95	2
	大中型拖拉机	万台	8.24	3
山西	原煤	亿吨	12.03	1
	焦炭	亿吨	9857.24	1
	农用氮、磷、钾化肥	万吨	383.26	5
	生铁	万吨	5988.42	5
	粗钢	万吨	6740.69	5
四川	天然气	亿立方米	522.21	1
	原盐	万吨	534.50	4
	啤酒	万千升	249.94	3
	化学农药原药	万吨	30.80	2
	发电机组	万千瓦	3741.55	1
陕西	原煤	亿吨	7.02	3
	天然气	亿立方米	294.13	3
	焦炭	万吨	4320.78	3
	初级形态塑料	万吨	681.26	7
	金属切削机床	万台	2.62	7

续表

省份	主要产品	单位	产量	在全国排名
甘肃	原煤	亿吨	0.44	13
	成品糖	万吨	4.46	12
	硫酸	万吨	259.16	14
	乙烯	万吨	73.85	14
	化学农药原药	万吨	4.76	12
宁夏	原煤	亿吨	0.86701	9
	纯碱	万吨	42.62	13
	化学农药原药	万吨	5.93	10
	初级形态塑料	万吨	434.95	10
	发电机组	万千瓦	243.85	13
内蒙古	原煤	亿吨	10.699045	2
	天然气	亿立方米	289.747	4
	焦炭	万吨	4657.9342	2
	烧碱	万吨	350.76	2
	农用氮、磷、钾化肥	万吨	394.96	4
青海	天然气	亿立方米	62	8
	原盐	万吨	400.52	6
	纯碱	万吨	462.06	3
	农用氮、磷、钾化肥	万吨	494.26	2
	原煤	亿吨	0.110924	16

资料来源：2022 年《中国统计年鉴》。

结合以上五部分的描述分析，本节进一步从黄河流域制造业发展规模、质量、结构三个方面得到黄河流域各省份制造业发展特征如下。

（1）黄河流域制造业发展规模。

从制造业发展规模上看，黄河流域制造业呈现出区域发展不平衡的特征。由黄河流域各省份工业增加值与利润总额可以看出，黄河流域制造业主要集中于山东、河南与四川等相对发达的地区。其中，2021 年山东的利润总额在黄河流域制造业整体占比中超过了 30%。相比之下，较为落后的地区制造业基础则显得极其薄弱。

（2）黄河流域制造业发展质量。

从制造业发展质量上看，各省份科技创新投入悬殊且投入回报率较低。首先，受经济能力、制造业发展水平与社会环境等因素的影响，山东、四川与陕西等省份高技术产业科技投入力度更大。而甘肃、青海与宁夏等省份高技术产业科技投入相对较少，这将拉大区域间发展差距。进一步的分析表明，尽管许多省份以优化产业结构为目的积极投入创新资本进而建设高新技术产业，但就高新技术产值而言，创新投入建设高新技术产业的回报率较低，且各省份间存在较大差异。

其次，发展方式仍以粗放式为主。近年来，黄河流域各省份经济飞速发展，工业化进程不断加快，但各省份环境治理水平有限，对工业生产排放的废水等污染物无法做到有效治理，影响了各省份绿色生态的可持续发展。同时，黄河流域省份经济对能源产业依赖性较强，个别起步较晚、基础薄弱的省份，仍延续传统的粗放式发展，其中尤其是宁夏、内蒙古、陕西、山西等以能源制造、装备制造为主的省份问题最为严重。

此外，各省份制造业开放水平落差较大且经济联系较弱。黄河流域各省份的开放型经济发展极不均衡，整体对外开放水平表现出较大差距，其中山东、河南、四川等省份制造业整体对外开放水平较高，而青海、甘肃、宁夏等省份制造业进出口受限相对较大。加上黄河通航条件有限的客观条件，流域城市之间整体经济联系较弱，省域之间联系更弱，并没有形成流域内密切的区域经贸协同关系，这一因素严重阻碍了黄河流域制造业开放水平提升。

（3）黄河流域制造业发展结构。

从制造业发展结构来看，区域产业同质化严重。对每个省份而言，其包含的制造业产品种类较全，表明各省份为了追求大而全的产业面，不顾当地的环境情况，盲目建设不适合当地经济发展的制造业，使得黄河流域产业同质化严重，进而导致了产品同质化。同质化现象的出现将会极大地影响黄河流域制造业的利润空间，导致对应市场的购买力下降，并产生重复建设与产品创新效率低下等问题。

三、黄河流域制造业行业竞争力水平

在国内价值链上垂直专业化生产分工程度日益加深的今天，研究黄河流域制造业的国内竞争力，明确其制造业国内地位及核心优势，对实现黄河流域制造业价值链攀升至关重要。借鉴李菲和秦升（2007）的研究，本节利用反映绝对竞争优势的制造业营业收入和市场占有率以及反映相对竞争优势的比较优势指数综合考察黄河流域制造业行业竞争力，明确黄河流域制造业行业竞争力的优势与劣势，找出其与东中部地区的差距，这对推进黄河流域制造业升级具有重要意义。

（一）黄河流域制造业行业绝对竞争力

图 3－7 展示了 2021 年黄河流域制造业各行业营业收入及其排序情况。如图 3－7 所示，从 2021 年各行业营业收入数据来看，黄河流域制造业以黑色金属冶炼和压延加工业，化学原料和化学制品制造业，有色金属冶炼和压延加工业，计算机、通信和其他电子设备制造业，石油、煤炭及其他燃料加工业为主导产业。在排名前 10 的产业中，只有计算机、通信和其他电子设备制造业与农副食品加工业属于轻工业，其他多为重工业，在一定程度上表明黄河流域制造业重工业化程度严重。

图 3－8 进一步给出了黄河流域制造业营业收入与全国的比值，图 3－8 表明，总体而言，黄河流域制造业在全国占有相对重要的地位。具体而言，制造业销售值占全国比例位于前 10 的分别是石油、煤炭及其他燃料加工业，酒、饮料和精制茶制造业，有色金属冶炼和压延加工业，食品制造业，农副食品加工业，化学原料和化学制品制造业，非金属物矿制品业，黑色金属冶炼和压延加工业，医药制造业，木材加工及木、竹、藤、棕、草制品业。其中，石油、煤炭及其他燃料加工业以及有色金属冶炼和压延加工业分别占全国的 42.07% 与 35.49%。

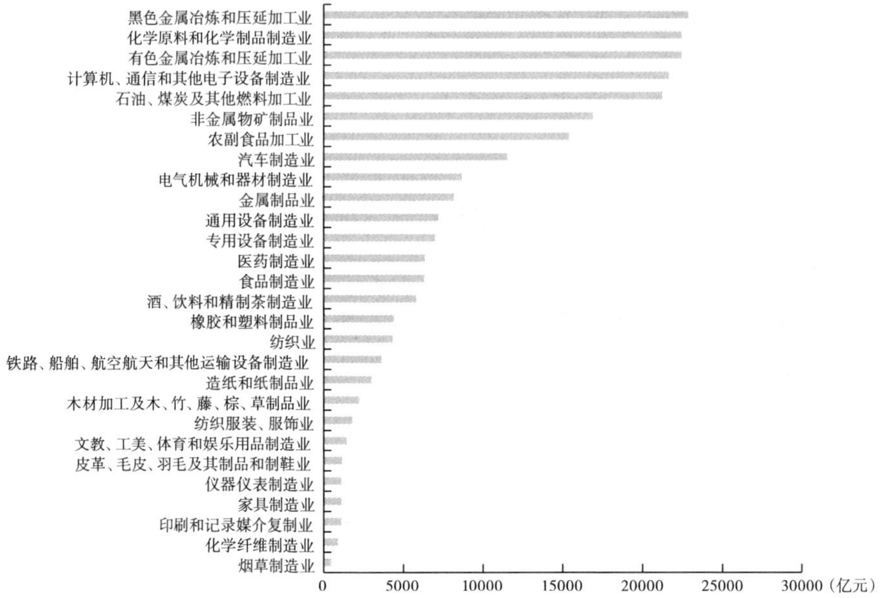

图 3－7　2021 年黄河流域制造业营业收入

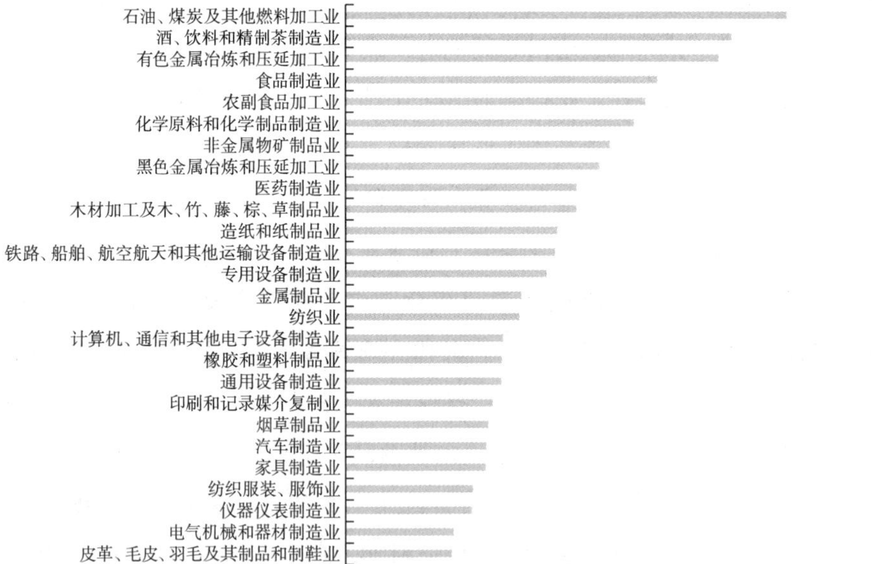

图 3－8　2021 年黄河流域制造业营业收入占全国比例

资料来源：2022 年《中国工业统计年鉴》。

（二）黄河流域制造业行业相对竞争力

相对竞争力指数主要指地区制造业行业占全国同行业的市场份额与地区生产总值占全国生产总值的市场份额的比率。根据相对竞争力水平的差异，我们将黄河流域制造业相对竞争力划分为四组：第一组竞争力最强，即相对竞争力大于1，并且大于中部地区和东部地区；第二组竞争力较强，即相对竞争力大于1，但小于中部地区和东部地区；第三组竞争力较弱，即相对竞争力小于1，但大于中部地区和东部地区；第四组竞争力最弱，即相对竞争力小于1，且小于中部地区和东部地区。如表3－5所示，黄河流域制造业主要在食品制造业，酒、饮料和精制茶制造业，石油、煤炭及其他燃料加工业，化学原料和化学制品制造业等细分行业具有强竞争力，而在电气机械和器材制造业，汽车制造业，皮革、毛皮、羽毛及其制品和制鞋业，烟草制品业等细分行业竞争力最弱。

从总体上看，黄河流域相对竞争力强的行业大多与当地资源和自然条件密切相关。黄河流域制造业行业多半处于竞争优势地位，但这些处于竞争优势的行业大多是资源密集型行业，而处于竞争劣势的行业大多是技术含量高、附加值大和产业关联度高的行业。究其原因，一方面源于黄河流域的资源禀赋，如丰富的煤炭、石油、天然气与有色金属等；另一方面与中华人民共和国成立初期的工业布局具有鲜明的能源型经济特征相关。

表3－5　2016年黄河流域制造业行业相对竞争力及其与中部、东部地区比较

制造业行业	黄河流域		中部地区		东部地区	
	全国份额（%）	相对竞争力	全国份额（%）	相对竞争力	全国份额（%）	相对竞争力
农副食品加工业	38.11	1.38	37.61	1.44	46.45	0.78
食品制造业	36.75	1.33	33.94	1.30	49.67	0.84
酒、饮料和精制茶制造业	38.76	1.41	33.00	1.27	35.5	0.60
烟草制品业	15.66	0.57	29.11	1.12	38.34	0.65
纺织业	33.82	1.23	19.90	0.76	73.75	1.24
纺织服装、服饰业	20.09	0.73	22.62	0.87	74.08	1.25
皮革、毛皮、羽毛及其制品和制鞋业	18.62	0.68	21.92	0.84	73.13	1.23

续表

制造业行业	黄河流域		中部地区		东部地区	
	全国份额（%）	相对竞争力	全国份额（%）	相对竞争力	全国份额（%）	相对竞争力
木材加工及木、竹、藤、棕、草制品业	28.37	1.03	31.92	1.22	54.02	0.91
家具制造业	25.89	0.94	23.81	0.91	66.34	1.12
造纸和纸制品业	29.81	1.08	22.16	0.85	67.10	1.13
印刷和记录媒介复制业	28.77	1.04	28.56	1.10	59.15	1.00
文教、工美、体育和娱乐用品制造业	24.22	0.88	16.79	0.64	79.26	1.33
石油、煤炭及其他燃料加工业	41.16	1.49	15.54	0.60	65.81	1.11
化学原料和化学制品制造业	33.39	1.21	21.66	0.83	66.25	1.12
医药制造业	33.89	1.23	31.46	1.21	53.60	0.90
化学纤维制造业	8.25	0.30	5.95	0.23	89.69	1.51
橡胶和塑料制品业	31.79	1.15	20.38	0.78	70.65	1.19
非金属矿物制品业	38.31	1.39	36.95	1.42	46.52	0.78
黑色金属冶炼和压延加工业	25.84	0.94	20.48	0.79	62.72	1.06
有色金属冶炼和压延加工业	39.55	1.44	34.55	1.32	43.56	0.73
金属制品业	25.56	0.93	18.93	0.73	72.27	1.22
通用设备制造业	30.93	1.12	20.88	0.80	70.56	1.19
专用设备制造业	34.29	1.24	28.81	1.10	62.01	1.04
汽车制造业	17.94	0.65	27.44	1.05	57.13	0.96
铁路、船舶、航空航天和其他运输设备制造业	23.91	0.87	19.23	0.74	64.84	1.09
电气机械和器材制造业	17.59	0.64	20.99	0.80	71.41	1.20
计算机、通信和其他电子设备制造业	15.43	0.56	12.54	0.48	77.41	1.30
仪器仪表制造业	17.59	0.64	14.28	0.55	79.80	1.34

资料来源：由于《中国工业统计年鉴》自 2017 年之后不再公布分地区分行业工业销售产值数据，表中工业销售产值数据均来自 2017 年《中国工业统计年鉴》。

第二节　黄河流域省份国内价值链嵌入地位核算

因为省际与省内经济数据缺乏，故过去有关国内价值链分工的测度研究主要依赖全国投入产出表或单个区域投入产出表。其中，柴斌锋和杨高举（2011）以国内完全消耗系数构成衡量国内价值链特征的指标，基于非竞争型投入产出模型构建了一个新的框架，该框架被用于分析高技术产业国内价值链与全球价值链关联性。张少军和刘志彪（2013）则利用 1997 年、2002 年、2007 年广东省与江苏省的投入产出表及行业数据，探究了产业关联与区域价值链发展的问题。

随着 Hummels 等（2001）提出基于投入产出表的全球价值链研究方法，在现阶段关于国内价值链定量研究中，学者多借鉴全球价值链参与度和分工地位衡量方法构建相关指标。基于全球价值链研究方法的国内价值链测度可分为两个方向。一是基于国内区域投入产出表的国内价值链测度。张少军（2009）基于产品内分工对国际分工的影响，提出了新的投入产出表法，以测度不同省份的跨省生产分割程度，并将测度结果记为生产非一体化指数，同时将该指数作为衡量一国产业参与国内价值链程度的重要手段。刘红光等（2011）利用区域间投入产出模型研究了国内价值链分工下的区域间产业转移。黎峰（2016）利用区域间投入产出模型构建了国内价值链发育度与匹配度等相关指标。朱海飞等（2017）基于全球价值链收入方法构建了本地增加值比率、国内价值链地位与价值链收入分解这 3 个指标。余丽丽和彭水军（2021）基于区域投入产出模型测算了国内价值链下分工位置与增加值收益之间的关系，将价值链上下游度分别与前向关联的生产侧增加值和后向关联的消费侧增加值相关联。陆江源（2022）则进一步测算了 31 个省份参与国际、省外与省内循环在增加值中的占比，以此考察 2017 年中国各省份参与国内价值链程度。二是结合国内区域投入产出表和全球投入产出表测度国内价值链。李跟强和潘文卿（2016）基于 KWW（2014）和 WWZ（2013）模型，首次将国内价值链与全球价值链纳入统一框架，将国内某区域流出分解为来自国内其他区域的增加值、国内本地增加值与来自国外的增加值部分，进而得到垂直专业化水平以反映各地区参与国内价值链的程度。黎峰（2018）进一步将国内价值链分工划分为基于内生能力的国内价值链分工和在生产环节利用进口中间品嵌套于全球价值链的国内价值链分工这两种形式，并参照

Koopman 等（2010）对增加值的分解方法，分析了 2010 年中国各省典型产业的国内价值链嵌入程度。李善同（2018）拓展了关于贸易增加值的 WWZ 分解方法，通过构建一个包含国内省际投入产出模型的国际投入产出模型得到国内垂直专业化指数。

尽管目前已有对省级增加值的研究，但现有研究要么站在地区结构维度分解各省参与国内价值链获得的收益，要么通过构建国内垂直分工相关指标探究国内价值链特征，均未将两者结合起来。本节将全球价值链的分析框架应用于国内价值链的测度中，不仅构建了包含各省国内价值链参与度、国内价值链地位以及竞争力的衡量指标，还构建了价值链增加值分解框架，以便站在地区结构维度上更加详细地对各省份的价值链收入来源及其组成进行剖析。此外，本节还从供给角度进一步构建了各省的生产非一体化指数以测度各省的跨省生产分割程度。

一、指标结构维度的国内价值链核算

在 Daudin 等（2009）对一国出口产品全部价值按照全球价值链进行“增加值”分解的基础上，Koopman 等（2010）基于增加值贸易分解框架提出测算一国某产业在全球价值链中参与程度、参与地位和竞争力水平三大指数，借鉴其构建的全球价值链测算框架可以得到国内价值链参与指数、国内价值链地位指数和基于附加值贸易的产业竞争力指数。具体测算方法如下。

将国内市场不同行业产品供求关系形成的国内各地区产品的价值流动水平进行分解，假设中国有 M 个地区，每个地区存在 N 个行业，便可形成 $M \times N$ 阶矩阵。利用中国非竞争型区域间投入产出表可得

$$VBX = \begin{bmatrix} V_1 & 0 & 0 & \cdots & 0 \\ 0 & V_2 & 0 & \cdots & 0 \\ 0 & 0 & V_3 & \cdots & 0 \\ \vdots & \vdots & \vdots & \vdots & \vdots \\ 0 & 0 & 0 & \cdots & V_m \end{bmatrix} \begin{bmatrix} B_{11} & B_{12} & B_{13} & \cdots & B_{1m} \\ B_{21} & B_{22} & B_{23} & \cdots & B_{2m} \\ B_{31} & B_{32} & B_{33} & \cdots & B_{3m} \\ \vdots & \vdots & \vdots & \vdots & \vdots \\ B_{m1} & B_{m2} & B_{m3} & \cdots & B_{mm} \end{bmatrix} \begin{bmatrix} X_1 & 0 & 0 & \cdots & 0 \\ 0 & X_2 & 0 & \cdots & 0 \\ 0 & 0 & X_3 & \cdots & 0 \\ \vdots & \vdots & \vdots & \vdots & \vdots \\ 0 & 0 & 0 & \cdots & X_m \end{bmatrix}$$

根据投入产出表原理，矩阵 A 为 $MN \times MN$ 阶直接消耗系数矩阵。其中，矩阵 B_{mm} 为 $N \times N$ 阶里昂惕夫逆矩阵，矩阵 A 为 $MN \times MN$ 阶直接消耗系数矩

阵。其中，B_{mm}为$N\times N$的子矩阵。矩阵X为$MN\times MN$阶地区行业间增加值总流出矩阵，即不同地区不同行业形成的总流出列向量，将此列向量沿对角线排列形成$MN\times MN$阶对角矩阵。其中，X_m表示m地区$N\times N$的总流出子矩阵。矩阵V为$MN\times MN$阶的对角矩阵，表示不同地区不同行业的直接增加值系数矩阵。其中，V_m表示m地区$N\times N$的直接价值增值子矩阵，该矩阵对角线上的元素表示n个行业的直接价值增值系数。将矩阵V、矩阵B和矩阵X相乘构成总流出增加值分解矩阵VBX。根据价值链关于前向关联的定义将矩阵VBX的行向量进行横向加总构成分地区分行业的总流出规模，列向量纵向加总构成不同地区不同行业的总流入规模。

（一）NVC 参与指数

从增加值贸易视角衡量各省特定产业参与国内价值链的程度，可得公式如下：

$$NVC\_Participation_{in} = \frac{IV_{in}}{E_{in}} + \frac{FV_{in}}{E_{in}} \tag{3-1}$$

其中，n表示省域；i表示产业；$NVC_Participation_{in}$表示n省的i产业国内价值链参与程度；IV_{in}表示n省i产业间接增加值出口，即国内其他省域出口中包含的n省i产业的增加值；FV_{in}表示n省i产业出口中包含的其他省域增加值；E_{in}表示n省i产业总出口。

（二）NVC 地位指数

在全球价值链分工体系下，正确评估一国制造业国际竞争力还需要综合考虑分工环节与价值增值能力两个方面的因素。因此，Koopman（2014）综合前述两个方面进一步构建了全球价值链分工地位指标（$NVC\_Position$），全球价值链分工地位指标具体指一国间接增加值出口与国外增加值出口之差。而衡量某省产业i在国内价值链分工地位的公式如下：

$$NVC\_Position_{in} = \ln\left(1 + \frac{IV_{in}}{E_{in}}\right) - \ln\left(1 + \frac{FV_{in}}{E_{in}}\right) \tag{3-2}$$

其中，$NVC_Position_{in}$表示n省的i产业国内价值链分工地位，具体指n省i产业间接增加值出口与省外增加值出口之差。当一省i产业向国内其他省域出口更多的中间产品而较少使用省外中间产品时，$NVC\_Position_{in}$ 指数大于零，这表明该省 i 产业处于国内价值链中的上游环节且具有更强的附加值创造能力。显然，$NVC\_Position_{in}$ 指数越大，表明一国在国内价值链分工中的地位越高，反之则处于不利地位。

（三）产业竞争力指数

前两类指标反映了各省/部门在国内价值链上的参与程度以及参与国内价值链生产分工的方式，但不能反映各省/部门在国内价值链上的比较优势。在测度全球价值链上各国分部门的比较优势时，学者们通常使用 Balassa（1965）提出的显性比较优势（Revealed Comparative Advantage，RCA）作为测度指标，当有 G 个国家 N 个部门时，i 国 n 部门的 RCA 计算方法如式（3 -3）所示。

传统显性比较优势指数反映了一国某产品出口额在其出口总额中的份额与世界出口额中该产品出口总额所占份额的比率。但传统显性比较优势指数包含国外附加值，存在竞争力被高估的问题。基于附加值贸易的竞争力指数是借鉴 KPWW 方法，利用增加值贸易核算法在产业层面上测算一国出口附加值，进而将其引入传统 RCA 指数公式以评估该国某产业的竞争力。附加值贸易的竞争力指数是指国内一省制造业产品对中国其他省域的增加值出口额占该省向国内其他省域增加值出口总额的份额与国内所有省域间制造业产品增加值出口占国内所有省域间贸易增加值出口总额的份额的比率，具体计算公式如下：

$$RCA_{in} = \frac{TV_{in}}{\sum_{i=1}^{m} TV_{in}} \Big/ \frac{\sum_{n=1}^{q} TV_{in}}{\sum_{i=1}^{m}\sum_{n=1}^{q} TV_{in}} \tag{3-3}$$

其中，TV_{in} 表示 n 省第 i 个产业向中国其他省域出口中的省内增加值；$\sum_{i=1}^{m} TV_{in}$ 表示 n 省向其他省域出口的总增加值；$\sum_{n=1}^{q} TV_{in}$ 表示全国 q 个省域第 i 个产业的出口增加值之和；$\sum_{i=1}^{m}\sum_{n=1}^{q} TV_{in}$ 表示全国 q 个省域 m 个产业的出口增加值之和。一般情况下，RCA 指数接近 1，表示国内某省特定产业的显性比较优势处于中等水平；RCA 指数大于 1，表示国内某省特定产业的显性比较优势处于上游水平；*RCA* 指数小于 1，则表示国内某省特定产业的显性比较优势低于平均水平。

二、地区结构维度的国内价值链核算

在研究黄河流域省份国内价值链地位问题上，NVC 参与程度、参与地位和竞争力水平三大指数为探讨黄河流域国内价值链分工位置与增加值收益之间的关系提供了参考。而基于地区结构维度的收入分解则反映了省份之间的产业（产品）关联，其能够进一步考察黄河流域中间品贸易满足内需和外需增加值“量”的效应（孙天阳等，2018）。二者在研究视角与研究方法上能够较好地契合和互补，从而能够更系统和全面地刻画出黄河流域各省份在国内价值链中的角色与地位。

多区域投入产出模型关注国内分工与区域协调发展之间的互动关系，相比于单区域投入产出（SRIO）模型，多区域投入产出（MRIO）模型更多包含了空间关联信息。当将地区出口增加值分解框架延伸到 n 个地区 m 个部门的实际情形时，多区域投入产出模型如表 3－6 所示。

表 3－6　多区域投入产出模型

名称			中间使用							最终使用			出口	总产出
			区域 1			…	区域 n			区域 1	…	区域 n		
			部门 1	…	部门 m	…	部门 1	…	部门 m					
中间投入	区域 1	部门 1	z_{11}^{11}	…	z_{11}^{1m}	…	z_{1n}^{11}	…	z_{1n}^{1m}	F_{11}^{1}	…	F_{1n}^{1}	E_{1}^{1}	Y_{1}^{1}
		…	…	…	…	…	…	…	…	…	…	…	…	…
		部门 m	z_{11}^{m1}	…	z_{11}^{mm}	…	z_{1n}^{m1}	…	z_{1n}^{mm}	F_{11}^{m}	…	F_{1n}^{m}	E_{1}^{m}	Y_{1}^{m}
	…	…	…	…	…	z_{rs}^{ij}	…	…	…	…	…	…	…	…
	区域 n	部门 1	z_{n1}^{11}	…	z_{n1}^{1m}	…	z_{nn}^{11}	…	z_{nn}^{1m}	F_{n1}^{1}	…	F_{nn}^{1}	E_{n}^{1}	Y_{n}^{1}
		…	…	…	…		…	…	…	…	…	…	…	…
		部门 m	z_{n1}^{m1}	…	z_{n1}^{mm}	…	z_{nn}^{m1}	…	z_{nn}^{mm}	F_{n1}^{m}	…	F_{nn}^{m}	E_{n}^{m}	Y_{n}^{m}
	进口		IM_{1}^{1}	…	IM_{1}^{m}	…	IM_{n}^{1}	…	IM_{n}^{m}	FM_{1}	…	FM_{n}		
最初投入	增加值		VA_{1}^{1}	…	VA_{1}^{m}	…	VA_{n}^{1}	…	VA_{n}^{m}					
总投入			Y_{1}^{1}	…	Y_{1}^{m}	…	Y_{n}^{1}	…	Y_{n}^{m}					

其中，z_{rs}^{ij} 表示 r 省份 i 部门对 s 省份 j 部门提供的中间投入品数量，而 Z_{rs}^{ij} 是一个 $N \times N$ 的矩阵，表示 r 省份 i 部门产出被 s 省份 j 部门使用的中间投入品需求矩阵。Y_r^i、E_r^i 和 F_{rs}^i 是 $N \times 1$ 的矩阵，分别表示 r 省份 i 部门的总产出向量、r 省份 i 部门的出口向量、r 省份 i 部门被 s 省份作为最终需求的向量。VA、IM 是 $1 \times N$ 矩阵，分别表示直接增加值和进口向量。

根据表 3-6 水平方向的平衡关系可以得到

$$Y_r^i = \sum_{s=1}^{n} \sum_{j=1}^{m} Z_{rs}^{ij} + \sum_{s=1}^{n} F_{rs}^i + E_r^i \tag{3-4}$$

如果将式（3-4）表示成矩阵形式，并将中间产品消耗矩阵 Z 表示为直接消耗系数矩阵 A 与总产出向量 Y 的乘积形式，则有

$$Y = AY + F + E \tag{3-5}$$

式（3-5）表示各省份总产出等于中间使用、最终使用和出口三个部分之和。进一步变形可得

$$Y = (I - A)^{-1}F + (I - A)^{-1}E = BF + BE \tag{3-6}$$

在式（3-6）中，$B = (I - A)^{-1}$ 即为里昂惕夫逆矩阵，该矩阵衡量生产每一单位最终产品需要用到的中间产品数量。BF、BE 则分别代表了国内最终需求和对外出口所驱动的产出。

在多区域经济框架下，各地区通过中间产品贸易和最终品贸易相关联，一个地区的增加值既取决于区域内最终产品的生产，又受区域外最终产品生产的影响，因此假设 V 为增加值率系数矩阵，其对角元素为 $v_s^j = V_s^j / Y_s^j$（增加值/总投入），根据投入产出理论，可以得到增加值表达式为

$$VA = VBF + VBE \tag{3-7}$$

式（3-7）表明，在多区域经济框架下，各地区通过中间产品贸易相互关联，一个地区的增加值既取决于区域内最终产品的生产，又依赖于区域外最终产品生产拉动。借鉴余丽丽和彭水军（2021）的思路，地区 r 由国内最终需求引致的增加值可以表示为

$$Vaf_r^i = \sum_{i=1}^{m}\sum_{s=1}^{n} V_r^i BF_{rs}^i \tag{3-8}$$

省份 r 由自身最终需求引致的增加值为

$$\sum_{i=1}^{m} V_r^i BF_{rr}^i \tag{3-9}$$

省份 r 的 GDP 增长中蕴含的外省增加值可以表示为

$$\sum_{i=1}^{m}\sum_{s\neq r}^{n} V_r^i BF_{rs}^i \tag{3-10}$$

除此之外，省份 r 增加值中蕴含的进口增加值（国外增加值）可以表示为

$$Vae_r^i = \sum_{i=1}^{m} V_r^i BF_r^i \tag{3-11}$$

由式（3-7）~式（3-11）可得：各省份总的增加值可以分解为本地增加值、来自省外的增加值和来自国外的增加值三部分。其中，省内循环的比例表示该省份由本地区最终需求引致的增加值与总增加值之比，省际循环比例表示该省份由国内其他地区最终需求引致的增加值与总增加值之比，国际循环比例表示该省份由出口需求引致的增加值与总增加值之比，具体公式表达如下：

$$DI_r = \frac{\sum_{i=1}^{m} v_r^i BF_{rr}^i}{\sum_{i=1}^{m} V_r^i} \quad NI_r = \frac{\sum_{i=1}^{m}\sum_{s\neq r}^{n} V_i^i BF_{rs}^i}{\sum_{i=1}^{m} V_r^i} \quad EI_r = \frac{\sum_{i=1}^{m} v_r^i BE_r^i}{\sum_{i=1}^{m} V_r^i} \tag{3-12}$$

其中，$DI_r + NI_r + EI_r = 1$。

三、生产非一体化核算

本节进一步从供给角度出发，测度黄河流域各省份利用国内价值链满足国内省外需求的程度。对于国内价值链分工而言，中间产品和最终产品在地区间的流入、流出是其重要的表现形式，也是国内价值链得以

形成的基础。鉴于此，本节借鉴 Hummels 等（2001）和张少军（2009）的方法，构建了生产非一体化指数（Vertical Disintegration Index）。S 地区 i 部门向国内其他地区流出的最终产品中包含的从国内其他地区流入的中间投入为

$$vd_s^i = [\sum_{r \neq s}^{n} \sum_{j=1}^{m} Z_{rs}^{ij} / (Y_s^i - M_s^i)] \cdot \sum_{r \neq s}^{n} F_{sr}^i \tag{3-13}$$

进一步，S 地区向国内其他地区流出的最终产品中包含的从国内其他地区流入的中间投入比重为

$$VDI_s = \sum_{i=1}^{m} vd_s^i / \sum_{i=1}^{m} \sum_{r \neq s}^{n} F_{sr}^i \tag{3-14}$$

VDI_s 即为区域 S 的国内生产非一体化指数，该指数反映了区域 S 借助国内价值链满足国内其他区域需求的程度。

第三节　黄河流域制造业嵌入国内价值链现状

根据第二节详述的国内价值链测算框架，我们可以从理论层面初步了解国内价值链上价值流转路径的多样性及国内价值链网络结构的复杂性。为了量化各省份制造业在国内价值链上的嵌入现状、对价值链的依赖性以及省际生产融合程度，本节从指标结构维度、地区结构维度以及生产非一体化指数三个方面系统地测度并分析了制造业国内价值链嵌入特征的具体情况。

一、指标结构维度的国内价值链分析

（一）黄河流域各省份制造业国内价值链参与程度与分工地位分析

表 3－7 给出了 2007 年、2010 年、2012 年黄河流域各省份制造业国内价值链的参与程度与地位指数的测算结果。表 3－7 所用数据来源于国务院发展研究中心与国家统计局合作编制的 2007 年、2010 年、2012 年中国 30 个省间投入产出表。因为研究对象为制造业，所以仅选取中国 30 个省间投

入产出表中包含纺织业、食品制造及烟草加工业、通用和专用设备制造业等在内的16个制造业部门。

表3－7　2007年、2010年、2012年黄河流域制造业国内价值链嵌入现状

省份	国内价值链参与程度			国内价值链地位指数		
	2007年	2010年	2012年	2007年	2010年	2012年
山东	0.05	0.04	0.03	0.00	－0.01	0.01
河南	0.12	0.11	0.16	0.03	0.03	0.02
山西	0.13	0.17	0.11	0.05	0.12	－0.06
陕西	0.23	0.18	0.22	0.01	0.04	0.01
内蒙古	0.22	0.20	0.21	0.12	0.13	0.10
四川	0.09	0.08	0.08	0.01	0.02	－0.02
甘肃	0.19	0.19	0.18	0.13	0.13	0.02
青海	0.25	0.29	0.10	0.13	0.21	0.00
宁夏	0.20	0.16	0.19	0.06	0.07	0.02

通过观察表3－7可以发现，首先，黄河流域各省份制造业国内价值链参与程度逐渐下降。除河南外，各省份从2007年到2012年在排名中逐渐向中偏下位置移动，其中山东的国内价值链参与程度逐渐由2007年的0.05降至2012年的0.03；山西的国内价值链参与程度逐渐由2007年的0.13降至2012年的0.11。这与黄河流域产业结构的变化有较大关系，黄河流域作为我国重工业的重要基地，在我国工业化进程中起到重要作用，但是粗放型的工业增长模式使黄河流域各省份目前普遍面临传统产业转型升级滞后、内生动力不足的问题，这也导致制造业活跃中心呈现出由黄河流域逐渐向外转移的趋势。其次，黄河流域西部地区大多数省份的制造业国内价值链参与程度高于东部各省份。2007—2012年，黄河流域西部地区除四川外的所有省份制造业国内价值链参与指数排名均高于东部地区，而东部地区中山东国内价值链参与程度在整个黄河流域中最低。这在一定程度上体现了国内区域间贸易与国际贸易在黄河流域东、中、西部地区各省份重要性的差异。改革开放以来，凭借自身优越的自然地理位置条件，黄河流域东部地区对外贸易发展水平迅速提升，参与国际贸易的程度远高于中、

西部地区，但其国内贸易参与度相较内陆地区仍有待提升，这也在一定程度上导致了黄河流域东部各省份具有更容易受到国际冲击的弱点。

对国内价值链地位指数进行进一步分析可知，2007 年、2010 年，青海、内蒙古和甘肃国内价值链地位指数均不低于 0.12，长期为黄河流域内其他省份提供大量制造业中间品，占据黄河流域大部分市场份额。而山东与河南的国内价值链地位指数较小，2010 年山东国内价值链地位指数低至 -0.01，表明在这一阶段中随着区域经济一体化进程的推进，黄河流域西部地区不断参与到国内价值链的构建中。黄河流域西部地区位于国内价值链的上、中游，负责资源供给和初级产品生产、装配加工，为国内价值链的构建发挥了重要作用。与之相反，位于黄河流域东部地区的省份在国内价值链中的位置普遍较低，在国内价值链构建中呈现出“掉队”倾向。但在 2010 年以后，黄河流域中、西部地区国内价值链地位指数均出现了不同程度的下降，而山东国内价值链地位指数则有所上升。这可能是由于 2008 年的金融危机，国内外经济环境低迷，黄河流域东部省份通过与其他省份建立紧密的经济联系“抱团取暖”，共同抵御外部市场冲击，进而使黄河流域东部地区国内价值链地位提升，中、西部地区国内价值链地位下降。

（二）黄河流域各省份制造业竞争力水平分析

表 3 - 8 给出了 2007 年、2010 年、2012 年黄河流域制造业 RCA 指数的测算结果，所用数据来源于 2007 年、2010 年、2012 年中国 30 个省份投入产出表，共涉及 30 个省级行政区划。表 3 - 9 则参考樊茂清和黄薇（2014）的部门类型进一步将制造业划分为劳动密集型、资本密集型、知识密集型和其他，最终得到 2015 年制造业分行业的 RCA 指数（见表 3 - 10），所用数据来源于 2015 年中国 30 个省份投入产出表。

表 3 - 8　2007 年、2010 年、2012 年黄河流域制造业 RCA 指数

年份	山东	河南	山西	陕西	内蒙古	四川	甘肃	青海	宁夏
2007	1.19	1.09	0.91	0.74	0.60	0.73	0.70	0.71	0.70
2010	1.40	1.26	0.62	0.69	0.50	0.90	0.57	0.48	0.44
2012	1.36	1.21	0.31	0.62	0.64	0.84	0.43	0.37	0.40

从黄河流域各省份制造业竞争力发展水平来看，东部、中部与西部地区呈现明显的阶梯状分布。具体来看，2007—2012 年黄河流域东部地区的省份制造业竞争力水平均大于中、西部地区省份，且均大于 1，在全国制造业竞争力排名中相对靠前。2007 年，中部地区的山西与陕西制造业竞争力水平分别为 0.91、0.74，尽管到 2010 年有所下降，但竞争力水平仍大于大部分西部省份。整体来看，黄河流域绝大多数地区制造业竞争力较弱，且处于不平衡发展状态。从发展速度来看，近年来黄河流域的东部、中部与西部地区呈现出不同特征。东部地区各省份均在经历了制造业竞争力提升的高点后出现一定程度的下降，而中部地区与西部地区的甘肃、青海、宁夏制造业竞争力水平则出现了较为明显的“衰落”格局。

根据表 3 -9 及表 3 -10 的结果可知，黄河流域各省份在资本密集型制造业行业上具备明显的比较优势。例如，陕西、山东、甘肃、宁夏制造业行业中石油、煤炭及其他燃料加工业的 RCA 指数均为最高；甘肃、青海的金属冶炼及压延加工业的 RCA 指数相对较高；河南、山东制造业行业中最具比较优势的则分别为非金属矿物制品业、造纸印刷及文教体育用品制造业。进一步分析黄河流域各省份在知识密集型制造业中的 RCA 指数分布可以发现，黄河流域在此类型制造业中的比较优势相对较小，且黄河流域东部地区知识密集型制造业的 RCA 指数普遍大于西部地区。

表 3 -9　制造业类型划分及在下文图表中的表示方式

代码	制造业行业	类型
S01	食品制造及烟草制造业	劳动密集型
S02	纺织业	
S03	纺织服装和皮革、毛皮、羽毛及其制品和制鞋业	
S04	木材加工及家具制造业	
S05	造纸印刷及文教体育用品制造业	资本密集型
S06	石油、煤炭及其他燃料加工业	
S07	化学工业	

续表

代码	制造业行业	类型
S08	非金属矿物制品业	
S09	金属冶炼及压延加工业	资本密集型
S10	金属制品业	
S11	通用、专用设备制造业	
S12	汽车、铁路、船舶、航空航天和其他运输设备制造业	
S13	电气机械及器材制造业	知识密集型
S14	通信设备、计算机及其他电子设备制造业	
S15	仪器仪表制造业及印刷和记录媒介复制业	
S16	其他制造业	其他

表 3-10　2015 年黄河流域省际制造业分行业 RCA 指数

省份	劳动密集型				资本密集型						知识密集型					其他
	S01	S02	S03	S04	S05	S06	S07	S08	S09	S10	S11	S12	S13	S14	S15	S16
山西	0.00	0.00	0.00	0.00	0.00	1.53	0.01	0.01	0.06	0.00	0.01	0.00	0.00	0.00	0.00	0.00
内蒙古	1.18	0.81	0.00	1.00	0.00	0.47	0.54	0.79	2.62	0.18	0.11	0.00	0.14	0.00	0.00	0.00
山东	0.23	3.57	0.68	1.06	3.86	3.73	2.64	0.46	0.69	1.82	2.06	0.01	0.35	0.04	0.09	0.41
河南	1.78	1.79	1.09	0.92	1.57	0.13	1.05	4.75	2.13	0.98	0.79	0.27	0.81	0.38	0.11	2.03
四川	1.73	1.09	0.05	0.28	0.13	0.28	0.80	1.18	0.13	0.25	0.47	0.08	0.06	1.93	0.00	2.43
陕西	0.94	0.72	0.02	0.10	0.21	3.05	0.45	0.70	1.14	0.28	0.50	0.78	0.65	0.40	0.16	0.09
甘肃	0.47	0.09	0.03	0.00	0.00	4.24	0.22	0.17	3.30	0.17	0.09	0.01	0.04	0.10	0.01	1.19
青海	0.34	0.00	0.00	0.00	0.00	0.01	1.66	2.20	6.29	0.02	0.00	0.00	0.00	0.00	0.00	0.00
宁夏	0.69	0.37	0.00	0.00	0.03	5.59	1.40	0.02	2.89	0.00	0.35	0.00	0.00	0.00	0.57	0.11

综合对国内价值链参与程度和国内价值链参与地位的分析可以看出，黄河流域中西部地区虽然在国内价值链中的参与程度和参与地位较高，但制造业竞争力水平仍旧较低且处于衰退状态，可能的原因有黄河流域大部分地区高等教育落后、高素质人才流失严重、人才引进不足等。而黄河流域东部地区制造业竞争力水平则相对较高，且相较于西部地区，东部地区的知识密集型制造业更具有比较优势。这表明在构建国内价值链以及参与全球价值链的过程中，东部地区制造业会利用外资溢出效应等率先实现制

造业升级，这进一步证实了黄河流域制造业在构建国内价值链以及参与全球价值链时形成的东部主导、引领中西部发展的格局。

二、地区结构维度的国内价值链分析

本节进一步利用一国内部区域间非竞争型投入产出表对黄河流域各省份增加值进行分解。目前，中国的区域间非竞争型投入产出表主要有两个来源：一是国家信息中心编制的30个省份的区域间非竞争型投入产出表，该表每5年提供一次；二是中国科学院区域可持续发展分析与模拟重点实验室编制的中国30个省（区、市）共30个部门地区间投入产出表。本书使用了2002—2017年中国区域间投入产出表。其中，2002年区域间投入产出表为21个部门，2007年区域间投入产出表为30个部门，2012年、2015年和2017年区域间投入产出表为42个部门。出于研究方便的考虑，本节以2002年中国国内30个省份区域间投入产出表的21个部门为基础，对2007—2017年中国区域间投入产出表进行部门合并。对各省份来说，增加值根据来源可以分解为自身增加值、其他省份增加值和国外增加值三部分。图3－9给出了2002—2017年黄河流域省内循环、省际循环与国际循环的变化情况，图3－10展示了2017年16个省份参与国际循环、省内循环和省际循环的比例。

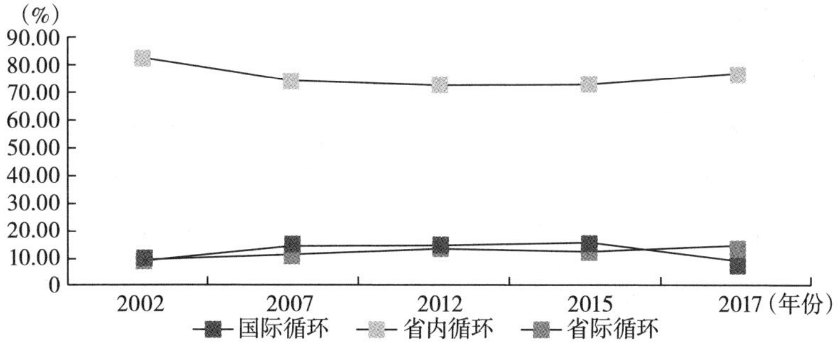

图3－9　2002—2017年黄河流域参与国际循环、省内循环和省际循环的比重

如图3－9所示，从黄河流域参与国内循环的变化趋势来看，对黄河流域各省份增加值而言，省内循环所占份额最高，且占比呈下降趋势。省际

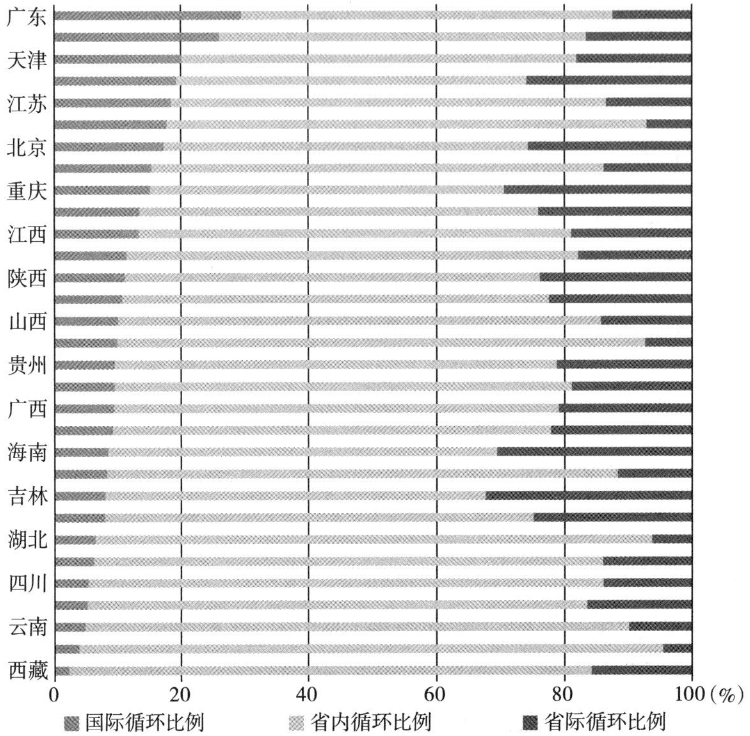

图 3-10　2017 年 16 个省份参与国际循环、省内循环、省际循环的比例

循环与国际循环占比呈相反变化趋势，且自 2015 年以后省际循环占比呈上升趋势。根据黄河流域省际循环与省内循环逐年的变化趋势可知，黄河流域省际的中间品贸易发展迅速，各省份之间的联系更加紧密，逐渐依赖国内价值链满足自身最终需求。

本节测度出 2002—2017 年黄河流域省份平均国际循环比例为 12.32%、平均省内循环比例为 75.64%、平均省际循环比例为 12.05%。从增加值分解角度来看，黄河流域国内经济循环的依赖程度在 90% 上下，以区域内贸易为主，如图 3-10 所示，这一结果也同陆江源（2022）的研究结果相一致。

三、生产非一体化程度分析

计算生产非一体化所使用数据为 2002 年、2007 年、2012 年、2015 年和2017年中国区域间投入产出表。根据式（3－14），本节进一步测度出黄河流域各省份在国内价值链分工下的生产非一体化程度，结果如图3－11所示。观察图3－11可以看出，黄河流域各省份在国内价值链分工下的生产非一体化程度互相之间存在着较大差别。以2017年为例，宁夏和陕西的国内生产非一体化指数分别为0.2775、0.2703，而山东和四川的国内生产非一体化指数仍然处于相对较低的水平，分别为0.0289和0.0653。从区域特征分析来看，宁夏、陕西、甘肃利用国内价值链满足内需的程度高，且在分析期间对国内价值链的融入程度不断加深，这表明这些省份凭借着资源能源优势更多参与到国内分工中；内蒙古、河南、山西、青海所在的第二梯队，利用国内价值链满足内需的程度相对较高，省际中间产品贸易额较大，在国内价值链分工体系中的参与程度较高；而山东、四川这两个省份与其他省份相比，生产非一体化指数始终保持在一个较低的水平，且变化幅度较小，保持在一个相对稳定的状态。这种情况形成的原因可能是这两个省份以省会城市为中心的省内小循环较强，中间品基本实现省内“自给自足”，利用国内价值链条满足最终需求的程度低。

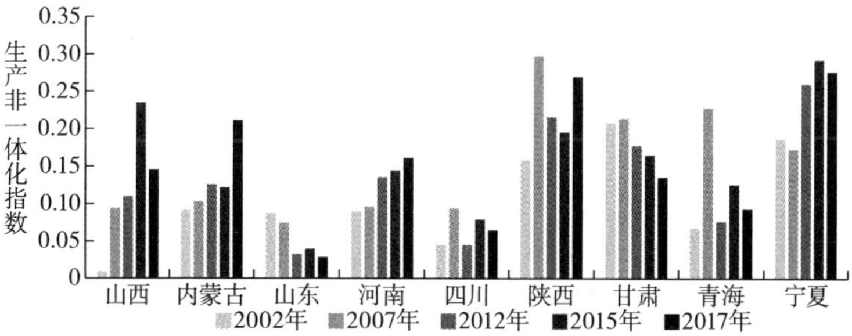

图3－11　2002—2017年黄河流域省份国内价值链下生产非一体化指数

国内价值链下生产非一体化指数衡量的是某一省份向国内其他地区流出的最终产品中包含的从国内其他地区流入的中间投入比重，因此其能够反映出该省份借助国内价值链满足国内其他地区需求的程度，进而深层次地反映出该地区参与国内价值链分工的深入程度。从这个角度来看，以上研究表明，除山东等个别省份外，黄河流域省份整体上参与国内价值链分工的水平较高，且呈现出不断深化的趋势。

第四节 黄河流域嵌入国内价值链影响因素分析

在全球价值链收缩、“逆全球化”思潮盛行的情况下，中国需要摆脱单一的全球价值链嵌入模式，积极构建国内价值链，以塑造自身经济增长新动能。而黄河流域作为北部地区重要的经济带与生态屏障，在我国构建国内价值链的过程中具有举足轻重的地位，且长期以来黄河流域融入国内价值链的模式主要表现为：以政策优惠与资源优势推动区域产业体系嵌入国内价值链，大量利用煤炭、原油、电力等能源资源从事工业产品生产，并以此形成巨大的生产和出口能力。在这一背景下，对黄河流域地区的发展而言，探究黄河流域如何完成区域内专业分工进而提升其价值链融合水平十分重要，本节主要基于灰色关联法展开分析。

一、黄河流域嵌入国内价值链影响因素分析

根据黄河流域制造业行业特征与嵌入国内价值链现状，借鉴中国制造业嵌入全球价值链研究思路，可以将影响黄河流域嵌入国内价值链的因素分为内部因素与外部环境因素两个方面。影响黄河流域嵌入国内价值链的一、二级指标如图 3－12 所示。

（一）内部因素

要素丰裕度会影响黄河流域内专业化分工状况。要素禀赋是国内专业化分工的基础和驱动力之一，不同地区基于自身的要素禀赋选择适合自己的产业和领域进行专业化生产，有利于实现资源的最优配置和经济效益的最大化。影响黄河流域嵌入国内价值链的要素主要有劳动力、资本和技术等。

首先，黄河流域的技术状况会直接影响该区域的产业竞争力，进而影响黄河流域在国内价值链中的表现和地位。相较于低技术产业，高新技术产业具有更高的产品附加值与商业利润，黄河流域高技术水平产业的发展

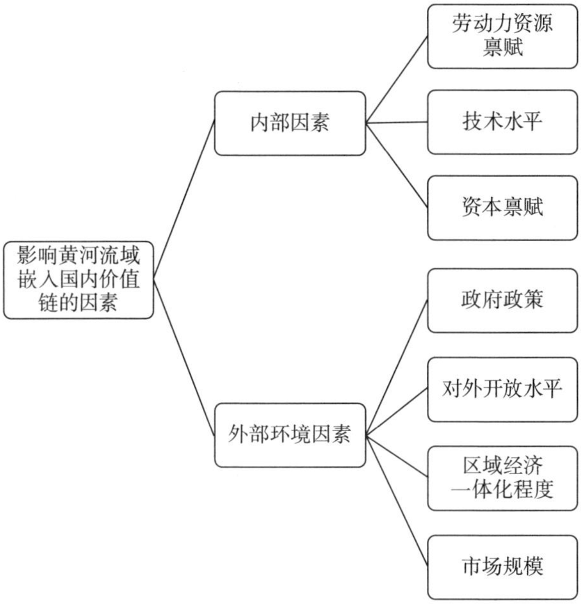

图 3－12　影响黄河流域嵌入国内价值链的因素

会推动区域产业结构调整，提高区域竞争力，进而使黄河流域深度嵌入国内价值链生产分工体系。具体到产业内部，观察不同技术含量生产环节的分工情况，发现技术仍旧是核心要素。黄河流域行业内技术水平的提升，能够实现资源配置的优化，在降低企业生产成本的同时改进产品质量，从而直接影响黄河流域省份产业在国内价值链分工的参与程度与地位。由此可见，提升黄河流域技术水平，尤其是制造业技术水平，是推动黄河流域加快区域内专业化分工进而完成转型升级的主要切入点。

其次，劳动力资源禀赋状况直接影响区域专业化分工从而影响黄河流域在国内价值链中的地位，劳动力的数量与低廉的劳动力价格是推动黄河流域嵌入国内价值链的基础生产要素，也是降低产品生产成本的关键因素。一方面，丰裕的劳动力资源有助于黄河流域劳动密集型行业生产规模扩大，在获得规模经济的基础上可提升劳动密集型产成品在产业间和区域间的流动性，进而深化黄河流域各省份参与国内价值链的程度。另一方面，区域过于依赖自身丰裕的劳动力资源，从事产品生产中的加工组装环节，有可能会降低黄河流域在国内价值链分工地位与竞争力水平。

最后，物质资本是黄河流域融入国内价值链的载体，也是区域产业结构优化的基础。充足的物质资本能为黄河流域产业发展提供有效的要素供给，使生产成本下降，资本密集型产业和资本需求旺盛的生产环节快速发展，从而提升区域竞争力，推进黄河流域融入国内价值链进程。具体而言，物质资本按资本形态可分为固定资本与流动资本。其中，固定资本的投入有利于扩大区域产业生产规模，降低生产成本，最终实现黄河流域在国内价值链中的地位攀升。而流动资本的转移与进入为黄河流域各省份研发核心技术提供了资金支持，同时鼓励了资本密集型企业积极参与产品内分工（张纪，2013），最终深化黄河流域参与国内价值链程度。

（二）外部环境因素

除了黄河流域产业内部的劳动力资源禀赋、技术水平、资本禀赋等因素会影响国内价值链分工地位，外部环境因素也会影响黄河流域各行业的发展状况与竞争力水平，进而改变其在国内价值链中的地位。而外部环境因素主要包括政府政策、市场规模、国内区域经济一体化程度与市场对外开放水平等。

黄河流域政府政策是否有利于行业的发展，是否推动企业积极参与省际贸易，直接影响区域融入国内价值链程度。政府政策主要是指政府对黄河流域的高技术行业发展给予的政策支持和优惠政策，如减税、补贴和土地优惠等。这些政策措施降低了企业的经营成本，促进了黄河流域的经济发展，并吸引了更多的资源流入该地区，从而帮助黄河流域企业更好地参与国内价值链分工。

黄河流域市场规模优势的发挥，有利于实现跨地区企业间技术互补带来的规模经济效应。在黄河流域嵌入国内价值链的过程中，规模经济发挥着重要作用。首先，市场开拓带来的规模经济直接降低了黄河流域企业的生产成本。随着市场规模的发展，企业能够通过扩大生产规模和提高生产效率，降低单位产品的生产成本，进而助推黄河流域企业融入国内价值链。相反，当市场规模较小、生产成本过高时，理性的企业则会选择用委托国际代工的生产方式替代国内价值链构建的生产方式，这将会阻碍黄河流域企业参与国内价值链构建。其次，市场规模较大的地区会吸引更多企业与供应商的进入，进而形成产业集群。产业集群的产生便利了企业间的资源共享与分工合作，使黄河流域企业能够实现高效生产与产品多样化，有利于培育黄河流域省域间差异化比较优势，促进省域间生产专业化水平提升，进而使黄河流域在国内价值链中扮演更重要的角色。此外，黄河流域市场规模的开拓还可以吸引更多的投资和技术进入该地区，这为黄河流域提供了更多的资金支持和技术创新支持，有利于推动产业的升级和转型，进而提高黄河流域的产业附加值和技术水平，使其在国内价值链中的地位得到提升。综上所述，市场规模开拓使黄河流域商品生产部门产生规模经济、推进区域产业集聚和分工合作，吸引更多的投资和技术创新，从而使黄河流域更深层次嵌入国内价值链并提升其地位。这将为黄河流域带来更多的经济机会和发展潜力，有助于推动其经济的可持续增长。

国内区域经济一体化程度也会影响黄河流域在国内价值链中的分工地位。国内区域经济一体化主要指一国内地缘相近的省份与城市之间形成一个统一市场的动态过程，该市场中各要素的流动不受区域限制，有利于实现区域内经济的合作与统一（孙大斌，2003）。国内区域经济一体化能够提升黄河流域资源配置效率，有利于黄河流域发挥助力国内价值链分工深化的积极作用。当国内区域经济一体化程度较低时，商品要素资源在黄河流域内部流转可能面临高昂的贸易成本，此时具有全球价值链参与能力的企业可能选择退出国内价值链分工环节，转而主动参与全球价值链分工，从而“弱化”黄河流域在构建国内价值链中发挥的积极作用。

对外开放水平对黄河流域融入国内价值链的影响主要体现在中间品进口和出口引致的生产需求与外资进入规模上。黄河流域中间品进口规模的扩大在很大程度上切断了黄河流域东部与中西部地区“内部循环”的经济关联，对其参与国内价值链的构建产生了一定的阻碍作用。出口的扩大则主要通过市场边界的外延推动以“黄河流域中西部地区提供资源能源—东部地区生产制造—最终品出口国外”为主要模式的国内价值链分工。而外资进入规模扩张客观上不利于国内区域专业化分工的开展（黎峰，2018），国际资本的流入及其市场兼并行为主要打击了国内价值链的上游环节，对黄河流域融入国内价值链的影响主要表现在区域内企业在先进技术、营销渠道和中间产品输出等方面与外资企业之间的联系被隔绝。外资进入及其兼并收购行为很大程度上阻碍了区域内企业的国内价值链攀升，切断了黄河流域中、东、西部地区的经济关联，不利于黄河流域融入国内价值链。

二、基于灰色关联法的影响因素分析

（一）数据来源

考虑到前文测度黄河流域国际循环、省际循环与省内循环使用的数据年份为2002年、2007年、2012年、2015年和2017年。灰色关联分析中使用的数据主要来自2002年、2007年、2012年、2015年与2017年的各省份统计年鉴、《中国科技统计年鉴》《中国统计年鉴》《中国人口和就业统计年鉴》以及国家统计局网站。

（二）影响因子的选取及测算

影响黄河流域嵌入国内价值链的指标选取原则：第一，科学性，指标选取要符合科学规律，能较好地反映黄河流域嵌入国内价值链各影响因子之间的内在规律，体现研究的基本原则及目标实现程度；第二，可操作性，各指标的选取要考虑到实际操作性，应简单明了且数据来源准确，具有准确性和代表性；第三，全面性，各指标应具有较高的综合程度，即涵盖影响黄河流域嵌入国内价值链的各领域，覆盖面广。

基于黄河流域融入国内价值链的影响因素机理分析，本节进一步根据指标选取原则构建对应的三级指标。由于政策因子难以量化，仅考虑劳动力资源禀赋、技术水平、资本禀赋、市场规模、对外开放水平、区域经济一体化程度6个二级指标对黄河流域嵌入国内价值链的影响。每个二级指标下对应的三级指标如表3-11所示。

表 3－11　黄河流域嵌入国内价值链影响因子

一级指标	二级指标	三级指标
内部因素	劳动力资源禀赋	就业人数（万人）
		高等学校在校生人数/总人口（%）
	技术水平	黄河流域 R&D 经费支出（亿元）
		黄河流域专利申请授权数（件）
	资本禀赋	资本存量（亿元）
外部环境因素	市场规模	人口密度（需求规模）（人/平方公里）
		GDP 总额（供给规模）（亿元）
	对外开放水平	外贸依存度（%）
		外商直接投资总额（万元）
	区域经济一体化程度	中间品贸易加权网络密度
		经济关系网络入度中心势（%）
		经济关系网络出度中心势（%）

其中，资本禀赋因子选用的三级指标是资本存量。资本存量的计算参考单豪杰（2008）的方法，折旧率统一取 10.96%，本期资本存量 = 上期资本存量 ×（1 － 10.96%）＋本期固定资产形成总额。初始资本存量 = 各省份 2001 年的固定资本形成总额/（10.96% +2001—2005 年投资增长率平均值）。

对外开放水平因子选取的指标外贸依存度与外商直接投资总额的计算方法参考李锴和齐绍洲（2011）的研究，外贸依存度即黄河流域各省份按境内目的地和货源地分货物进出口总额与地区生产总值的比值，外商直接投资总额则由黄河流域实际利用外资总额衡量。参考侯赟慧等（2009）的社会网络分析方法，本节将区域经济一体化程度三级指标分别确定为中间品贸易加权网络密度、经济关系网络入度中心势与经济关系网络出度中心势。加权网络密度体现了网络中各个成员之间联系的紧密程度，网络密度越大，节点间的联系越紧密。无权网络密度测算的是贸易网络省份间的贸易联系，而加权网络密度测算的则是这种联系的强度大小，比简单拓扑结构分析更能准确描述贸易网络结构特征（刘宝全等，2007）。而网络中心势反映了整个中间品贸易网络在多大程度上是围绕某个或某些省份建构起来的，体现了网络的总体整合度或者一致性。测算中间品贸易加权网络密度、经济关系网络入度中心势与经济关系网络出度中心势，首先需要构建黄河流域省份间的中间产品贸易系统 G，中间产品贸易系统 G 具体可表示为

$$G=(V, A^t, W^t) \tag{3-15}$$

其中，$V=[v_i]$ 为节点集合，表示黄河流域各省份；加权贸易网络 $W^t=[w_{ij}^t]$，其中，w_{ij}^t 表示 t 年 i 省份和 j 省份之间的中间品流入、流出额。进一步参照马淑琴等（2022）与安琪儿（2014）等的做法，运用2002年、2007 年、2012 年、2015 年和2017 年中国区域间投入产出表，构建黄河流域省域间中间品贸易加权有向网络。在这一基础上，可以得到中间品贸易加权网络密度与网络中心势的具体计算公式分别为

$$D=m/[n(n-1)] \tag{3-16}$$

$$G_{GD}^t=\frac{\sum_{i=1}^{n}(C_{AD\max}^t-C_{ADi}^t)}{(n-1)(n-2)}=\frac{\sum_{i=1}^{n}(C_{RD\max}^t-C_{RDi}^t)}{(n-2)} \tag{3-17}$$

其中，式（3-16）表示中间品贸易加权网络密度，m 为网络中实际拥有的关联关系数量，n 是网络规模。式（3-17）表示网络中心势，C_{GD}^t 为 t 时期的网络中心势，C_{AD}^t 为 t 时期的绝对度数中心度，C_{RD}^t 为 t 时期的相对度数中心度。

（三）方法与模型

灰色关联分析法能够用来分析信息不完备系统中的元素关联性，通过关联度大小明确影响因素中各个因子的重要程度，厘清发展路径。本节应用灰色关联分析法分析影响因素中哪些因子与黄河流域省际循环、省内循环和国际循环的关系更加密切，以期为黄河流域嵌入国内价值链寻找匹配路径。具体计算过程如下。

第一步，确定分析数列。设定直接反映黄河流域参与省内循环、国际循环与省际循环程度的指标作为参考序列 X_0，影响黄河流域嵌入国内价值链的各个因素为比较序列 X_i，分别表示如下：

$$X_0 = \{x_0(1), x_0(2), \cdots, x_0(n)\} \tag{3-18}$$

$$X_i = \{x_i(1), x_i(2), \cdots, x_i(n)\}, i = 1,2,3,\cdots,m \tag{3-19}$$

其中，n 为序列长度即年度，m 为比较序列个数。

第二步，建立一套将系统要素量化的指标体系。采用初值化对原始数据进行无量纲化处理。

$$x'_i(k) = \frac{x_i(k)}{x_i(l)}; i = 0,1,\cdots,m; k = 1,2,\cdots,n; l = 2002 \tag{3-20}$$

第三步，计算关联系数。计算公式为

$$\gamma(X_0, X_i) = \frac{1}{n}\sum_{k=1}^{n}\gamma(x_0(k), x_i(k)) \tag{3-21}$$

其中，$\gamma(X_0, X_i)$ 为 $x_i(k)$ 对黄河流域嵌入国内价值链指标 $x_0(k)$ 在时刻 k 的关联系数，且

$$\gamma(x_0(k), x_i(k)) = \frac{\min\limits_i \min\limits_k |x_0(k) - x_i(k)| + \xi \max\limits_i \max\limits_k |x_0(k) - x_i(k)|}{|x_0(k) - x_i(k)| + \xi \max\limits_i \max\limits_k |x_0(k) - x_i(k)|} \tag{3-22}$$

其中，ξ 为分辨系数，$\xi = 0.5$。

第四步，计算关联度。测算结果如表 3-12 所示。

$$\gamma = \frac{1}{n}\sum_{i}^{n}\gamma_i(k) \tag{3-23}$$

表 3-12　各影响因素灰色关联度

影响因素	省内循环	排名	省际循环	排名	国际循环	排名
就业人数	0.99	2	0.96	3	0.95	2
高等学校在校生人数/总人口	0.84	6	0.87	6	0.89	6
R&D 经费支出	0.62	11	0.63	11	0.65	11
专利申请授权数	0.59	12	0.60	12	0.60	12
资本存量	0.67	10	0.69	10	0.70	10
黄河流域人口密度	0.99	1	0.96	4	0.95	3
GDP 总额	0.72	9	0.74	9	0.75	9
外商投资水平	0.81	7	0.84	7	0.86	7

续表

影响因素	省内循环	排名	省际循环	排名	国际循环	排名
外贸依存度	0.98	5	0.97	1	0.96	1
中间品贸易加权网络密度	0.74	8	0.75	8	0.77	8
经济关系网络入度中心势	0.98	4	0.97	2	0.94	5
经济关系网络出度中心势	0.99	3	0.96	5	0.95	4

（四）结果分析

总体而言，从表3－12排序结果可以看出，不同因素对黄河流域各省份参与省内循环、省际循环与国际循环的影响差异性较小。对外开放水平、劳动力资源禀赋、区域经济一体化程度、市场规模、资本禀赋、技术水平对黄河流域各省份参与省内循环、省际循环与国际循环的平均影响关联程度依次递减。其中，与国际循环和省际循环略有不同的是，黄河流域进行省内循环时，劳动力资源禀赋、区域经济一体化程度与市场规模的平均影响关联程度均大于对外开放水平。接下来，从以下几个方面展开具体分析。

1. 劳动力资源禀赋

就业人数和高等学校在校生人数占比分别从规模与质量两个方面反映了劳动力资源禀赋。其中，就业人数同黄河流域参与省内循环与国际循环的关联程度均排在第2位，对于黄河流域参与省际循环的关联程度排在第3位。就业人数对省内循环的影响程度相较于省际循环与国际循环更大，为0.99。而高等学校在校生人数占比对黄河流域参与省内循环、省际循环、国际循环的关联程度均位于第6，其对于国际循环的影响程度最大，为0.89。以上事实表明，在黄河流域嵌入国内价值链的过程中，劳动力要素的规模增加可能有利于降低黄河流域各产业的生产成本，使该区域能凭借劳动力规模优势参与国内价值链分工。而劳动力质量提升对黄河流域参与国内价值链的助推作用则相对有限，相较于劳动力规模，劳动力质量提升在更高层次分工合作中的贡献更大。

2. 技术水平

R&D 经费支出同黄河流域参与省内循环、省际循环与国际循环的关联度均位列第 11，而专利申请授权数对黄河流域参与省内循环、省际循环与国际循环的影响程度则位列第 12。相较于其他影响因子，技术水平与黄河流域嵌入国内价值链的关联度最低，这体现出技术创新研发周期长、经济回报小、研发风险高的特点。结合黄河流域科研投入与回报现状可知，黄河流域各省份通过增加研发投入与专利发明数量为企业参与国内价值链构建竞争优势，且光靠市场机制，技术创新对黄河流域嵌入国内价值链的作用可能难以发挥出来，而是需要通过政府政策引导来发挥。

3. 资本禀赋

资本禀赋对黄河流域参与省内循环、省际循环与国际循环影响程度位居第 10，其中对黄河流域参与国际循环的影响程度最大，对黄河流域参与省内循环的影响程度最小。资本禀赋与黄河流域嵌入国内价值链的关联度较低，表明在推进黄河流域嵌入国内价值链的过程中，资本投入增加发挥的经济作用十分有限。这可能是因为现阶段资本投入中固定资本占比较大，而黄河流域内的各个产业尤其是制造业已完成了大规模的资源开发与基础设施建设。基于黄河流域产业性质的限制，此时资本投入的作用小且效率相对较低。而资本禀赋对黄河流域参与国际循环、省内循环与省际循环的差异化影响则表明物质资本增加对黄河流域参与全球价值链程度的影响强于其对国内价值链的影响。总体来看，资本深化增加了产业参与中间环节生产的间接增值，有助于黄河流域嵌入国内价值链，但与黄河流域参与全球价值链的关联度更高。

4. 市场规模

黄河流域人口密度反映了黄河流域市场需求规模（刘海云、聂飞，2015），而 GDP 总额则反映了黄河流域各省份市场供给产品或服务的规模。

人口密度对黄河流域参与省内循环的影响程度最高，同黄河流域参与省际循环与国际循环的关联程度则分别位居第 4 和第 3。整体来看，人口密度同黄河流域参与各个循环的关联度平均值最大。而相较人口密度，GDP 总额对黄河流域嵌入国内价值链的影响较小，与黄河流域参与省内循环、省际循环与国际循环的关联度均位居第 9。市场规模扩大能促使相关行业生产成本降低，提高产量并实现市场份额的扩大，从而发挥黄河流域产业的规模经济优势。进一步，市场规模中需求规模的扩张与供给规模的扩张相比，能够为黄河流域融入国内价值链提供更强的驱动力，从而有助于实现区域市场潜力、国内市场潜力和国际市场潜力的多重促进与联动。

5. 对外开放水平

外贸依存度是影响黄河流域参与省际循环和国际循环最重要的因素，具体关联数值分别为 0.97 和 0.96，而与黄河流域参与省内循环的关联度则位居第 5。而外商投资水平与黄河流域参与省内循环、省际循环和国际循环的关联度处于 0.81 ~0.86 之间，关联度排名均位居第 7，与外贸依存度相比重要程度更低。黄河流域外贸依存度越高，越有可能使当地企业在参与全球合作与竞争中引发“学习和竞争效应”，从而提升技术水平和效率水平，深化黄河流域各产业在国内价值链下游参与度，加强国内价值链与全球价值链的互动。而外商投资对增加值规模的贡献则相对有限，且低质量外资引致的“市场窃取”效应可能会超出其带来的正向溢出效应，对黄河流域优化增加值结构产生抑制作用。

6. 区域经济一体化程度

中间品贸易加权网络密度与黄河流域参与省内循环、省际循环和国际循环的关联程度均位居第 8，具体关联数值分别为 0.74、0.75 和 0.77。经济关系网络入度中心势与出度中心势对黄河流域参与省内循环、省际循环和国际循环这 3 个指标的影响程度处于 0.94 至 0.99 之间，所在排名位于第 2 至第 5。这表明相较于加强网络中所有成员贸易紧密度，核心省份对黄河流域整体的辐射带动作用对黄河流域嵌入国内价值链的影响更大。具体而言，东北与河南等核心省份或地区主要发挥了黄河流域与我国东部地区链接枢纽和集散中心的作用，引领了黄河流域各省份间的经济合作发展。最终，区域经济一体化程度的提升能够充分挖掘黄河流域各省份的比较优势与潜力，形成集聚优势与规模效应，带动更多企业尤其是制造业企业参与国内价值链分工。

第五节　黄河流域国内价值链地位及演化

在运用社会网络分析法构建中间投入（需求）网络关系模型对黄河流域 9 个省份间的中间品流动关系特征及影响因素进行分析的基础上，进一步运用投入产出模型，从“双循环”视角构建生产非一体化指数和出口国内价值链依存度等指标，测算黄河流域省份在国内价值链中的地位及其演化趋势，以深入剖析和了解黄河流域省份在参与国内价值链分工中存在的问题。

一、方法、模型与数据

（一）社会网络分析法

1. 区域网络的构建

区域网络中行动者和行动者彼此关联。每个行动者就是网络中的一个节点（Node），行动者彼此相连的关系（Tie）就是网络中的连线。本书把黄河流域 9 个省级行政区域作为行动者，每一条带有方向的连边代表从来源省份到目标省份是否存在贸易关系，连边权重表示各省份之间的贸易流量，从而便构建了省际循环区域网络。中间品贸易是衡量价值链分工发展程度的基本依据。对国家价值链分工而言，中间产品在地区间的流入、流出是其重要的表现形式，也是国内价值链得以形成的基础。本书构建的黄河流域省份间的中间产品贸易系统 G 可表示为

$$G = (V, A^t, W^t) \tag{3-24}$$

其中，$V = [v_i]$ 为节点集合，表示黄河流域各省份；加权贸易网络 $W^t = [w_{ij}^t]$，w_{ij}^t 表示 t 年 i 省份和 j 省份之间的中间品流入、流出额。因为本研究只关注省域之间中间品的流动情况，而不考虑省域内部的流动情况，所以当 $i = j$ 时，$w_{ij}^t = 0$。为了使 $w_{ij}^t \in [0, 1]$，本书将各加权贸易矩阵中的所有值都除以矩阵 W^t 中的最大值，但并不影响分析结果。无权贸易矩阵 $A^t = [a_{ij}^t]$，表示 t 年黄河流域省份间是否存在贸易关系，本书参考安琪儿等的做法，选取平均值作为阈值，对矩阵进行二值化处理，形成0～1矩阵，可以表示为

$$a_{ij}^t = \begin{cases} 1, 若\ w_{ij}^t > 平均值 \\ 0, 若\ w_{ij}^t < 平均值 \end{cases} \tag{3-25}$$

由于中间投入和中间需求在地区间具有对应性，构建中间产品贸易网络就可以体现地区间中间产品的供求关系。从而可以运用 2002 年、2007 年、2012 年、2015 年和 2017 年中国区域间投入产出表，构建黄河流域省域间中间品贸易加（无）权有向网络。

2. 网络整体性特征

（1）网络密度

网络密度是网络中实际存在的关系总数与可能存在的最大关系总数的比值，可表示为

$$D = m/[n(n-1)] \tag{3-26}$$

其中，m 为网络中实际拥有的关联关系数量，n 是网络规模。网络密度可以从整体上描述贸易网络的疏密程度，网络密度越大，节点间的联系越紧密。无权网络密度测算的是贸易网络省份间的贸易联系，而加权网络密度测算的则是这种联系的强度大小，比简单拓扑结构分析更能准确描述贸易网络结构特征。

（2）关联度

关联度是网络中不同节点相互联络的程度，可表示为

$$C = 1 - \frac{2v}{n(n-1)} \tag{3-27}$$

其中，v 是网络中不可达的点的数目。即任意 2 个节点省份之间是否均可达，是否都可以建立中间品贸易联系。

（3）平均路径长度

平均路径长度是网络中全部节点之间最短距离的平均值，可表示为

$$L = \frac{2\sum_{i \neq j} d_{ij}}{n(n-1)} \tag{3-28}$$

其中，d_{ij} 是节点 i 与节点 j 之间的捷径距离。这是一个反向指标，值越小表示整体网络结构的贸易效率越高。

（4）互惠系数

互惠系数是指网络中任意 2 个节点之间具有双向贸易关系的程度，可表示为

$$\rho = \frac{\sum_{i \neq j} (a_{ij} - \bar{a})(a_{ji} - \bar{a})}{\sum_{i \neq j} (a_{ij} - \bar{a})^2} \tag{3-29}$$

$$\bar{a} = \frac{\sum_{i \neq j} a_{ij}}{n(n-1)} \tag{3-30}$$

其中，若节点 i 与 j 存在贸易联系，则 $a_{ij} = 1$，反之为 0。互惠系数越高，贸易互补性越强，中间品贸易网络结构越稳定。

（5）平均聚类系数

平均聚类系数是网络中节点与邻接节点存在直接联系的概率，可表示为

$$ACC = \frac{1}{n}\sum_{i=1}^{n} \frac{e_i}{k_i(k_i - 1)} \tag{3-31}$$

其中，e_i 是与节点 i 的连边数量，k_i 是与节点 i 相邻结点的数量。值越大表明网络的聚合程度越高，各省域间贸易可能性越高。

3. 网络节点中心性特征

网络整体性特征分析并不能很好地刻画某个节点在网络中所处的地位，因此本书需要进一步研究网络中各节点的特征。中心性是反映节点在网络中的地位和作用的指标。一个区域在网络中越处于中心位置，则其在省际循环中的地位越重要，越能影响到其他地区。本书采用点度中心度、中间中心度、网络中心势来度量黄河流域各省份在中间品贸易网络中扮演的“角色”。

（1）点度中心度

点度中心度用于测量某个节点与其他节点产生关联的能力，可以直观地反映与该点发生联系的其他点数量。点度中心度越高表示越活跃，则该节点在网络中处于中心地位。t 年加权网络节点 i 的点度中心度 $C_p^t(i)$ 可以表示为

$$C_p^t(i) = \sum_{i=1}^{N} w_{ij}^t \tag{3-32}$$

本书构建的是一个有向加权贸易网络，故点度中心度被区分为点入度和点出度，以反映节点间贸易额的大小。公式如下：

$$IDC_i = \sum_{i=1}^{n} a_{ij} ODC_i = \sum_{i=1}^{n} a_{ji} \tag{3-33}$$

其中，a_{ij} 与 a_{ji} 表示从 $i(j)$ 省份指向 j（i）省份的中间品贸易额。

（2）中间中心度

中间中心度是节点的最短路径数量与网络最短路径总数的比值，可以衡量一个节点沟通其他节点的“桥梁”能力。如果一个节点位于诸多节点间的最短路径上，则该节点往往在网络中具有较重要的中转和衔接作用。因此，该节点可以控制并影响其他节点，其对中间品贸易流的控制能力越强，其他节点对其的依赖性也就越大。本书借此衡量省份的枢纽作用，中间中心度越高，其在中间品贸易网络中的枢纽能力就越强。用 $g_{jk}^t(i)$ 表示 t 年点 j、k 之间存在且经过点 i 的捷径数，t 年节点 i 的中间中心度 $C_b^t(i)$ 可以表示为

$$C_b^t(i) = \sum_j^N \sum_K^N \frac{g_{jk}^t(i)}{g_{jk}^t}, (j \neq k \neq i, 且 j < k) \tag{3-34}$$

（3）网络中心势

网络中心势反映了整个中间品贸易网络在多大程度上是围绕某个或某些省份建构起来的。因此，网络中心势与测量节点在网络中权力的点度中心度存在不同，其主要被用于测量整体网络的中心性。具体计算公式如下：

$$C_{GD}^t = \frac{\sum_{i=1}^n (C_{AD\max}^t - C_{ADi}^t)}{(n-1)(n-2)} = \frac{\sum_{i=1}^n (C_{RD\max}^t - C_{RDi}^t)}{(n-2)} \tag{3-35}$$

其中，C_{GD}^t 为 t 时期的网络中心势，C_{AD}^t 为 t 时期的绝对度数中心度，C_{RD}^t 为 t 时期的相对度数中心度。

4. QAP 回归分析

为进一步揭示黄河流域省际中间品贸易网络结构的影响因素，本书进行 QAP 回归分析。QAP（二次指派程序）是社会网络分析中量化相关矩阵关系，进而给出矩阵检验结果的一种方法。QAP 回归分析研究的是多个矩阵和一个矩阵之间的回归关系，通过将关系矩阵转换为“长”向量，计算回归系数，然后进行随机置换，进而判断参数估计值的显著性。

（二）投入产出模型

在研究黄河流域省份国内价值链地位和演化趋势问题上，社会网络分析法侧重考察黄河流域内部省份与省份之间的关联，即该省份在中间产品贸易过程中形成的与其他省份的互动联系。而投入产出方法则是基于省份之间的产业（产品）关联，侧重考察黄河流域中间品贸易满足内需和外需增加值“量”的效应。二者在研究视角和研究方法上能够较好地契合与互补，从而可以更准确地刻画出黄河流域各省份在国内价值链中的角色和地位。

在多区域投入产出模型中，各地区经济相互作用成为一个整体。相比单区域投入产出模型，多区域投入产出模型更多包含了空间关联信息。表 3-13 给出了一张多区域投入产出模型简表。

表 3-13　多区域投入产出模型

名称			中间使用							最终使用			出口	总产出
			区域 1			…	区域n			区域 1	…	区域n		
			部门 1	…	部门m	…	部门 1	…	部门m					
中间投入	区域1	部门 1	z_{11}^{11}	…	z_{11}^{1m}	…	z_{1n}^{11}	…	z_{1n}^{1m}	F_{11}^{1}	…	F_{1n}^{1}	E_{1}^{1}	Y_{1}^{1}
		…	…	…	…	…	…	…	…	…	…	…	…	…
		部门m	z_{11}^{m1}	…	z_{11}^{mm}	…	z_{1n}^{m1}	…	z_{1n}^{mm}	F_{11}^{m}	…	F_{1n}^{m}	E_{1}^{m}	Y_{1}^{m}
	…	…	…	…	…	z_{rs}^{ij}	…	…	…	…	…	…	…	…
	区域n	部门 1	z_{n1}^{11}	…	z_{n1}^{1m}	…	z_{nn}^{11}	…	z_{nn}^{1m}	F_{n1}^{1}	…	F_{nn}^{1}	E_{n}^{1}	Y_{n}^{1}
		…	…	…	…		…	…	…	…	…	…	…	…
		部门m	z_{n1}^{m1}	…	z_{n1}^{mm}	…	z_{nn}^{m1}	…	z_{nn}^{mm}	F_{n1}^{m}	…	F_{nn}^{m}	E_{n}^{m}	Y_{n}^{m}
	进口		M_{1}^{1}	…	M_{1}^{m}	…	M_{n}^{1}	…	M_{n}^{m}	FM_1	…	FM_n		
最初投入	增加值		V_{1}^{1}	…	V_{1}^{m}	…	V_{n}^{1}	…	V_{n}^{m}					
总投入			Y_{1}^{1}	…	Y_{1}^{m}	…	Y_{n}^{1}	…	Y_{n}^{m}					

表 3-13 中，多区域投入产出模型由 n 个地区 m 个部门组成。其中，下标表示地区，上标表示部门，以中间使用部分为例，z_{rs}^{ij}表示 r 地区 i 部门对 s 地区 j 部门提供的中间投入品数量，增加值用 V 表示，总产出等于总投入并用 Y 表示，国内最终使用用 F 表示，出口和进口分别用 E 和 M 表示。

根据表 3-13 水平方向的平衡关系可以得到

$$Y_r^i = \sum_{s=1}^{n}\sum_{j=1}^{m} Z_{rs}^{ij} + \sum_{s=1}^{n} F_{rs}^{i} + E_r^i \tag{3-36}$$

如果将式（3-36）表示成矩阵形式，并将中间产品消耗矩阵 Z 表示为直接消耗系数矩阵 A 与总产出向量 Y 的乘积形式，则有

$$Y = AY + F + E \tag{3-37}$$

可以得到式（3-37）的进一步变形

$$Y = (I - A)^{-1}F + (I - A)^{-1}E = BF + BE \tag{3-38}$$

在式（3-38）中，$B = (I - A)^{-1}$ 即为 Leontief 逆矩阵。BF 和 BE 则分别代表了国内最终需求和对外出口驱动的生产活动。假设 V 为增加值率系

数矩阵，其对角元素 $v_s^j = V_s^j / Y_s^j$（增加值/总投入），根据投入产出理论，可以得到增加值表达式为

$$V = vBF + vBE \tag{3-39}$$

式（3-39）表明，在多区域经济框架下，各地区通过中间产品贸易相互关联，一个地区的增加值既取决于区域内最终产品的生产，又依赖于区域外最终产品生产拉动。因此，借鉴余丽丽和彭水军（2021）的思路，首先，地区 r 由国内最终需求引致的增加值可以表示为

$$Val_r^i = \sum_{i=1}^{m} \sum_{s=1}^{n} v_r^i BE_{rs}^i \tag{3-40}$$

其中，由本地区最终需求引致的增加值为

$$\sum_{i=1}^{m} v_r^i BF_{rr}^i \tag{3-41}$$

由国内其他地区最终需求引致的增加值为

$$\sum_{i=1}^{m} \sum_{s \neq r}^{n} v_r^i BF_{rs}^i \tag{3-42}$$

其次，地区 r 由国外最终需求引致的增加值可以表示为

$$Vae_r^i = \sum_{i=1}^{m} v_r^i BF_r^i \tag{3-43}$$

从需求角度来看，本书将各省份 GDP 分解成了参与省内循环、省际循环和国际循环三部分。其中，省内循环的比例表示为该省份由本地区最终需求引致的增加值与总增加值之比，省际循环的比例表示为该省份由国内其他地区最终需求引致的增加值与总增加值之比，国际循环的比例表示为该省份由出口需求引致的增加值与总增加值之比，公式表达如下：

$$DI_r = \frac{\sum_{i=1}^{m} v_r^i BF_{rr}^i}{\sum_{i=1}^{m} v_r^i} NI_r = \frac{\sum_{i=1}^{m} \sum_{s \neq r}^{n} v_r^i BF_{rs}^i}{\sum_{i=1}^{m} v_r^i} EI_r = \frac{\sum_{i=1}^{m} v_r^i BE_r^i}{\sum_{i=1}^{m} v_r^i} \tag{3-44}$$

从供给角度来看，本书进一步测度了黄河流域各省份利用国内价值链满足国内省外需求的程度，以及借助国内价值链满足出口需求的程度。

对于国内价值链分工而言，中间产品和最终产品在地区间的流入、流出

是其重要的表现形式，也是其得以形成的基础。鉴于此，本书借鉴 Hummels 等和张少军的方法，构建了生产非一体化指数。S 地区 i 部门向国内其他地区流出的最终产品中包含的从国内其他地区流入的中间投入为

$$vd_s^i = \left[\sum_{r\neq s}^{n}\sum_{j=1}^{m} Z_{rs}^{ij}/(Y_s^i - M_s^i)\right]\cdot\sum_{r\neq s}^{n} F_{sr}^i \tag{3-45}$$

进一步，S 地区向国内其他地区流出的最终产品中包含的从国内其他地区流入的中间投入比重为

$$VDI_s = \sum_{i=1}^{m} vd_s^i / \sum_{i=1}^{m}\sum_{r\neq s}^{n} F_{sr}^i \tag{3-46}$$

式（3-46）即为区域 S 的国内生产非一体化指数，该指数反映了区域 S 借助国内价值链满足国内其他区域需求的程度。

本书进一步引入区际出口概念，测度了黄河流域各省份借助国内价值链满足出口需求的价值增值部分。借鉴谢锐等的方法，构建了出口国内价值链依存度指标。r 区域经由国内价值链条实现的间接出口国内增加值占总出口增加值之比为

$$EDI_s = \sum_{i=1}^{m} v_r^i (B - M) E_r^i \mu / \sum_{i=1}^{m} v_r^i B E_r^i \tag{3-47}$$

其中，M 为里昂惕夫局部逆矩阵，μ 为 $nm\times 1$ 维的单位列向量。

本书所使用数据为2002 年、2007 年、2012 年、2015 年和2017 年中国区域间投入产出表。其中，2002 年区域间投入产出表为 21 个部门，2007 年区域间投入产出表为 30 个部门，2012 年、2015 年和 2017 年区域间投入产出表均为 42 个部门。出于研究方便的考虑，本书以 2002 年中国国内 30 个省份区域间投入产出表的 21 个部门为基础，对 2007—2017 年中国区域间投入产出表进行部门合并。

二、结果及分析

（一）黄河流域中间品贸易网络分析

1. 网络结构可视化分析

网络拓扑结构可以直观地反映出黄河流域各省份之间复杂的中间品贸

易关联情况。为了对中间品贸易矩阵进行可视化分析，本书利用社会网络分析软件 UCINET6 对 2002 年、2007 年、2012 年、2015 年和 2017 年中间品贸易网络拓扑图进行绘制，结果如图 3 – 13、图 3 – 14 所示。图中的方块代表具体的省份，方块的大小代表节点省份的加权出度与入度之和的大小。图中的连线表示这两个省份之间存在中间品贸易联系，省份之间连线的粗细则表示相应省份之间中间品贸易联系关系的强弱。观察图 3 – 13 可以看出，在分析期间，黄河流域各省份之间的中间品贸易联系较为薄弱，网络结构较为稀疏。从各个节点的连线情况来看，黄河流域省份之间均存在中间品贸易联系，但是各个省份的连线个数差异较大，说明各个省份在黄河流域中间品贸易网络中的地位差异较大。其中，山东、河南、陕西、内蒙古存在明显较粗的连线，说明这 4 个省份之间的贸易联系相对比较紧密。从全国 31 个省份中间品贸易加权网络结构来看，河南与江苏、广东、浙江的联系更为紧密，反而与黄河流域其他省份的联系并不是那么紧密。

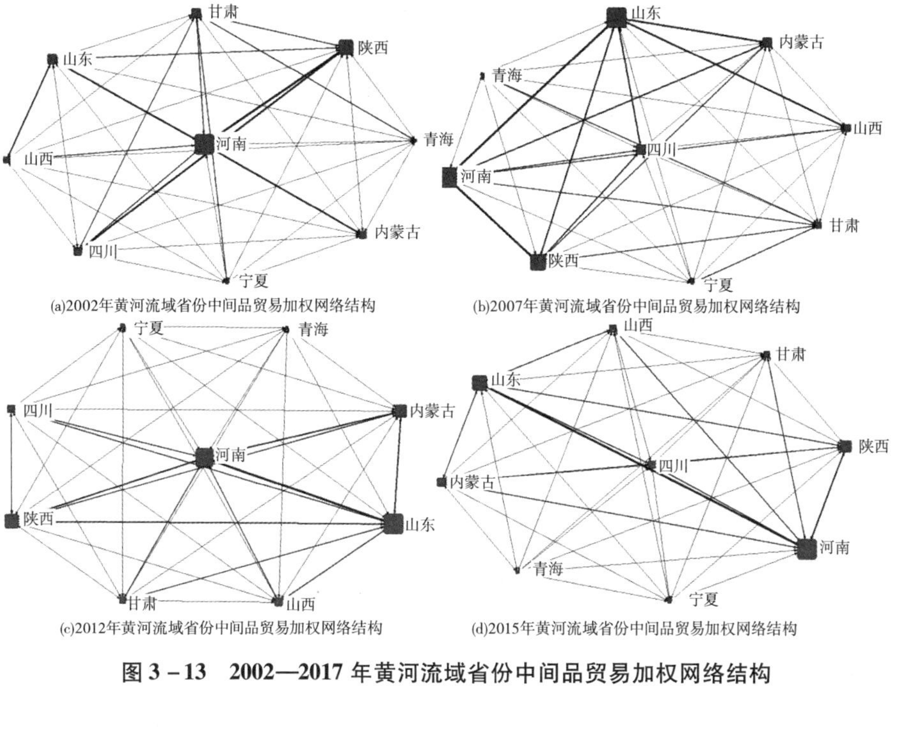

(a)2002年黄河流域省份中间品贸易加权网络结构　(b)2007年黄河流域省份中间品贸易加权网络结构

(c)2012年黄河流域省份中间品贸易加权网络结构　(d)2015年黄河流域省份中间品贸易加权网络结构

图 3 – 13　2002—2017 年黄河流域省份中间品贸易加权网络结构

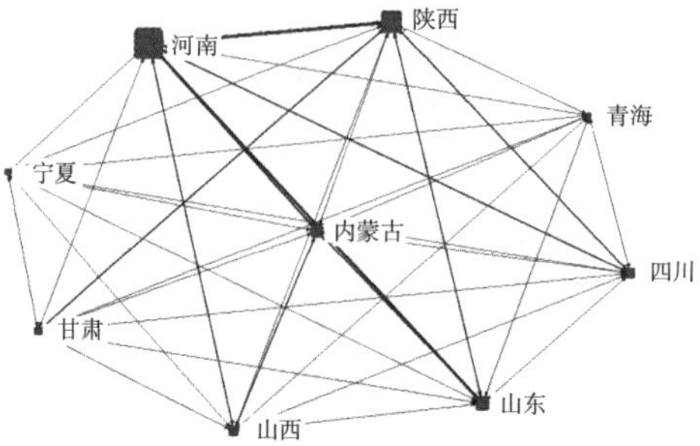

(e)2017年黄河流域省份中间品贸易加权网络结构

图 3－13　2002—2017 年黄河流域省份中间品贸易加权网络结构（续）

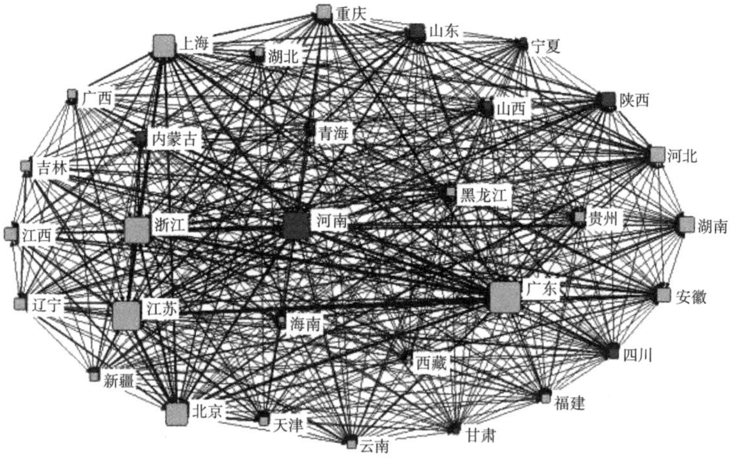

图 3－14　2017 年全国 31 个省份中间品贸易加权网络结构

2. 整体性分析

对 2002—2017 年黄河流域中间品贸易无权网络的密度、加权网络的密度、关联度、平均路径长度、互惠系数、聚类系数 6 个指标进行计算，结果见图 3－15、图 3－16。由图 3－15、图 3－16 可得出以下结论。

（1）贸易网络相对稀疏

从时间趋势来看，黄河流域中间品贸易无权网络密度呈波动上升的趋势，加权网络密度由 2002 年的 270283.1 上升至 2017 年的 1919165.5，整体呈现增长态势。但在分析期间，黄河流域网络密度始终低于全国平均水平且差距逐年拉大，这说明黄河流域省份间中间品贸易联系相对薄弱。

（2）贸易网络连通性欠缺

关联度呈下降态势，表明黄河流域省份中间品贸易网络可达性较差。

（3）贸易网络凝聚力较高

平均聚类系数在2012年达到最大值（0.769），总体的平均路径长度维持在1.3左右，说明黄河流域省份中间品贸易网络平均通过2个节点省份就可以实现相互连通，具有“小世界”属性。

（4）贸易互补性较强，贸易网络结构较稳定

互惠系数在2012—2017年呈现出下降趋势，这表明黄河流域中间品贸易网络的连通性与扩散性较强，网络的稳定性较好，但是优化中间品贸易网络仍有较大的空间，省份间双向交流的趋势有待进一步加强。

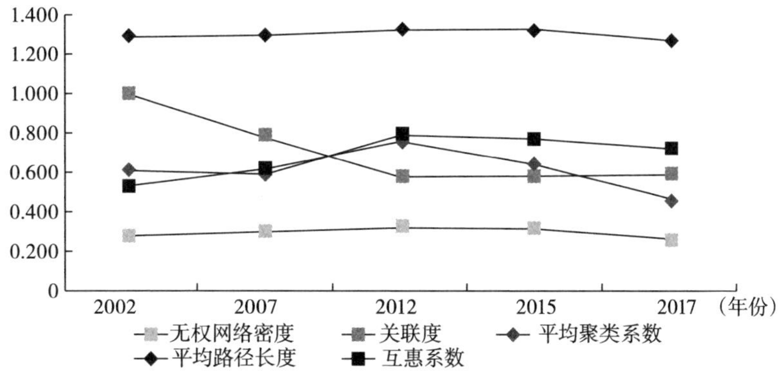

图3-15　2002—2017年黄河流域中间品贸易网络整体性指标变化

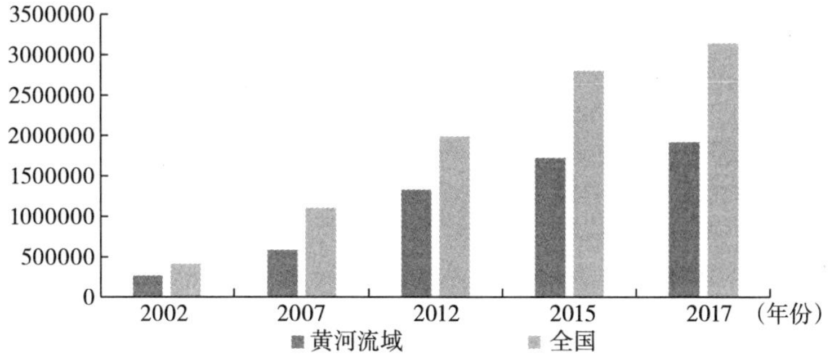

图3-16　2002—2017年黄河流域中间品贸易加权网络密度

3. 中心性分析

(1) 点度中心度

点出度代表中间品的流出，点出度中心度越高的地区可以看作该地区为其他地区提供中间品的能力越强。表3－14给出了2002—2017年黄河流域加权出度测算结果。由表3－14可知，2002—2017年加权出度中心性排名靠前的省份有河南、山东、陕西、内蒙古，说明黄河流域中间品的流出市场高度集中，这些地区在黄河流域中间品生产网络中占有重要地位，充当“领头羊”的角色。这些省份输出中间品的能力强，生产市场容量大。四川、山西、甘肃位于第二梯队。处于最末梯队的则是宁夏、青海这两个省份。从排名变化来看，黄河流域省份点出度排名相对稳定。从数值变化来看，除了陕西有明显的上升趋势，其他省份加权出度均呈下降趋势。

点入度代表了中间品的流入，点入度中心度越高的地区可以看作该地区接受来自其他地区中间品的能力越强。表3－15展示了2002—2017年黄河流域加权入度测算结果。由表3－15可知，黄河流域省份网络节点的加权入度值普遍呈下降趋势，说明黄河流域省份在中间品贸易网络中吸收其他地区中间品的能力降低，直接表现为该地区的消费吸纳容量和能力降低。其中，河南、陕西入度中心性排名始终靠前；山东、四川、山西、内蒙古、甘肃居第二梯队，排名变化较大，说明黄河流域中间品的流入市场相对较为分散；宁夏、青海则处于最末梯队。从出度和入度变化来看，黄河流域省份整体呈现出“供给相对旺盛，需求相对不足”的特点。

表3－14　2002—2017年黄河流域加权出度大小及排名

省（区）	点出度				
	2002年	2007年	2012年	2015年	2017年
河南	28.831（1）	36.643（1）	23.838（2）	19.857（2）	23.152（1）
山东	20.682（2）	27.549（2）	28.252（1）	24.368（1）	15.851（3）
陕西	13.392（5）	20.185（4）	19.896（3）	13.680（3）	19.033（2）
内蒙古	14.628（4）	21.476（3）	19.550（4）	12.842（4）	10.690（4）

续表

省（区）	点出度				
	2002 年	2007 年	2012 年	2015 年	2017 年
四川	15.309（3）	13.183（6）	8.497（6）	6.096（6）	7.055（5）
山西	7.161（7）	14.829（5）	10.653（5）	6.671（5）	6.125（6）
甘肃	12.897（6）	8.981（7）	7.213（7）	4.893（7）	5.385（7）
宁夏	3.125（9）	4.175（9）	2.443（8）	2.015（8）	2.100（8）
青海	3.221（8）	4.352（8）	1.390（9）	1.318（9）	0.707（9）

表 3-15　2002—2017 年黄河流域加权入度大小及排名

省（区）	点入度				
	2002 年	2007 年	2012 年	2015 年	2017 年
河南	32.293（1）	27.383（3）	30.196（1）	30.098（1）	35.745（1）
陕西	31.385（2）	29.735（2）	18.487（3）	12.356（2）	18.576（2）
山东	7.913（5）	37.568（1）	29.945（2）	9.472（3）	6.036（6）
四川	7.702（6）	16.679（4）	9.145（5）	8.986（5）	7.429（4）
山西	9.700（4）	8.379（7）	8.473（6）	9.028（4）	6.370（5）
内蒙古	6.670（7）	10.677（6）	12.405（4）	7.384（6）	8.809（3）
甘肃	14.991（3）	12.294（5）	7.121（7）	6.799（7）	3.220（7）
宁夏	4.922（8）	4.404（8）	4.461（8）	4.930（8）	2.961（8）
青海	3.670（9）	4.253（9）	1.421（9）	1.504（9）	0.953（9）

（2）中间中心度

中间中心度反映一个省份对资源的控制力，如果多数省份之间的中间品贸易联系均需要通过某个特定省份建立，则该省份就可能处于网络的中心位置。如表 3-16 所示，在 2002—2017 年，各年份各节点省份的中间中心度差距明显，中间中心度最大值为 48.214，中间中心度最小值为 0。中间中心度大说明该省份对其他省份的中间产品流动控制较大，而大部分省份的中间中心度普遍非常低，表明位于两点之间且起到中介作用的节点少，说明了中间品贸易绝大部分是直接完成的，极少通过其他省份，这进一步显示了省份间的联系紧密。具体而言，黄河流域各节点省份中间中心度分布具有两极化特征，河南、陕西及山东等少数核心节点省份成为控制区域中间品贸易联系的主要通道，进而反映出黄河流域中间品贸易网络不均衡、缺乏稳定性的问题。

表 3-16　2002—2017 年黄河流域中间中心度大小及排名

省（区）	中间中心度				
	2002 年	2007 年	2012 年	2015 年	2017 年
河南	48.214（1）	8.631（3）	18.750（2）	25.893（1）	28.571（1）
山东	0	12.202（1）	14.286（1）	8.036（2）	1.786（3）
四川	0	1.786（4）	0	0	0
内蒙古	0	0	0	0	0.893（4）
陕西	8.036（3）	9.524（2）	2.679（3）	0	13.393（2）
甘肃	25.893（2）	0	0	0	0
山西	0	0	0	0	0
青海	0	0	0	0	0
宁夏	0	0	0	0	0

（3）网络中心势

图 3-17 进一步展示了 2002—2017 年黄河流域中间品贸易加权网络出（入）度中心势的变化情况。从黄河流域中间品贸易加权网络出（入）度中心势图中可以看出，入度中心势整体呈波动上升趋势，出度中心势整体呈下降趋势。此外，在分析期间，入度中心势始终大于出度中心势，表明黄河流域的省份与国内其他地区相比缺少一定控制优势。

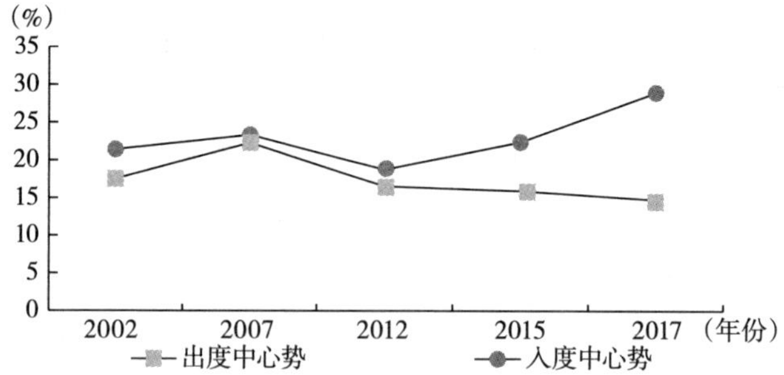

图 3-17　2002—2017 年黄河流域中间品贸易加权网络出（入）度中心势

4. QAP 回归分析

为了进一步探究黄河流域省际中间品贸易网络结构的形成机制，借鉴王晓平等和赵子龙等相关研究成果，将经济发展水平、产业结构、地理邻近性和物流基础差异作为黄河流域省际中间品贸易网络的影响因素。其中，经济发展水平用人均 GDP 衡量，产业结构水平用第二产业增加值占地区生产总值的比值衡量，地理邻近性用省份间最短的公路里程衡量，物流基础用公路、铁路、水路合计的货运量衡量，以上数据均来自各省份统计年鉴及百度地图数据。

选取 2017 年黄河流域中间品贸易关联网络与各解释变量之间的“关系”数据，并对其差值矩阵经过 5000 次的随机置换后，进行 QAP 回归分析，其结果显示（见表 3－17）：经济发展、产业结构和邻近距离的相关系数在 5% 的水平上显著，相关系数分别为 0.080、－0.339、－0.211，说明省份间经济发展差异越大、产业结构越相似、空间距离越近就越容易形成中间品贸易。物流基础没有通过显著性检验，说明其对省际中间品贸易关联关系的影响不显著。经济水平差异形成生产供需能级差异，有利于促进区域间劳动力、原材料、技术等要素的转移与扩散，使黄河流域中间品贸易联系更加紧密。产业结构较完善的区域，由于地价、物价、工资水平都较高，倾向于将资源密集型和劳动密集型产业进行转移，或是将中西部省份的能源资源向东部地区运输，加强中间品贸易之间的联系。区域间距离越近，交通运输的成本越低，中间品贸易往来越密切。

表 3－17　QAP 回归分析

变量	非标准化回归系数	标准化回归系数	p 值	$p>0$	$p<0$
截距	0.213	0			
经济发展	0.080	0.197	0.024	0.024	0.976
产业结构	－0.339	－0.136	0.031	0.969	0.031
邻近距离	－0.211	－0.276	0.040	0.960	0.040
物流基础	－0.023	－0.064	0.231	0.769	0.231

通过构建黄河流域中间投入（需求）网络关系模型，前文分析了黄河流域9个省份间的中间品流动关系特征、网络整体性特征、核心省份及影响因素情况。但考察一个省份在国内生产分工体系中的角色和地位，不仅需要考虑该省份在国内分工网络中的“社会性”，还需要考虑该省份通过中间品贸易满足内需与外需增加值“量”的效应。因此，进一步运用投入产出方法，从“双循环”视角构建了生产非一体化指数和出口国内价值链依赖度指标，测算了黄河流域省份在国内价值链中的地位及演化趋势。

（二）黄河流域国内价值链嵌入分析

根据式（3－35），可以测度出黄河流域各省份的出口国内价值链依赖度指数，测算结果如图3－18、图3－19所示。观察图3－18、图3－19可以看出，除了山东，黄河流域省份出口国内价值链依赖度指数都较高，即这些省份利用国内价值链满足外需的程度相对较高，可能的解释是黄河流域所辖省份多为中西部地区，这些省份主要通过国内价值链条向沿海地区输送中间产品，间接参与到全球生产分工体系中。山东作为黄河流域省份唯一的东部省份，产业结构较为完备，更多的是通过区域内生产分工参与到全球价值链中。

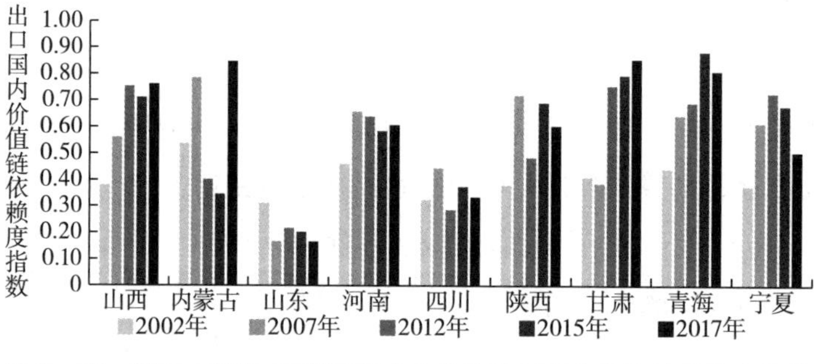

图3－18　2002—2017年黄河流域各省份出口国内价值链依赖度指数

研究表明，黄河流域中间品贸易网络较为稀疏，低于全国平均水平。可能的原因是区域间产业同质性强，关联产业间尚未形成一体化发展，分工协作关系偏低。从区域特征来看，黄河流域中间品流出市场较为集中，河南、陕西、内蒙古是黄河流域中间品的供给中心，而中间品的流入市场

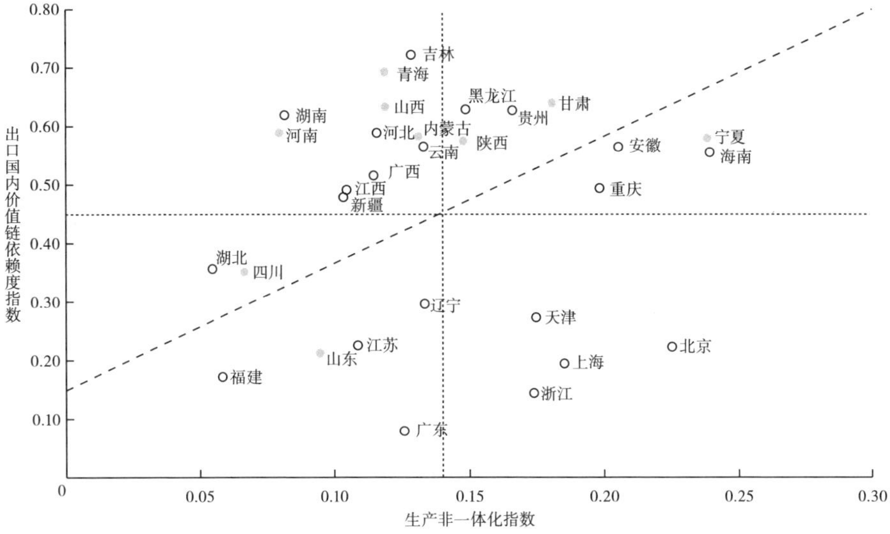

图 3－19　2002—2017 年全国 30 个省份平均生产非一体化指数和出口国内价值链依赖度指数

相对分散。黄河流域整体呈现出“供给相对旺盛，需求相对不足”的特征。经济发展水平、产业结构、地理邻近性是影响黄河流域中间品贸易网络结构的重要因素。进一步，从“双循环”视角出发，探讨了黄河流域省份在国内价值链生产分工网络中所处的地位及演化趋势。宁夏、陕西、甘肃利用国内价值链满足内需的程度较高；内蒙古、河南、山西及青海所在的第二梯队，利用国内价值链满足内需的程度相对较高，表明黄河流域内陆省份更多通过资源能源优势参与国内价值链；山东、四川在国内价值链分工体系中参与程度较低。而除了山东，黄河流域其他省份借助国内价值链条满足外需的程度均较高，究其原因，山东的产业结构较为完备，更多的是通过区域内生产分工参与到全球价值链中，而中西部地区产业结构层次较低，主要通过向沿海地区输送中间产品间接参与到全球生产分工体系中，对国内价值链条的依赖程度较高。

第四章　黄河流域制造业全球价值链地位变迁

黄河流域拥有丰富的能源矿产资源，是我国重要的制造业生产基地。2019 年，习近平总书记提出黄河流域生态保护和高质量发展，推进黄河流域产业结构生态化，激发生态保护的内生动力至关重要。因此，以高耗能、高污染为主的传统制造业亟须引进绿色技术，改进生产工艺，实现绿色生产。而东部地区制造业科技含量相对较高，从制造业总产值来看，占据着我国制造业的“半壁江山”，两大地区制造业的发展有着不同的比较优势，黄河流域制造业和东部地区制造业的分工合作与发展是构建我国国内价值链以及融入全球价值链的重要基础。基于此，本章从产业视角出发，聚焦于制造业，具体从制造业分工合作现状、产业转型差异两个部分对比分析黄河流域和东部地区制造业全球价值链攀升的产业基础，以此来探究黄河流域制造业全球价值链地位的变迁。

第一节　黄河流域和东部地区制造业分工现状

产业被定义为具有相似特征或属性的经济活动。根据不同的产业部门，可以将产业分为农业、工业、服务业等。分工是产业发展演进最为重要的生产方式，为生产力发展到较高阶段的产物。分工将产业分解成不同的部分和任务，以提高效率和生产力。

区域合作的重要内容是区域产业分工。区域分工是指当资源和要素自由流通受阻时，为满足各自生活和生产方面的多重需求，提高经济效益，不同区域在经济交流中就需要按照比较利益的原则，选择和发展彼此具有发展优势的产业。区域产业分工是产业在不同区域间分工的一种表现形式，它具体表现为特定产品从研发、制造和销售服务等一连串过程中不同的工序或区段在空间上产生分离，因此形成一种跨区域的产业链分工形态。

分工方式主要包括区域垂直型分工、区域水平型分工、区域等级分工和混合型分工，中国制造业在不同地区之间主要采用垂直型分工方式。本节主要探讨两方面内容，一方面考察黄河流域、东部地区两大区域间的制造业行业分工水平；另一方面将黄河流域和东部地区细分，考察黄河流域上游、黄河流域中下游、直辖市和东部沿海地区四大区域的制造业分工水平。在测度指标方面，本节采用克鲁格曼的行业分工指数测算国内各地区制造业分工水平，指数越高，则地区间产业结构差异越大，亦即地区分工水平越高，反之则越低。借鉴梁琦（2004）、孟德友等（2012）的研究，行业分工指数计算公式如下：

$$S_{iq} = \sum_{j=1}^{n} \left| \frac{X_{ij}}{\sum_{j=1}^{n} X_{ij}} - \frac{X_{qj}}{\sum_{j=1}^{n} X_{qj}} \right| \tag{4-1}$$

式（4-1）中，下标 i 和 q 表示区域，j 表示产业，X_{ij} 与 X_{qj} 分别表示 i 地区和 q 地区 j 产业的产值，$\sum_{j=1}^{n} X_{ij}$ 表示 i 地区产业部门的总产值。行业分工指数是基于产业结构差异提出的，而产业结构差异是由区域分工导致的。一般情况下，分工指数越大，则两地产业结构差异越大，从而两区域间分工与联系水平越高；分工指数越小，则两地产业结构差异越小，从而两区域间分工与联系水平越低。当两区域的产业结构完全相同时，S_{iq} 为0；当两区域产业结构完全不同时，S_{iq} 则等于2。行业分工指数可以较好地衡量区域分工的情况。

一、黄河流域和东部地区整体制造业状况

从地理区位来看，黄河流域沿线包括山西、青海、宁夏、内蒙古、陕西、四川、河南、山东、甘肃共9个省（区），东部地区则包括北京、天津、河北、上海、山东、江苏、浙江、福建、辽宁、广东、海南和广西共12个省（区、市）。在进行比较分析时，本研究将山东划入东部地区。通过查阅2002—2015年各省（区、市）统计年鉴，可以获取黄河流域和东部地区工业总产值数据与制造业总产值数据，根据式（4－1）可以测算出相应的行业分工指数，测算结果如图4－1所示。

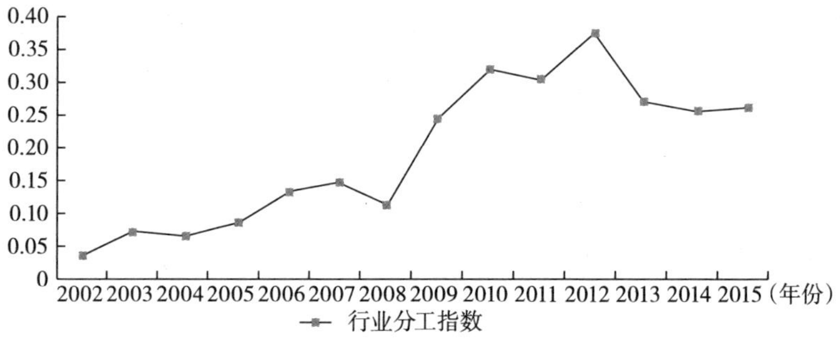

图4－1　2002—2015年黄河流域与东部地区制造业区域分工水平

由图4－1可知，2002—2015年黄河流域和东部地区间制造业区域分工水平呈现波动上升的特征。其中，2002—2012年是呈波动上升趋势的，2008年和2011年出现了下降。2012—2015年总体呈下降趋势，2012—2013年的降幅大于2007—2008年的降幅。究其原因，2002年以来制造业区域分工指数整体上升与我国2001年加入世界贸易组织密切相关，我国制造业参与国际大市场，不断提升融入制造业全球价值链的程度，分工水平从而得到一定程度的提升；2008年黄河流域和东部地区制造业分工指数达到最低，2008年以后大幅上升，在2007—2009年呈“V”形，2009—2011年呈倒“V”形发展，主要原因是2008年金融危机、世界经济低迷导致东部沿海原大量参与国际分工的省份将重心转回国内（蔡昉，2009）。2012—2013年出现大幅下降，究其原因，2012年以来，世界经济尚未出现

明显好转，国内宏观政策转入了“稳增长、调结构、促转型”的调整期，各方面将工作重心和着力点放到加快转变经济发展方式、切实提高经济发展质量和效益上，着力解决部分制造业行业产能过剩的问题，因此黄河流域与东部地区区域分工水平出现大幅下降。

分析结果显示，黄河流域和东部地区之间的制造业分工与合作是基于各自的比较优势。东部地区拥有许多有利条件，如优越的地理位置、高素质的人才、多元化的资金支持以及先进的技术，这使得该地区具有高要素密集度和巨大的市场容量（石敏俊，2013）。东部地区在国际互动中表现活跃，积极参与全球价值链。因此，东部地区在制造业分工中扮演主导角色，主要负责高附加值和高技术含量的生产环节。相反，黄河流域中上游地区受到地理位置的限制，与国际交流较少，同时在人才、资金和技术等方面也存在不足（叶琪，2014）。因此，该地区主要从事劳动密集型和资源密集型产业，向东部地区提供初级产品。随着黄河流域和东部地区产业结构差异扩大，制造业区域分工水平也在不断提升，但总体上不够高。

二、黄河流域和东部地区分区域制造业行业分工指数

本书进一步将黄河流域划分为黄河流域上游和中下游两处地区，黄河流域上游地区包括甘肃、青海、四川、宁夏以及内蒙古 5 个省份，黄河流域中下游地区包括陕西、河南和山西。此外，我们将东部地区划分为直辖市和东部沿海两个区域，直辖市包括北京、天津和上海 3 市，东部沿海则包括河北、辽宁、浙江、江苏、福建、山东、广东、海南和广西 9 个省份。

本书计算了 2002—2015 年东部地区和黄河流域制造业区域分工水平，考虑到篇幅限制和分析的便利性，仅展示 2002 年、2009 年、2015 年黄河流域和东部地区内部制造业区域分工水平的计算结果。下面本书将结合 2002 年、2009 年、2015 年黄河流域和东部地区内部制造业分工指数的测算结果对黄河流域和东部地区制造业分工与联系进行深入分析。

（一）2002 年黄河流域和东部地区内部制造业行业分工指数

通过对细分后的区域制造业分工指数进行整理，得到 2002 年黄河流域和东部地区内部制造业行业分工指数，如表 4－1 所示。

表 4－1　2002 年黄河流域和东部地区内部制造业行业分工指数

区域名称	直辖市	东部沿海地区	黄河流域上游地区	黄河流域中下游地区	平均值
直辖市	0.000	0.045	0.176	0.004	0.056
东部沿海地区	0.045	0.000	0.132	0.049	0.057
黄河流域上游地区	0.176	0.132	0.000	0.180	0.122
黄河流域中下游地区	0.004	0.049	0.180	0.000	0.058

分析表 4－1 中的数据，可以发现 2002 年黄河流域和东部地区内部制造业行业分工指数存在以下几个特点。

首先，黄河流域上游地区的制造业行业分工指数平均值（0.122）显著高于其他地区，而且黄河流域上游地区与直辖市、黄河流域中下游地区之间的制造业分工程度非常显著，分别达到 0.176、0.180。究其原因，一方面，黄河流域上游地区资源丰富，具有丰富的自然资源和劳动力优势，积极参与国内价值链，制造业部门通过中间产品输出使增加值中绝大多数流向了国内其他地区；另一方面，黄河流域上游地区积极发展流域内经济，与黄河流域中下游地区积极开展分工合作，因此黄河流域中下游地区的制造业分工指数比较高。由此可见，黄河流域上游地区作为区域分工体系中生产要素的提供者在制造业中发挥着重要作用。

其次，黄河流域中下游地区的制造业行业分工指数平均值为 0.058，仅次于黄河流域上游地区的制造业行业分工指数平均值，但整体上看，制造业行业分工指数并不高。其与黄河流域上游地区的制造业分工程度较为显著，高达 0.180，远高于与直辖市、东部沿海地区的制造业行业分工指数。究其原因，一方面，由于与黄河流域上游地区位置较近，黄河流域中下游地区与黄河流域上游地区分工参与指数较高，较多参与黄河流域内部制造业分工；另一方面，黄河流域中下游地区和黄河流域上游地区产业结构有一定差异。

最后，直辖市和东部沿海地区的制造业行业分工指数平均值分别为0.056、0.057，制造业分工总体水平普遍偏低，直辖市和东部沿海地区与黄河流域上游地区的制造业分工程度显著，一部分原因可能是2000年国家实行西部大开发的政策，东部地区和黄河流域上游地区加强了制造业间的分工与合作，因此与黄河流域上游地区的制造业分工程度高于与黄河流域中下游地区的制造业分工程度。

（二）2009年黄河流域和东部地区内部制造业行业分工指数

2008年金融危机爆发对我国乃至对世界都产生重大影响，不仅仅是金融危机本身，政府应对金融危机所采取的强刺激性措施也给经济带来了一定影响。2009年黄河流域和东部地区内部制造业行业分工指数发生了一些变化，具体如表4－2所示。

表4－2　2009年黄河流域和东部地区内部制造业行业分工指数

区域名称	直辖市	东部沿海地区	黄河流域上游地区	黄河流域中下游地区	平均值
直辖市	0.000	0.056	0.145	0.241	0.111
东部沿海地区	0.056	0.000	0.201	0.297	0.139
黄河流域上游地区	0.145	0.201	0.000	0.181	0.132
黄河流域中下游地区	0.241	0.297	0.181	0.000	0.180

观察表4－2可知，从平均值来看，四大区域制造业行业分工指数均有一定提升，尤其是黄河流域中下游地区提升更为明显，由2002年的0.058提升到2009年的0.180，提升超2倍。表4－2数据显示，黄河流域中下游地区和直辖市、东部沿海地区制造业行业分工指数大幅提升，分别由2002年的0.004和0.049提升到2009年的0.241和0.297。由此可知，黄河流

域中下游地区制造业行业分工指数平均值的提升一大部分源于其和直辖市、东部沿海地区制造业行业分工指数的提升。究其原因，2008 年金融危机爆发，我国出口环境面临着严峻挑战，东部地区加工类贸易企业亟须转型升级，这类企业大多数属于劳动密集型产业，而黄河流域中下游地区不仅有相对廉价的劳动力，更有相对于黄河流域上游地区较好的基础设施，因此，这类企业纷纷到黄河流域中下游地区建厂，东部地区与黄河流域中下游地区之间的分工程度不断加深，从而提升了黄河流域和直辖市、东部沿海地区的制造业行业分工指数。

（三）2015 年黄河流域和东部地区内部制造业行业分工指数

表 4 -3 给出了 2015 年黄河流域和东部地区内部制造业行业分工指数测算结果，观察表 4 -3，可以发现以下几个特征。

表 4 -3　2015 年黄河流域和东部地区内部制造业行业分工指数

区域名称	直辖市	东部沿海地区	黄河流域上游地区	黄河流域中下游地区	平均值
直辖市	0.000	0.161	0.146	0.304	0.153
东部沿海地区	0.161	0.000	0.308	0.465	0.234
黄河流域上游地区	0.146	0.308	0.000	0.158	0.153
黄河流域中下游地区	0.304	0.465	0.158	0.000	0.232

第一，东部沿海地区的制造业行业分工指数平均值得到较大提升，平均水平从 2002 年的 0.057 上升到 2015 年的 0.234，制造业行业分工指数高于其他地区。其中，与黄河流域中下游地区制造业分工水平的提高是其制造业分工平均水平上升的主要原因。究其原因，2012 年我国劳动年龄人口出现首次下降，人口红利逐渐消失，短时间内制造业未能完全适应适龄劳动力下降的情况，而黄河流域中下游地区尤其是河南，有较为丰富的劳动力资源，从而吸引东部沿海地区企业家到黄河流域中下游地区投资办厂。因此，东部沿海地区与黄河流域中下游地区的制造业行业分工指数比较

高，为0.465。

第二，黄河流域中下游地区的制造业分工水平也有了一定程度的提升，其平均水平为0.232，仅次于东部沿海地区的制造业分工水平。其中，与东部沿海地区和直辖市制造业分工水平的提高是其制造业平均水平上升的主要原因。与2002年不同，2015年黄河流域中下游地区制造业与黄河流域上游地区制造业分工合作水平低于与东部沿海地区和直辖市制造业分工水平，即黄河流域中下游地区由主要参与黄河流域内部制造业分工体系转移到参与全国制造业分工体系。

第三，直辖市和黄河流域上游地区制造业行业分工指数相比2009年也有了一定提升，但与其他地区相比，仍处于较低水平，制造业专业化水平有待提升。

综上所述，在黄河流域与东部地区的制造业分工合作中，黄河流域中下游地区、东部沿海地区与其他地区产业结构差异显著，制造业区域分工程度较高，黄河流域上游地区、直辖市制造业分工水平有所波动，但仍处于较低水平。

总体来看，无论是基于黄河流域和东部地区两大区域还是基于黄河流域和东部地区内部四大区域，黄河流域与东部地区制造业分工水平整体上呈曲折上升的趋势。基于上述对黄河流域和东部地区区域分工水平的定量分析，可以发现，黄河流域和东部地区制造业专业化分工程度不断深化，各地区充分利用自身比较优势发展制造业的趋势越来越明显，形成了较为明确的制造业分工体系。垂直专业化程度快速上升，但东部沿海地区的垂直专业化程度显然高于黄河流域。

（四）总结

由于黄河流域地区矿产资源丰富，且劳动力相对廉价，而东部地区市场容量大，技术水平相对较高，两区域有明显不同的比较优势。国家采用比较优势原则规划生产布局，构建了一种特定的地域分工模式，即黄河流域地区的资源开发、沿海地区的加工制造，以及产品返销内地，形成了一种垂直专业化分工体系。然而，垂直专业化程度的提高在不同地区受到不同的结构因素影响。内陆地区的垂直专业化程度提高主要是因为它与国内其他地区的垂直专业化联系增强。而沿海地区的垂直专业化程度提高主要是由于它与世界其他国家的垂直专业化联系增强。但不管是哪种方式引起的垂直专业化，在一定程度上都不利于区域协调发展。

黄河流域和东部地区之间存在较高水平的地方保护主义问题与贸易壁垒，在制造业领域存在重复建设的问题。这种情况使得这两个地区的产业结构趋向一致，制造业分工不够协调。长期以来，地区保护主义政策限制了这两个地区之间的贸易，妨碍了地区制造业比较优势的充分发挥，也导致市场失灵，限制了地区经济的发展，区域产业结构封闭性强。此外，在面对高收益的投资时，各地区纷涌而上，重复建设屡见不鲜，造成制造业发展水平停滞不前。

三、黄河流域和东部地区制造业生产效率差异

生产效率的不同带来的是分工的不同，生产效率的差异是区域间分工的重要基础。制造业劳动生产率是黄河流域和东部地区制造业分工水平的重要影响因素，其计算方式为制造业总产值与制造业从业人数之比。2002—2017 年黄河流域与东部地区制造业劳动生产率计算结果如图 4－2 所示。

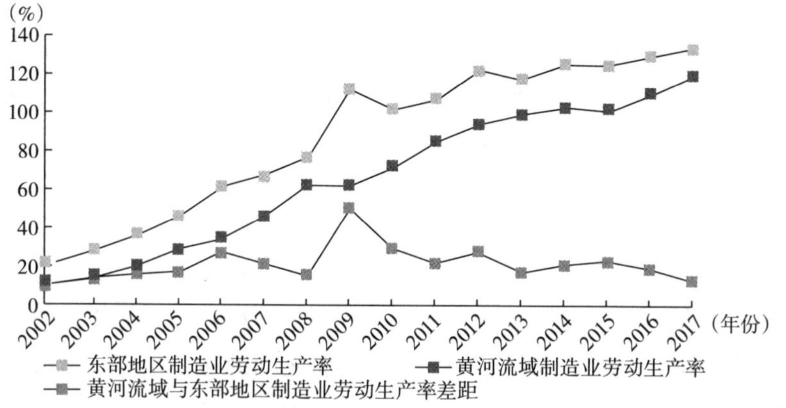

图 4－2　2002—2017 年黄河流域与东部地区制造业劳动生产率

资料来源：各省（区、市）统计年鉴。

由图 4－2 可知，2002 年以来，黄河流域和东部地区制造业劳动生产率总体呈波动上升趋势，其中，在 2008—2010 年有较大波动。但总体而言，制造业劳动生产率还有待提高。分区域来看，东部地区制造业劳动生产率明显高于黄河流域，二者差异在 2002 年最小，此后逐渐扩大，至 2009 年达到最大，随后慢慢缩减。究其原因，可能是因为改革开放以来，东部地区凭借独特的地理位置和人才资本等要素积极发展制造业，制造业劳动生产率得到显著提升，而黄河流域中西部地区受限于地理位置（处于内陆地区），相对东部地区而言，交通基础设施比较落后，制造业发展的基础相对来说比较薄弱，因此黄河流域制造业劳动生产率上升较慢。2008 年以来，以制造业为代表的实体经济在经济发展中的作用凸显，政府制定出了一系列发展高端制造业的举措，在一定程度上推动了制造业的发展。因此，2009 年以后，两大区域制造业劳动生产率有了大幅提升；2013 年以后，黄河流域和东部地区制造业劳动生产率的差距大幅降低，究其原因，可能和 2013 年"一带一路"倡议的实施有关，黄河流域省份是"一带一路"沿线重点区域，尤其是陕西作为国家向西开放的门户，占据重要的地理位置。黄河流域各省份与"一带一路"沿线国家不断加强经贸合作，化解过剩产能，从而使制造业劳动生产率提升较快，加之逆全球化等国际背景，中央政府重视国内市场，东部地区部分劳动密集型产业向黄河流域中西部转移，同时带来了技术、人才、资本的转移，这在一定程度上缩小了黄河流域和东部地区制造业劳动生产率的差距。

从上述分析可以看出，2002 年以来，黄河流域和东部地区制造业劳动生产率总体呈上升趋势，且二者之间的差距也呈现缩小的特点，东部地区一开始利用自身优势率先加入全球价值链，参与国际分工，黄河流域中西部地区由于地处中国内陆地区，参与全球价值链分工有一定劣势，这导致了二者制造业劳动生产率差距的扩大。2013 年以来，随着"一带一路"倡议的实施，黄河流域各省份积极参与全球价值链分工，其制造业劳动生产率不断提升，东部地区的劳动密集型环节不断向黄河流域中西部转移，二者制造业劳动生产率差距逐渐缩小。

第二节　黄河流域与东部地区产业转型差异

一、黄河流域与东部地区产业结构方面的差异

（一）黄河流域与东部地区三次产业结构变迁

描述经济发展和产业结构变化的重要理论观点有两个。一是“库兹涅茨事实”，这一理论是以经济学家库兹涅茨（Kuznets）命名的。它指出，随着经济的发展，第一产业在整体经济中所占的比重不断下降，而第二产业和第三产业的比重则持续增加。二是“后工业化事实”，这个概念是由经济学家贝尔（Bell）提出的。它描述了当一个国家的经济发展到相对成熟的阶段时，第二产业的比重会日益下降，而第三产业则逐渐成为经济的主要部门。产业结构可以由三次产业产值占地区生产总值的比重来衡量。图4－3和图4－4分别给出了2000—2020年黄河流域和东部地区的产业结构变化情况。

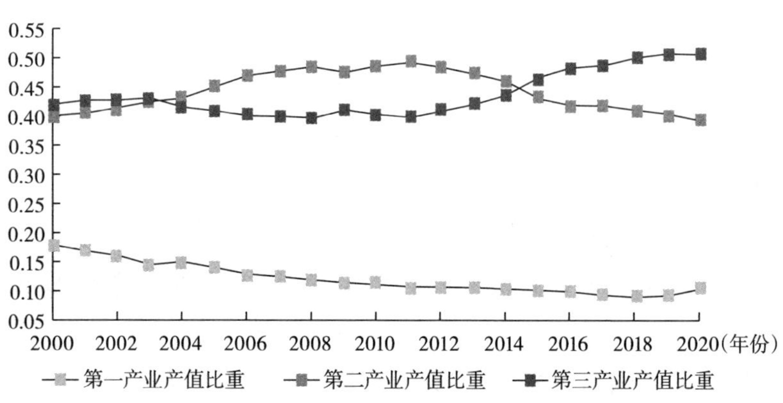

图4－3　2000—2020年黄河流域产业结构变迁

资料来源：省（区、市）统计年鉴。

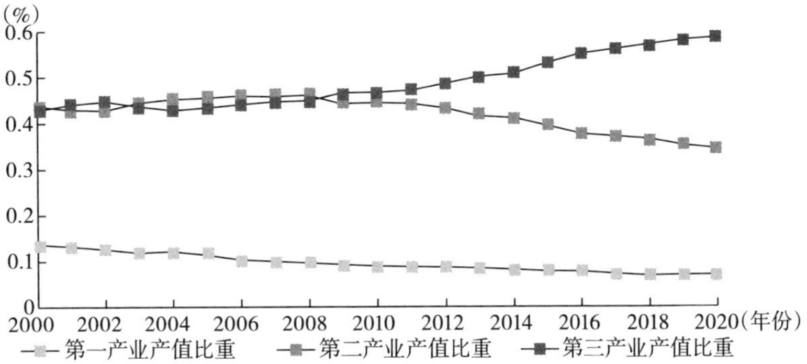

图4－4　2000—2020年东部地区产业结构变迁

资料来源：省（区、市）统计年鉴。

由图4－3和图4－4可知，第一产业产值占整体比重呈现出下降的趋势，第二产业产值占比则呈现出先升后降的趋势，第三产业产值占比则不断上升，即“库兹涅茨事实”，之后逐步呈现“后工业化事实”。分区域来看，黄河流域第三产业产值比重整体低于东部地区，且上升速度低于东部地区。因为东部地区属于国家较早开放的区域，技术领先，具有人才资本等要素优势，较早开展工业化，率先发展服务业，所以其第三产业产值比重上升较快。而黄河流域中西部地区开放度不高，技术、人才和资本等要素落后于东部地区，因此服务业发展情况和东部地区相比不发达，且黄河流域省份资源能源丰富，因此工业发展较快，第二产业产值占比较高。

（二）黄河流域与东部地区产业结构协调程度差异

三次产业产值占比在衡量产业结构升级方面尚不够全面，其仅仅是从简单的比例方面衡量，无法衡量产业结构之间的协调过程。因此，笔者引入产业结构合理化和产业结构高级化两个指标。产业结构合理化和产业结构高级化是反映产业结构变迁的重要指标，前者反映产业结构的协调过程，后者则表现了产业结构不断向高层次演进的过程。产业结构合理化衡量了产业之间的资源利用效率和协调性。它不仅反映了各个产业之间的协调程度，还考虑了资源的有效利用程度。换言之，其是关于资源投入与产出之间关系的一种度量方式。通常，研究人员使用结构偏离度评估产业结

构的合理性，即评估产业结构与某种理想或优化状态之间的差异。其公式为

$$E = \sum_{i=1}^{n} \left| \frac{Y_i/L_i}{Y/L} - 1 \right| = \sum_{i=1}^{n} \left| \frac{Y_i/Y}{L_i/L} - 1 \right| \tag{4-2}$$

式（4－2）中，E 表示结构偏离度；Y 表示产值；L 表示就业；n 表示产业部门人数；Y/L表示生产率，即总产出与劳动人数之比；Y_i/Y 表示产出结构，即产业产值占地区生产总值的比重；L_i/L 表示劳动结构，即某一产业就业人员与总就业人员之比。E 也表示产出结构与就业结构的耦合度，E 越大，产业结构越不合理，但结构偏离度指标忽略了产业的特殊性，因此干春晖（2011）等在研究中，引入了泰尔指数。泰尔指数的计算公式为

$$TL = \sum_{i=1}^{n} (Y_i/Y)\ln\left(\frac{Y_i}{L_i}/\frac{Y}{L}\right) \tag{4-3}$$

其中，TL 为逆向指标，泰尔指数越小，产业结构合理性越高；反之，则产业结构合理性越低。

产业结构高级化是一个重要指标，用于衡量产业结构升级，即在数字化助力推动下的经济结构的服务化。参考刘翠花（2022）的研究，本书对于产业结构高级化的衡量采用第三产业产值与第二产业产值的比值。这一指标能够体现出经济结构的服务化倾向，若处于上升状态，即第三产业产值占第二产业产值的比重上升，代表产业结构不断优化升级。图 4－5 给出了 2002—2021 年黄河流域和东部地区产业结构合理化与高级化指数。

第一，由图 4－5 可知，从整体上来看，黄河流域和东部地区产业结构高级化指数均呈上升趋势，即产业不断向高级化的方向演进，且 2013 年以来上升速度不断加快。2012 年，政府不断推进供给侧结构性改革，装备制造业和高技术制造业实现了较快发展，服务领域的改革也在不断深入，且新一轮信息技术革命爆发，服务业发展质量不断提升，因此产业结构向高级化发展。但东部地区产业结构高级化指数明显高于黄河流域地区，即东

部地区产业结构演进程度高于黄河流域地区，产业层次更高。究其原因，东部地区市场容量大，拥有较强技术研发优势，相比来说，黄河流域地区市场容量较小，技术不够发达，因此与东部地区相比第三产业发展不足。

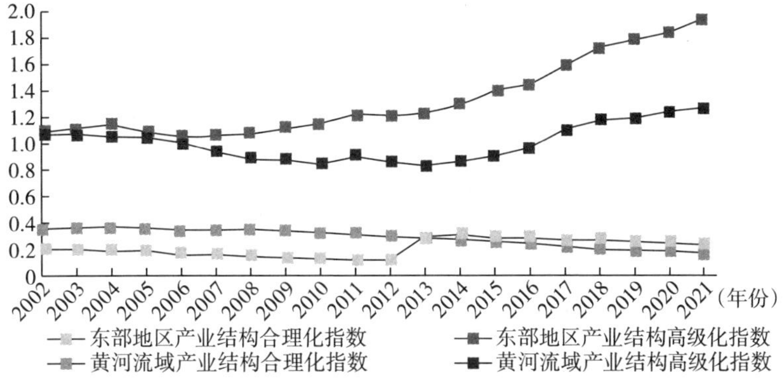

图 4－5　2002—2021 年黄河流域和东部地区产业结构合理化与高级化指数

资料来源：各省（区、市）统计年鉴。

第二，从产业结构合理化指数来看，黄河流域的泰尔指数呈下降趋势，东部地区的泰尔指数总体变化不大，因为泰尔指数越高，产业结构越不合理，所以黄河流域和东部地区产业结构在不断向合理化方向发展，产业之间的协调程度有所提高。分区域来看，2013 年之前，黄河流域产业结构合理化指数高于东部地区产业结构合理化指数，即与东部地区相比，黄河流域产业结构不够协调。2013 年之后出现了反转，东部地区产业结构合理化指数高于黄河流域产业结构合理化指数，即与东部地区相比，黄河流域产业结构协调性高于东部地区。考虑其原因，可能是 2012 年中央政府出台西部大开发“十二五”规划，全面致力于西部地区的发展，因此，黄河流域产业结构趋于合理化。

二、区域贸易水平与产业结构互动方面的差异

一个国家的贸易水平由其产业结构水平决定，而贸易水平的提升反过来可以推动产业结构更合理化和更高级化，这两者之间是一种互动演进的关系。在开放经济条件下，产业结构和贸易水平发展密切相关，二者有时

相互促进，有时也相互限制。可以说，贸易水平是产业结构在地理范围上的扩展。贸易水平由贸易商品结构和贸易方式结构组成，贸易商品结构包括货物贸易结构和服务贸易结构，贸易方式结构则是从贸易模式和市场等商品贸易外在形式的角度对其进出口结构进行衡量。图4－6展示了贸易水平和产业结构的互动关系。一方面，从贸易方式结构来看，对外贸易促进了人才、资本、技术等要素在国与国之间的流动，加速先进要素的积累和培育，提高人力资本水平，吸收别国的技术溢出，促进资本深化，从而优化要素配置效率，加速产业之间的协调发展，推动产业结构合理化。另一方面，随着产业结构的合理化和高级化，产业结构不断向更高层次演进，第三产业发展越来越快，产品附加值不断提高，国内的供给结构和需求结构不断优化，在全球价值链网络中的嵌入位置不断提升，从而贸易商品结构得到升级，因此贸易水平与产业结构是互动的。

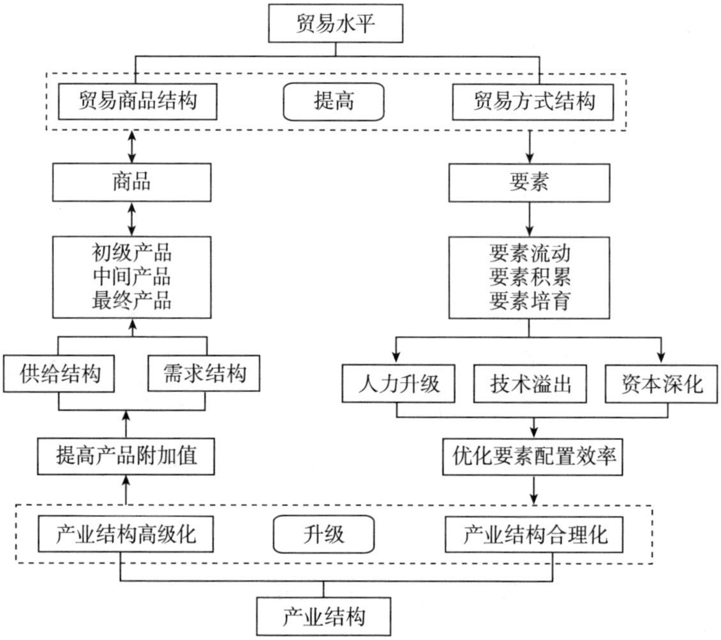

图4－6　贸易水平与产业结构的互动关系

（一）贸易水平与产业结构耦合协调度模型

耦合是指两个及以上系统之间相互作用、相互影响和协调共生的一种动态关系。本书在贸易水平与产业结构互动中涉及的“耦合”一词，特指贸易水平与产业结构之间实现良性互动、相互促进的关系。通过构建黄河流域和东部地区产业结构与贸易水平两大系统的指标，测算二者贸易水平和产业结构的耦合关系。以往对于产业结构优化的衡量都是以克拉克定律中三产占 GDP 的比重变化作为标准，这种衡量方法较笼统地描述了产业结构的演进，本书在借鉴前人学者构建的产业结构优化的指标体系下，将产业结构高级化和产业结构合理化作为衡量产业结构升级的指标；在贸易水平的指标选取中借鉴黄蓉（2014）、袁欣（2010）关于对外贸易指标的选取并结合数据的可获得性进行了相应修改，采用实际利用外资额、对外直接投资、进出口总额、出口总额、外商投资企业出口总额和制造业出口技术复杂度 6 个指标衡量对外贸易水平，如表 4－4 所示。

表 4－4　产业结构与贸易水平指标体系

一级指标	二级指标	三级指标	指标属性
产业结构	产业结构高级化	第三产业产值/第二产业产值（%）	+
	产业结构合理化	泰尔指数（%）	+
贸易水平	贸易总量	实际利用外资额（亿美元）	+
		对外直接投资（亿元）	+
		进出口总额（千美元）	+
		出口总额（千美元）	+
		外商投资企业出口总额（千美元）	+
	贸易质量	制造业出口技术复杂度（%）	+

资料来源：各省（区、市）统计年鉴。

首先，计算制造业出口技术复杂度，Hausmann（2005）提出的出口技术复杂度测算指标适用于国家层面上的产品出口技术复杂度测算。本书借鉴 Xu 和 Lu（2009）的思路，使用省份层面的人均 GDP 和出口数据代替 Hausmann 等指标中国家层面的出口数据和人均 GDP，计算各省份制造业的出口技术复杂度。参考戴翔和金碚（2014）等的研究，出口技术复杂度具体的测算过程可分两步，第一步先测算产品的出口技术复杂度，测算公式如下：

$$ESI_k = \sum_{i=1}^{n} \frac{x_{ik}/X_i}{\underset{ix}{} \sum_{ik} /X_i} Y_i \tag{4-4}$$

其中，ESI_k 代表 k 产品的出口技术复杂度，x_{ik} 为 i 省 k 产品的出口额，X_i 代表 i 省制造业的总出口额，x_{ik}/X_i 代表 i 省 k 产品的出口份额，Y_i 表示 i 省的人均GDP。

第二步将其加总到产业层面，则可得到省制造业的出口技术复杂度：

$$TSI_i = \sum_{i} (x_{ik}/X_i) ESI_k \tag{4-5}$$

其中，TSI_i 代表 i 省制造业的出口技术复杂度，各省份HS4位产品的出口数据来自国研网的对外贸易数据库，各省份人均 GDP 的数据来自国家统计局。

其次，对指标进行处理，基于极差标准化方法，对基础指标数据进行了无量纲化处理，以消除量纲带来的影响。

对于正向指标：

$$x_{ij} = \frac{x_{ij} - \min(x_j)}{\max(x_j) - \min(x_j)} \tag{4-6}$$

对于逆向指标：

$$x_{ij} = \frac{\max(x_j) - x_{ij}}{\max(x_j) - \min(x_j)} \tag{4-7}$$

对指标进行标准化处理后，可以得出相应指标的得分，且每一指标的得分均在 0 与 1 之间。然后，在得到有效数据的基础上，采用主观均等赋权和客观赋权的方法，对 2006—2020 年黄河流域和东部地区产业结构指数与对外贸易指数进行测度。参考任保平和杜宇翔（2021）等的研究，笔者先对指标体系中的系统层进行均等赋权，再运用熵权法对同一系统层下的基础指标进行客观赋权，以规避主观矛盾和人为误差，最终得到黄河流域和东部地区产业结构指数与对外贸易指数。

再次，黄河流域和东部地区产业结构与贸易结构的耦合协调度模型为

$$T = \alpha U_1 + \beta U_2 \tag{4-8}$$

$$C = 2 \times \frac{\sqrt{U_1 \times U_2}}{U_1 + U_2} \tag{4-9}$$

$$D = \sqrt{C \times T} \tag{4-10}$$

其中，T 为系统间综合协调指数，C 为耦合度，D 为耦合协调度，α、β 均等赋权，取值为0.5。将两个系统的耦合协调度与相对发展度相结合，借鉴刘琳轲等（2021）的研究，将产业结构与贸易结构的耦合协调划分为三大耦合协调发展阶段、九大耦合协调发展类型，如表4－5所示。

表4－5　产业结构和贸易结构的耦合协调发展阶段与类型

耦合协调度	相对发展度	类型	耦合协调发展特征	耦合协调发展阶段
$0 < D < 0.5$	$0 < E \leqslant 0.8$	Ⅰ	产业结构滞后于贸易结构，二者高度拮抗，系统趋于衰退	拮抗
	$0.8 < E \leqslant 1.2$	Ⅱ	产业结构同步于贸易结构，二者低度拮抗，系统趋于优化	
	$1.2 < E$	Ⅲ	产业结构超前于贸易结构，二者高度拮抗，系统趋于衰退	
$0.5 < D < 0.7$	$0 < E \leqslant 0.8$	Ⅳ	产业结构滞后于贸易结构，二者低度磨合，系统趋于衰退	磨合
	$0.8 < E \leqslant 1.2$	Ⅴ	产业结构同步于贸易结构，二者高度磨合，系统趋于优化	
	$1.2 < E$	Ⅵ	产业结构超前于贸易结构，二者低度磨合，系统趋于衰退	
$0.7 < D < 1$	$0 < E \leqslant 0.8$	Ⅶ	产业结构滞后于贸易结构，二者低度协调，系统趋于衰退	协调
	$0.8 < E \leqslant 1.2$	Ⅷ	产业结构同步于贸易结构，二者高度协调，系统趋于优化	
	$1.2 < E$	Ⅸ	产业结构超前于贸易结构，二者低度协调，系统趋于衰退	

最后，计算黄河流域与东部地区的相对发展程度，用产业结构与对外贸易两大系统的综合指数比值作为指标，具体公式为

$$E = U_1 / U_2 \tag{4-11}$$

其中，E 表示相对发展度，反映两大系统相对发展进程；U_1、U_2 分别表示产业结构指数和对外贸易指数。

（二）产业结构与贸易结构耦合协调度区域差异性分析

通过上述方法计算得到2006—2020年黄河流域和东部地区20个省份的产业结构与贸易结构指数以及耦合协调度和相对发展度，并汇总得到黄河流域和东部地区总体均值，结果如图4-7所示。

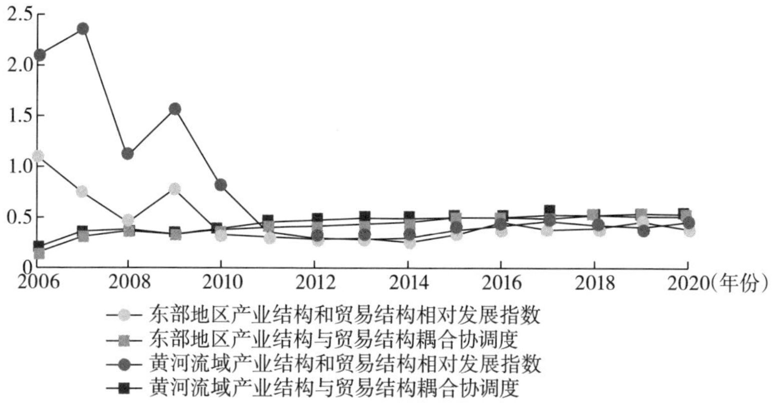

图4-7　2006—2020年黄河流域与东部地区产业结构和贸易结构的互动关系

观察图4-7可以发现，黄河流域和东部地区整体的产业结构与贸易结构耦合协调度呈现上升趋势，基于其走向形状及时序变化特征，将其划分为两个阶段。2006—2009年为第一阶段，耦合协调度呈现“倒U”形，即2006—2008年呈上升趋势，2008—2009年呈下降趋势，且此阶段黄河流域产业结构和贸易结构耦合协调度高于东部地区产业结构和贸易结构的耦合协调度。2009年，中央政府为改善贸易环境，采取了调低出口退税率、人民币逐渐升值等措施，给出口企业带来巨大压力。不管是黄河流域还是东部地区，对外贸易均受到不同程度的影响，因此贸易结构与产业结构的耦合协调度下降。考虑到黄河流域外向型经济发展较薄弱，其参与国际分工

的程度低于东部地区参与国际分工的程度，其贸易结构受国际影响较小，因此其产业结构和贸易结构的耦合协调度高于东部地区。综合考虑相对发展指数和耦合协调度，东部地区产业结构同步于贸易结构，二者展现为低度拮抗，系统趋于优化，两大系统发展类型为Ⅱ；黄河流域产业结构超前于贸易结构，二者展现出高度拮抗，系统趋于衰退，两大系统发展类型为Ⅲ。

第二阶段为2009—2020年，在此阶段，黄河流域和东部地区产业结构与贸易结构的耦合协调度整体呈上升趋势，且二者之间的差距在缩小，2015年接近重合。究其原因，一方面，随着世界经济增长放缓，各省份逐渐认识到不能过度依赖外需，应注重内需，优化国内的产业结构，向全球价值链的高端攀升；另一方面，为深入推进区域协调发展，2015年，政府加大了对黄河流域省份公路铁路、城镇化等基础设施的投资，两区域耦合协调度的差距最小。基础设施的改善，推动了黄河流域省份参与全球分工与国内分工，其产业结构与贸易结构的耦合协调度提升，贸易结构不断改善。尽管黄河流域和东部地区产业结构与贸易结构耦合协调度均呈上升趋势，但综合考虑相对发展指数和耦合协调度指数，黄河流域和东部地区产业结构滞后于贸易结构，二者高度拮抗，系统趋于衰退，耦合协调度类型为I。

综合上述分析，黄河流域产业结构耦合协调度超前于贸易结构耦合协调度，二者高度拮抗，系统趋于衰退，两系统发展类型由Ⅲ转变为产业结构滞后于贸易结构，二者高度拮抗，系统趋于衰退，耦合协调度类型为Ⅰ。而东部地区产业结构耦合协调度同步于贸易结构耦合协调度，二者低度拮抗，系统趋于优化，两系统发展类型由Ⅱ转变为产业结构滞后于贸易结构，二者高度拮抗，系统趋于衰退，耦合协调度类型为Ⅰ。当前，黄河流域和东部地区亟须提升产业结构，向全球价值链的高端迈进，从而推动产业结构和贸易结构的协调发展。

（三）产业结构与贸易结构耦合协调度的灰色关联分析

产业结构与贸易结构的协调程度受到多种因素的影响。为了进一步研究这些驱动因素，本研究采用了灰色关联分析方法。这种方法的优势在于它可以展现出系统发展过程中的趋势，通过比较不同因素之间的线性相似度，评估它们对耦合协调程度的影响程度差异。因此，它更能准确地反映各种影响因素之间的差异。根据任保平等（2021）的研究，笔者选取城市化水平、科技投入、政府能力、水资源量、企业创新能力、教育水平、数字化水平、产业结构水平作为产业结构与贸易结构耦合协调的驱动因素，如表 4－6 所示。

表 4－6　黄河流域和东部地区产业结构和贸易结构耦合协调的驱动因素

涉及指标	变量名称	驱动类型	变量说明
参考序列	耦合协调度	—	耦合协调度模型测算结果
驱动因素	城市化水平	外力驱动	城镇人口（万人）/年末总人口（万人）
	科技投入	创新驱动	科学技术支出（万元）/财政支出（亿元）
	政府能力	政府推动	地区财政支出（亿元）/GDP（亿元）
	水资源量	资源推动	水资源总量（亿立方米）
	企业创新能力	企业推动	规模以上工业企业有效发明专利（件）
	教育水平	人力资本推动	普通高等学校招生数（万人）
	数字化水平	数字推动	有电子商务交易活动的企业比重（%）
	产业结构水平	内力推动	第三产业增加值（万元）/GDP（亿元）

根据选取的数据指标，基于灰色关联分析法，得到了黄河流域和东部地区的产业结构与贸易结构耦合协调度及 8 个驱动因素指标的关联度。灰色关联分析的关联度与两者的相关性成正比，即关联度越高，两者之间的相关性越好，该驱动因素对两区域产业结构与贸易结构的耦合协调度影响程度也就越强。借鉴本书第三章的研究方法，测算黄河流域和东部地区产业结构与贸易结构耦合协调驱动因素关联度，如表 4－7 所示。

表 4－7　黄河流域和东部地区产业结构与贸易结构耦合协调驱动因素关联度

区域	黄河流域	东部地区
城市化水平	0.819	0.746
科技投入	0.834	0.733
政府能力	0.788	0.720
水资源量	0.830	0.725

续表

区域	黄河流域	东部地区
企业创新能力	0.757	0.725
教育水平	0.819	0.742
数字化水平	0.801	0.718
产业结构水平	0.820	0.738

由表4-7可知，黄河流域和东部地区产业结构与贸易结构耦合协调度与八大驱动因素的关联度均在0.7以上，表明各驱动因素与耦合协调度均具有密切联系，且黄河流域和东部地区存在差异，黄河流域产业结构和贸易结构耦合协调度与八大驱动因素的关联度均高于东部地区。从八大驱动因素来看，无论是东部地区还是黄河流域，企业的创新能力与两大系统间耦合协调关联度均较低，说明企业创新能力对两区域产业结构与贸易结构耦合协调影响作用相对较小，企业驱动力不足。而科技投入与两大系统耦合协调关联度在黄河流域达到最高，在东部地区排名第4，说明科技投入在黄河流域和东部地区产业结构与贸易结构的耦合协调发展中具有较强的驱动作用，且这种驱动作用显著。科技投入对黄河流域的创新驱动高于对东部地区的创新驱动，这可能是因为东部地区教育水平较高，具有高科技人才优势。因此，科技投入对黄河流域产业结构与贸易结构耦合协调关联度的边际效用大于对东部地区的边际效用。

水资源量在黄河流域产业结构和贸易结构耦合协调驱动因素关联度中排在第2位，考虑到黄河流域中西部地区水资源量匮乏，但又因资源丰富成为重要的工业基地，导致水资源供需严重不平衡，加之黄河水质原因，因此水资源在黄河流域经济发展中扮演着重要的角色。如甘肃、青海等省份，由于气候等原因，水资源量成为限制产业发展的重要因素。因此，水资源量成为黄河流域产业结构与贸易结构协调发展的第二驱动力。

城市化水平在东部地区产业结构与贸易结构耦合协调驱动因素关联度中排在第1位，在黄河流域排第4位，说明城市化在东部地区产业结构和贸易结构协调发展中驱动的作用高于黄河流域。考虑到东部地区是我国最早开放的地区，城市化也最先从这里开始，城市化的历程相对较久，东部地区的城市化水平显著高于黄河流域，因此城市化成为东部地区产业结构与贸易结构协调发展的重要驱动力。而黄河流域经济发展较为落后，第一、第二产业相较全国平均水平而言占比较大，高端制造业与现代服务业发展相对滞后，因此城市化水平较低，城市化在黄河流域产业结构与贸易结构协调发展中发挥的驱动力有待提升。

三、黄河流域与东部地区产业链发展方面的差异

（一）产业链现代化水平指标体系构建

产业链是由在同一产业或不同产业中具有竞争力的企业及其相关企业组成的战略联盟。这些企业以产品为核心，根据一定的生产关系和地理分布特征，构成一个具有价值增值功能的网络。产业链的本质包括了技术链、价值链、信息链和知识链。

党的二十大报告指出了加快建设现代化经济体系的重要性，特别强调了提高产业链和供应链的韧性。实现这一目标需要依赖数字技术和区域协作，以建立现代化的产业链和供应链体系。这有助于构建国内外的“双链”循环模式，提高产业链和供应链的运转效率，促进中国从“世界工厂”向全球价值链的引领者转变。借鉴姚树俊等（2023）的研究并结合数据的可获得性，本书构建了产业链现代化水平指标体系，如表4－8所示。

表4－8　产业链现代化水平指标体系

一级指标	二级指标	三级指标	指标属性
数字化	有电子商务交易活动的企业数比重	有电子商务交易的企业数（个）/区域企业总数（个）	+
	每百人使用计算机数	区域内计算机台数（台）/区域年末总人口（人）	+
	企业拥有网站数	企业拥有网站数（个）	+
	移动电话普及率	移动电话数（个）/区域年末总人口（万人）	+
	长途光缆线路长度	长途光缆线路长度（万公里）	+

续表

一级指标	二级指标	三级指标	指标属性
韧性	城镇化率	城镇人口（万人）/区域年末总人口（万人）	+
	社会保障程度	社会保障支出（万元）/一般财政支出（万元）	+
绿色	化学需氧量排放量	化学需氧量排放量（万吨）	-
	石油类排放量	石油类排放量（吨）	-
	二氧化硫排放量	二氧化硫排放量（万吨）	-
	环保投入水平	环境保护支出（万元）/财政支出（万元）	+
	建成区绿化覆盖率	城市绿地面积（平方米）/城区面积（平方米）	+
创新	实用新型专利申请	国内实用新型专利申请授权量（项）	+
	有效发明专利数	规模以上工业企业有效发明专利数（件）	+
安全	教育规模	普通高等学校招生数（万人）	+
	信息传输、计算机服务和软件业城镇单位就业人员工资总额	信息传输、计算机服务和软件业城镇单位就业人员工资总额（亿元）	+
	信息安全水平	信息安全收入（万元）	+
	公共安全水平	公共安全支出（万元）/一般财政支出（万元）	+

资料来源：各省（区、市）统计年鉴。

利用熵值法可以测算出黄河流域和东部地区产业链现代化水平指数，计算第 i 年第 j 项指标占比 ω_{ij} ：

$$\omega_{ij} = \frac{\bar{X}_{ij}}{\sum_{i=1}^{m} \bar{X}_{ij}} \tag{4-12}$$

计算指标的信息熵 e_j ，其中 m 为要评价的年数：

$$e_j = -\frac{1}{\ln m} \times \sum_{i=1}^{m} \omega_{ij} \times \ln \omega_{ij} \tag{4-13}$$

计算信息熵冗余度 ρ_j 以及所需的指标权重 λ_j ：

$$\rho_j = 1 - e_j \tag{4-14}$$

$$\lambda_j = \frac{\rho_j}{\sum_{j=1}^{m} \rho_j} \tag{4-15}$$

根据指标占比 ω_{ij} 以及相应的权重 λ_j ，计算产业链现代化水平：

$$U_i = \sum_{j=1}^{m} \lambda_j \tag{4-16}$$

（二）产业链现代化水平区域差异性分析

对黄河流域和东部地区 2006—2020 年产业链现代化水平进行测算，结果如图 4－8 所示。

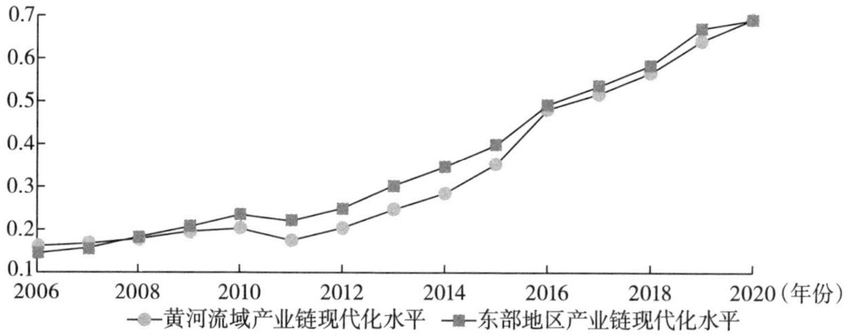

图 4－8　2006—2020 年黄河流域与东部地区产业链现代化水平

由图 4－8 可知，总体来看，黄河流域和东部地区产业链现代化水平呈波动上升趋势，分别由 2006 年现代化水平不到 0.2 上升到 2020 年的接近 0.7。其演变过程可以分为两个阶段，分别为 2006—2011 年和 2011—2020 年。2006—2010 年，黄河流域和东部地区产业链现代化水平总体上呈上升趋势，这一阶段中国凭借劳动力优势参与全球价值链分工，产业链的现代化水平有一定提高。2010—2011 年，黄河流域和东部地区产业链现代化水平均出现了不同程度的下降。分析其原因，在 2011 年，政府提出加快发展方式转变，以改善居民生活水平为首要任务的目标。为全面建成小康社会和减少贫困人口占比，政府出台了相应的宏观经济政策，同时增加了对民生的财政支持，以扩大内需。然而，这一政策导致了短期内的供需不平衡，对产业链和供应链的现代化发展造成了一定的阻碍。2011 年以来，国际局势动荡、逆全球化兴起、新一轮数字革命爆发，我国越来越重视提高产业链、供应链的韧性，多次在政府工作报告中提及产业链的韧性以及现代化，并出台相关宏观政策提高产业链的现代化水平，因此这一阶段黄河流域和东部地区产业链现代化水平迅速上升。

分区域来看，整体上黄河流域产业链现代化水平明显低于东部地区，东部地区具有人才基础以及数字基础，且沿海城市多、贸易吞吐量大，有利于提升产业链的现代化水平。与东部地区相比，黄河流域的产业结构更偏向第一产业和第二产业，这意味着现有的产业结构尚未能够有效推动产业链和供应链的现代化发展，因此产业链现代化水平低于东部地区。

第三节　黄河流域省份嵌入全球价值链地位核算

一、增加值分解方法

（一）传统的增加值分解方法

Hummels 等（2001）提出垂直专业化（VS）指数以核算贸易增加值，该指数将出口分解为两部分，一部分是来自进口中间品的国外增加值，另一部分是本国出口的国内增加值，一国以这两种方式参与全球价值链分工。该指数测算了国外增加值占出口贸易的比重，反映了一国参与全球价值链分工的程度，但该指数由于对经济情况要求过于严格，从而与现实有一定偏离，对发展中国家的经济数据存在高估的情况。

Daudin 等（2011）基于 HIY 方法，定义 $VS1^{*}$ 指标，使用 HIY 方法核算增加值与现实经济情况更加符合；Johnson 和 Noguera（2012）提出了增加值出口（VAX）和增加值出口比例（$VAX\ Ratio$），二者分别指的是一国生产的增加值被其他国家吸收的部分以及增加值出口占总出口的比重。这种方法更加关注对其他国家的增加值出口，却忽略了中间品在国家间贸易中的流转，从而导致计算值过大。

随着产品内分工的发展，在国际贸易中，中间产品的地位越来越重要，Koopman 等学者认为，传统的国际贸易分析方法（HIY 方法）存在一些问题，其中最主要的问题是它们容易导致重复计算，无法准确反映国际专业化分工背景下各国贸易的真实情况。为了解决这些问题，他们相继提出了 KWW 方法（2008）、KPWW 方法（2011）以及 KWW 分解法。最终 Koopman 等学者使用九分法将总出口完全分解，真正将传统贸易核算与增加值贸易核算联系在一起，使二者被纳入到一个统一的贸易核算框架中。

王直等（2017）采用一种后向分解的方法，基于需求方的角度来测量出口，并提出了WWZ方法。这一方法将贸易增加值分解为 16 个不同的部分，并进一步扩展了九分法的应用范围，范围扩大到部门层面和双边关系。这种方法使我们明确了解一个经济体与世界其他国家之间的贸易联系，有助于我们深入了解该经济体在全球价值链中的位置。

（二）区域非竞争性投入产出表增加值分解流程

根据黄河流域制造业发展的特殊性，参考并借鉴 Meng 等（2013）和 Wang 等（2017）对于全球价值链的理解，本书将价值链界定为从初始生产要素投入开始，一直延伸至最终产品消费的全部过程。根据生产加工过程的地域分工情况，可以将价值链划分为不同层次。首先是国内价值链，是指在国内进行的全部生产和加工活动。进一步细分国内价值链，可以将其划分为省内价值链和国内区域价值链。其次是全球价值链，涵盖了跨越国界的生产和加工活动，包括国内和国际地域分工。这种分类基于产品的整个生产过程是否涉及国际贸易和国内省际贸易。产品的生产加工过程中是否包括国际贸易中的中间品，决定了该过程是属于全球价值链还是国内价值链。若包含了国际贸易中的中间品，则属于全球价值链；反之，则是国内价值链。

本书将世界投入产出表与中国区域间投入产出表相结合，构建了嵌入式世界投入产出表，步骤如下。

第一，部门对应。中国多区域投入产出表包括42个行业，而亚洲开发银行发布的世界投入产出表包括35个行业，为使两种投入产出表的行业相一致，本书将行业统一合并成21个部门。

第二，将中国多区域投入产出表嵌入亚洲开发银行发布的世界投入产出表。本书测算中国多区域投入产出表中各元素的占比，并以此为基础拆分亚洲开发银行发布的世界投入产出表中的中国数据；测算我国各行业的各省份出口、进口比例，拆分亚洲开发银行发布的世界投入产出表中的中国与世界其他国家和地区的出口、进口数据。最终构建出2012年、2015年和2017年由中国30个省份与世界62个国家和地区组成的嵌入式世界投入产出表。

假设世界上有 G 个国家，每个国家有 N 个生产部门，即 $s、r\epsilon G, i、j\epsilon N$。假设中国有 p 个省份，即 $p、q\epsilon p$。A^{sr} 表示由 s 国生产被 r 国使用的直接消耗系数矩阵（$N \times N$），所有的 A^{sr} 组成的 A 矩阵即世界投入产出表的直接消耗系数矩阵（$GN \times GN$）。用 $A^D、A^F$ 分别表示国内直接消耗矩阵系数、国外直接消耗系数矩阵，则

$$\begin{bmatrix} A^{11} & 0 & \cdots & 0 \\ 0 & A^{22} & \cdots & 0 \\ \vdots & \vdots & \ddots & \vdots \\ 0 & 0 & \cdots & A^{GG} \end{bmatrix} A^F = A - A^D \tag{4-17}$$

令 A^{11} 表示中国国内的直接消耗系数矩阵，在将中国细分为 P 个省份后，用 A_{pq}^{11} 表示中国国内各省份间的直接消耗系数矩阵，则 A^{11} 和 A^{DP} 表示为

$$A^{11}=\begin{bmatrix} A_{11}^{11} & A_{12}^{11} & \cdots & A_{1p}^{11} \\ A_{21}^{11} & A_{22}^{11} & \cdots & A_{2p}^{11} \\ \vdots & \vdots & \ddots & \vdots \\ A_{p1}^{11} & A_{p2}^{11} & \cdots & A_{pp}^{11} \end{bmatrix} \tag{4-18}$$

$$A^{DP}=\begin{bmatrix} A_{11}^{11} & 0 & \cdots & 0 & 0 & \cdots & 0 \\ 0 & A_{22}^{11} & \cdots & 0 & 0 & \cdots & 0 \\ \vdots & \vdots & \ddots & \vdots & \vdots & \ddots & \vdots \\ 0 & 0 & \cdots & A_{pp}^{11} & 0 & \cdots & 0 \\ 0 & 0 & \cdots & 0 & A^{22} & \cdots & 0 \\ \vdots & \vdots & \ddots & \vdots & \vdots & \ddots & \cdots \\ 0 & 0 & \cdots & 0 & 0 & \cdots & A^{GG} \end{bmatrix} \tag{4-19}$$

用 X 表示各国各部门的总产出列向量，Y 表示各国各部门的最终产品列向量，则投入产出表的基本恒等式为

$$X = AX + Y \tag{4-20}$$

进一步

$$X = AX + Y = (A^D + A^F)X + Y = A^D X + A^F X + Y \tag{4-21}$$

整理得出

$$(I - A^D)X = A^F X + Y \tag{4-22}$$

因此

$$X = (I - A^D)^{-1} A^F X + (I - A^D)^{-1} Y = LY + LA^F X \tag{4-23}$$

由 $X = (I - A^{-1})Y = BY$，则

$$BY = LY + LA^F BY \tag{4-24}$$

用 V 表示各国家各部门的增加值系数行向量，将 V、Y 转换为对角矩阵形式 $\hat{V}$、$\hat{Y}$，并对等式两边同时乘 $\hat{V}$，得出

$$\hat{V}B\hat{Y} = \hat{V}L\hat{Y} + \hat{V}LY^{F}B\hat{Y} \tag{4-25}$$

引入省内里昂惕夫矩阵，进一步分解为

$$\hat{V}B\hat{Y} = \hat{V}R\hat{Y} + (L-R)\hat{Y} + \hat{V}LY^{F}B\hat{Y} \tag{4-26}$$

$\hat{V}B\hat{Y}$ 的矩阵分解形式 $\hat{V}LY^{F}B\hat{Y}$ 对应了全球价值链。

借鉴 Wang 等（2017）关于全球价值链参与度的定义及其前向参与度和后向参与度的分类，其中，价值链前向参与度表示在某国某部门的全部增加值中，下游企业参与国内价值链（省内、国内区域价值链）或全球价值链活动创造的国内增加值所占的比例，价值链后向参与度表示某国某部门最终产品的总价值中，上游企业参与国内价值链（省内、国内区域价值链）或全球价值链活动创造的国内增加值所占的比例。

Va 表示各国各部门的增加值行向量，右上标“′”符号表示转置矩阵，V_NVC、V_GVC 分别表示国内价值链、全球价值链对应的增加值部分，V_P、V_RVC 分别表示省内价值链、国内区域价值链对应的增加值部分，Y_NVC、Y_GVC 分别表示国内价值链、全球价值链对应的最终产品价值部分，Y_P、Y_RVC 分别表示省内价值链、国内区域价值链对应的最终产品价值部分，那么引入省内里昂惕夫矩阵，进一步分解的公式分别沿行向、列向求和，可得

$$Va' = \hat{V}BY = \underbrace{\underbrace{\hat{V}RY}_{V\_P} + \underbrace{\hat{V}(L-R)Y}_{V\_RVC}}_{V\_NVC} + \underbrace{\hat{V}LA^{F}BY}_{V\_GVC} \tag{4-27}$$

$$Y' = VB\hat{Y} = \underbrace{\underbrace{VR\hat{Y}}_{V\_P} + \underbrace{V(L-R)\hat{Y}}_{V\_RVC}}_{V\_NVC} + \underbrace{VLA^{F}B\hat{Y}}_{V\_GVC} \tag{4-28}$$

用 pTf 表示一国部门生产要素在价值链中的前向参与度，由此得出全球价值链前向参与度 pTf_GVC；用 pTb 表示任一国家部门生产要素

在价值链中的后向参与度，并分解为国内价值链后向参与度 pTb_NVC（包括省内价值链后向参与度 pTb_P、国内区域价值链后向参与度 pTb_RVC）和国内价值链后向参与度 pTb_GVC，那么

$$pTf = \underbrace{pTf\_P + pTf\_RVC}_{pTf\_NVC} + pTf\_GVC = \frac{V\_R}{Va'} + \frac{V\_RVC}{Va'} + \frac{V\_GVC}{Va'} \tag{4-29}$$

$$pTb = \underbrace{pTb\_P + pTb\_RVC}_{pTb\_NVC} + pTb\_GVC = \frac{Y\_P}{Y'} + \frac{Y\_RVC}{Y'} + \frac{Y\_GVC}{Y'} \tag{4-30}$$

式（4－29）和式（4－30）以矩阵形式包含了国内各地区细分部门的不同类型价值链参与度，通过对每一地区各部门不同类型价值链前向参与度按部门增加值份额进行加权处理，可以得到每一地区层面的不同类型价值链的前向参与度；通过对每一地区各部门不同类型价值链后向参与度按部门最终产品价值份额进行加权处理，可以得到每一地区层面的不同类型价值链的后向参与度。

二、数据来源

本部分数据来源于世界投入产出数据库（World Input－Output Database，WIOD）开发的世界投入产出表与中国科学院区域可持续发展分析与模拟重点实验室开发的区域间投入产出表，具体而言，本书将区域间投入产出表和世界投入产出表相结合，在 WIOT 中嵌入 CMRIOT。以 2012 年、2015 年、2017 年区域间投入产出表为基础，结合 WIOD 相应年度的世界投入产出表，对缺失数据采用等比例拆分方法进行平衡处理。

第四节　黄河流域省份制造业嵌入全球价值链现状

一、黄河流域制造业嵌入全球价值链的分工参与度及嵌入位置

（一）黄河流域制造业嵌入全球价值链的分工参与度

根据前文的增加值分解方法，构建嵌入式世界投入产出表，测算了2012年、2015年、2017年黄河流域9个省份21个部门全球价值链的前向参与度、后向参与度以及全球价值链参与指数和全球价值链位置指数。为便于分析，本书仅展示黄河流域2012年和2017年全球价值链参与度并进行对比分析。

由图4－9可知，黄河流域各省份表现出了一些共性的特征。从全球价值链参与指数来看，黄河流域各省份全球价值链参与度整体水平不高，全球价值链参与度平均在0.15左右；从地区差异来看，山东的全球价值链参与度较高，接近0.30，这说明，山东最终产品的生产过程更多地依赖进口中间品内含的国外生产要素的供给。山东依据其有利的地理位置，长期以来一直坚持对外开放，这些因素不断促进其自发地与国际市场接轨，并积极参与全球经济，加入全球价值链生产网络。

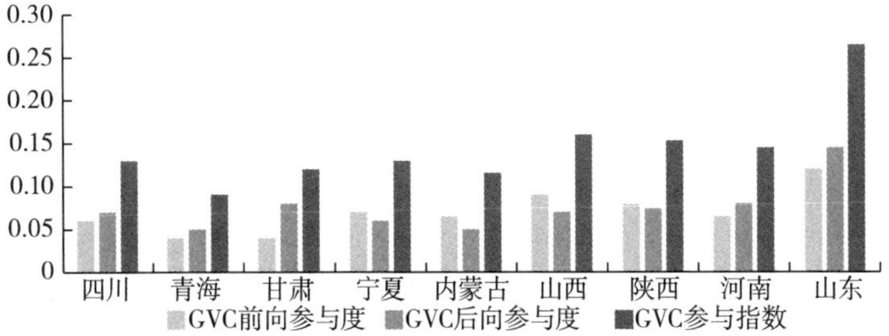

图4－9　2012年黄河流域全球价值链参与度

山东凭借着相对优越的地理位置和在长期对外开放中形成的观念以及经验，主动与国外对接，积极地融入经济全球化所形成的全球价值链生产网络。青海全球价值链参与度最低，其全球价值链参与指数不到0.10，这

可能是由于其地处西北内陆，与国外经济往来较少，开放性经济发展不足，较少融入全球价值链生产网络。以上分析结果也与黄河流域下游地区经济较发达，上游地区经济较不发达的现状相一致。

从全球价值链后向参与度来看，黄河流域各省份普遍不高，除山东外，其他省份全球价值链后向参与度均低于0.10，这表明黄河流域内各省份的最终产品生产所使用的增加值主要来自境内，国内比例较高，而国外的贡献比例相对较低。此外，各省份之间在全球价值链的后向参与度上存在显著差异，黄河流域下游地区如山东全球价值链后向参与度较高，而黄河流域中上游地区全球价值链后向参与度较低，其中内蒙古和青海全球价值链后向参与度最低，均为0.05。这说明黄河流域下游地区在生产过程中，相比黄河流域中上游地区来说，最终产品生产所使用的增加值大部分来自国外，而黄河流域中上游地区则主要来源于各省份内部。

如图4-10所示，从全球价值链参与度来看，相比2012年，除内蒙古外，黄河流域其他省份全球价值链参与度整体有一定程度的下降。这可能是由于世界市场持续低迷，其后向参与度也出现下降，又因国内产业结构再次调整，前向参与指数也出现小幅降低，供给侧方面的产业结构改革显著影响了黄河流域制造业参与全球生产网络的分工程度，这说明黄河流域省份更多地融入国内价值链生产网络中，与国内省份之间的联系较国外紧密。

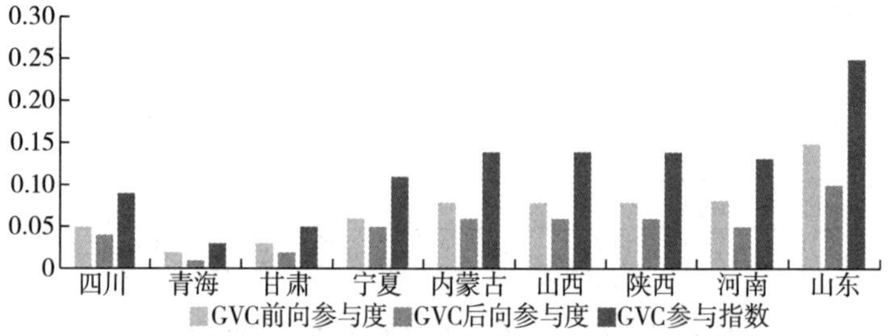

图4-10　2017年黄河流域全球价值链参与度

（二）黄河流域制造业嵌入全球价值链位置现状分析

对于嵌入全球价值链位置的测度，目前主要有三种测算方式：Hausmann（2005）提出的出口复杂度、Antràs（2012）设计的上游度指数和 Hummels（2001）提出的垂直专业化指数。但目前应用最多的属 Koopman（2008）在综合规避以上三种方法的弊端后提出的嵌入全球价值链位置指数（$GVC\_Position\ Index$），该指数对一国总出口中包含的国内和国外成分进行准确识别与度量，将一国出口总额按来源分解为不同的增值成分。该指数实质上是将一国参与国际贸易的中间品供给与使用比例的相对大小作为全球价值链上游、下游的判别标准。全球价值链位置指数计算公式如下：

$$GVC\_Position_{ir} = \ln(1 + \frac{IV_{ir}}{E_{ir}}) - \ln(1 + \frac{FV_{ir}}{E_{ir}}) \quad (4-31)$$

$GVC\_Position_{ir}$ 表示 r 国 i 产业在全球价值链分工中的位置，$\frac{IV_{ir}}{E_{ir}}$ 表示全球价值链前向参与度，$\frac{FV_{ir}}{E_{ir}}$ 表示全球价值链后向参与度。该指标数值越大，表示一国或一地区的某一产业越靠近全球价值链分工体系的上游位置；数值越小，表示一国或一地区的某一产业越靠近全球价值链分工体系的下游位置。利用世界投入产出表和 2012 年、2015 年、2017 年中国 30 个省（区、市）区域间投入产出表可以测算出黄河流域各省份全球价值链位置指数，如图 4－11 所示。

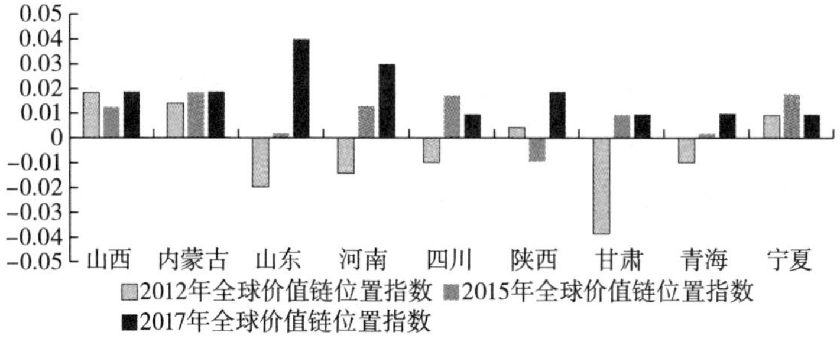

图 4－11　2012 年、2015 年、2017 年黄河流域制造业全球价值链位置指数

由图 4－11 可知，从发展趋势来看，除宁夏外，黄河流域其他省份制造业全球价值链位置指数均呈上升趋势，不断向全球生产网络体系的高端迈进，但全球价值链位置指数总体不够高。其中，攀升较为明显的是山东，由2012年的-0.02上升到2017年的0.04。内蒙古虽有一定提升，但不明显。从地区异质性来看，对比分析黄河流域全球价值链位置的空间变化，可以发现山东的全球价值链位置提升变化较大，其依托优越的地理位置，发展外向型经济，积极参与到全球生产网络中，在全球价值链中的位置大为提升，而黄河流域中上游地区发展制造业的基础设施相对不完善，向全球价值链高端攀升较慢。

分年份来看，2012年，黄河流域制造业全球价值链位置指数普遍在0.02以下，甘肃、河南、山东、四川、青海的全球价值链位置指数为负数，山西全球价值链位置指数最高（接近0.02），甘肃全球价值链位置指数最低（接近-0.04）；除山西外，2015年，黄河流域全球价值链位置指数有一定提升，山东、河南、四川、甘肃提升较大；2017年，与2012年相比，除宁夏外，黄河流域其他省份制造业全球价值链位置指数均实现一定增长，山东、甘肃、河南、四川、青海由靠近全球价值链分工体系的下游位置到接近全球价值链分工体系的上游位置。其中，山东增幅最大，其全球价值链位置指数为2017年黄河流域最高，甘肃全球价值链位置指数增幅仅次于山东省，由2012年的-0.04上升至2017的0.01。究其原因，一方面，近年来的供给侧结构性改革不会阻碍制造业的转型和国际分工细化的大趋势，经过一段时间调整后，黄河流域制造业在全球网络中的分工位置得到提升，价值链攀升的动力也更加强劲。另一方面，习近平总书记于2013年提出"一带一路"倡议，黄河流域省份依托"一带一路"倡议与中亚国家积极开展产能合作和贸易往来，将过剩产能转移出去，在全球生产网络中的位置不断攀升。

二、黄河流域制造业在全球价值链中的国内附加值竞争力

（一）*RCA* 指数与制造业的技术分类

采用显性比较优势（*RCA*）衡量制造业出口竞争力，基于省际投入

产出表增加值分解，借鉴苏庆义（2016）的方法测度 i 省 j 行业的 RCA 指数，计算公式为

$$RCA_{ij} = \frac{e_{ij}/e_i}{E_j/E} \tag{4-32}$$

其中，e_{ij} 代表 i 省 j 行业的增加值出口，e_i 代表 i 省的增加值出口，E_j 表示国家层面 j 行业的增加值出口，E 代表全国的增加值出口。

参考经济合作与发展组织对制造业的研发密度的分类，选取 TiVA 数据库中 12 大门类制造业行业，并将其划分为低技术（LL）、中低技术（ML）、中高技术（MH）和高技术（HH）四个技术层次，如表 4-9 所示。其中，低技术制造业包括食品、饮料及烟草业，纺织品、皮革及制鞋业，纸、木材制品及印刷业；中低技术制造业包括橡胶塑料制品业、石油加工及印刷业、非金属矿制品业、其他制造业及回收加工业；中高技术制造业包括化学及化工业、机械设备制造业、运输设备制造业、金属制品业；高技术制造业包括电子和光学仪器制造业。

表 4-9 制造业产业代码名称及技术分类

分类代码	产业名称	技术分类
C15、T16	食品、饮料及烟草业	低技术
C17、T19	纺织品、皮革及制鞋业	低技术
C20、T22	纸、木材制品及印刷业	低技术
C23	石油加工及印刷业	中低技术
C24	化学及化工业	中高技术
C25	橡胶塑料制品业	中低技术
C26	非金属矿制品业	中低技术
C27、T28	金属制品业	中高技术
C29	机械设备制造业	中高技术
C30、T33	电子和光学仪器制造业	高技术
C34、T35	运输设备制造业	中高技术
C36、T37	其他制造业及回收加工业	中低技术

（二）黄河流域省份制造业国内附加值竞争力分析

黄河流域各省份具有代表性制造业产业的 2012 年、2015 年、2017 年 3 年平均 $\overline{RCA}$ 指数测算结果如表 4 - 10 所示。

表 4 - 10　黄河流域各省份代表性制造业产业的比较优势

省份	食品和烟草业	纺织品业	金属制品业	非金属矿物制品业	交通运输设备业	通信设备、计算机和其他电子设备业
四川	1.559	0.729	0.910	1.222	0.679	2.149
青海	0.321	0.241	0.027	4.434	0.029	0.003
甘肃	0.807	0.092	0.532	1.137	0.022	0.103
宁夏	0.848	1.236	0.359	0.999	0.127	0.001
内蒙古	0.760	0.392	0.576	0.522	0.251	0.014
山西	0.155	0.015	0.100	0.462	0.168	0.288
陕西	1.346	0.433	0.401	0.866	1.199	0.439
河南	1.643	0.951	0.643	3.035	0.406	1.050
山东	2.125	1.809	0.658	0.792	0.578	0.175

由表 4 - 10 可知，食品和烟草行业具有比较优势的省份是山东、河南、四川和陕西；纺织品行业具有比较优势的省份是山东和宁夏；非金属矿物制品行业具有比较优势的省份是青海、河南、四川和甘肃；交通运输设备行业具有比较优势的省份是陕西；通信设备、计算机和其他电子设备行业具有比较优势的省份是河南、四川。

结合表 4 - 9 和表 4 - 10 可知，黄河流域低技术制造业在国际市场具有较强的国内附加值竞争力，山东在食品和烟草行业的国内附加值竞争力最强，为 2.125，但其整体竞争能力还不够强。低技术制造业以劳动和资源密集型产业为主，其科技含量极低。黄河流域省份如河南、山东等具有劳动力优势，低技术制造业国内附加值竞争力强。中低技术的国内附加值竞争力不够强，其大多是依靠某一省份能源资源发展的中低端制造业，如金属制品业。黄河流域能源矿产资源丰富，但人均拥有量和利用率不是很高，故该类产业的国内附加值在全球市场表现为一定的竞争力优势，且大多产品以初级产品和中间产品的形式出现。高技术制造业表现出较强的国内附加值竞争力，在全球价值链分工中具有一定的竞争力优势。

三、黄河流域省份制造业全球价值链攀升的影响因素

（一）地理探测器模型

地理探测器（GeoDetector）是一种探测空间影响因子、度量和利用空间分异特征的有力工具，能够解决空间统计学中空间分异性探测及其背后驱动作用分析缺乏的问题，其不仅在模型建立等过程中受到假设条件制约较少，而且在探测变量间交互作用时不受限于计量经济学中预先设定的乘性交互。因此，地理探测器比一般统计量具有更强的势（Power），现已在社会科学、自然科学、环境科学和人类健康等多领域得到广泛运用，其具体模型为

$$q = 1 - \frac{1}{N\sigma^2}\sum_{h=1}^{l} N_h \sigma_h^2 \tag{4-33}$$

式（4-33）中，q 值代表影响因子 X 对全球价值链地位的解释力；h 为变量 X 的分层；N_h 和 N 分别为层 h 和全区的单元数；σ_h^2 和 σ^2 分别为层 h 和全区的方差；q 的值域为［0，1］，q 值越大代表自变量 X 对因变量的影响作用越强，反之同理。交互探测器则能够评估不同自变量对因变量的交互作用，即分析影响因子 X_1 和 X_2 对因变量 Y 的共同作用是否相互独立，或二者共同作用能否增强或减弱对因变量 Y 的解释力，通过两两交互作用形成的新 q 值判断二者共同作用类型及解释力强弱。

（二）黄河流域制造业全球价值链驱动因子分析

笔者将黄河流域制造业全球价值链地位指数的驱动因素分为创新驱动、内力驱动、外源驱动、资源驱动、人才驱动，通过查找 2012 年、2015 年、2017 年黄河流域各省份的统计年鉴，运用 GeoDetector 中的因子探测器

检验各驱动因素对黄河流域全球价值链攀升的空间分异的解释力 q 值，结果表明2012年、2015年、2017年探测因子均在0.05水平上显著，结果如表4-11所示。

表4-11 黄河流域制造业全球价值链驱动因子探测结果

驱动力	驱动因素	指标	2012年	2015年	2017年	总和
创新驱动	科技投入	规模以上工业企业R&D经费	0.548	0.300	0.813	1.661
内力驱动	经济发展	人均GDP	0.461	0.188	0.412	1.061
	工业规模	工业增加值	0.291	0.188	0.869	1.348
	产业协调	产业结构合理化	0.849	0.231	0.818	1.898
	产业升级	产业结构高级化	0.297	0.412	0.856	1.565
外源驱动	吸引外资	外商投资企业投资总额	0.516	0.329	0.812	1.657
	对外出口	制造业出口总额	0.892	0.392	0.399	1.683
资源驱动	工业用水消耗	工业用水总量	0.172	0.408	0.813	1.393
人才驱动	人力资本	制造业城镇单位就业人员	0.395	0.172	0.859	1.426

由表4-11可知，对黄河流域总体而言，不同因素对黄河流域全球价值链攀升的影响具有显著异质性。分时点来看，三时点驱动作用最高和最低的因子分别为2012年对外出口驱动力、2012年工业用水消耗驱动力及2015年人力资本驱动力。总的来看，驱动作用较大的驱动因子从高到低依次为产业协调、对外出口、科技投入、吸引外资、产业升级；驱动作用较小的驱动因子从低到高依次为经济发展、工业规模、工业用水消耗、人力资本。从整个研究时段来看，经济发展、对外出口驱动作用下降较明显，工业用水消耗、人力资本、科技投入等驱动作用呈上升状态，进一步来看可以发现以下几个特征。

第一，内力驱动作用在研究期上升较快。尤其是产业协调，为各驱动因素最高，达1.898。而经济发展驱动作用有一定下降，这在一定程度上源于随着我国经济进入高质量发展阶段，地方政府不再单纯追求GDP高速增长，故经济发展驱动作用逐渐减弱，产业协调驱动作用逐渐增强。随着黄河流域产业结构的不断升级，黄河流域制造业国际竞争力不断提升，其在全球价值链生产网络中的位置也不断攀升。

第二，创新驱动作用呈上升趋势。这反映了近年来越来越重视科技创新发展，加大科技投入，将技术转化为现实生产力的速度不断加快，促进以新产业、新业态、新模式为代表的“三新”经济迅速发展。科技创新为制造业转型升级提供技术支持，推动以新材料、新能源汽车等为代表的新兴制造业的发展，尤其是西安市近年来新能源汽车迅速发展，由此带来整个生产分工网络的革新，促进了陕西省在全球价值链中位置的提升。

第三，外源驱动作用呈上升趋势。观察表 4 - 11 可知，吸引外资对全球价值链攀升的驱动作用有一定提升，对外出口的驱动作用有一定下降。2012 年以来，我国越来越注重扩大内需，依托于我国人口规模优势，发掘内需潜力，降低了对外需的依赖性，因此对外出口的驱动作用有一定下降；同时，营商环境不断优化，加大了吸引外商投资的力度，从而吸引外资的驱动作用有一定提升。

第四，资源驱动和人才驱动作用处于较低水平，但整体均呈上升趋势。一方面，黄河流域因产业结构特性，有诸多老工业基地，工业用水量居多，存在水资源不足的问题，因此资源驱动对黄河流域制造业全球价值链攀升的作用不是很明显。另一方面，人力资本驱动作用上升较快，说明黄河流域省份近年来重视培育和开发高技能领军人才，切实加快发展方式绿色转型和激发人才创新活力，这不仅使人力资本在经济发展中的作用不断上升，还在一定程度上推动了制造业向全球价值链高端迈进。

第五章　黄河流域制造业双重价值链形成与地位演变

本书的第三章从指标结构维度、地区结构维度以及生产非一体化指数三个方面系统地分析了黄河流域制造业国内价值链嵌入特征。第四章则从制造业分工现状、产业转型差异两部分对比分析了黄河流域和东部地区制造业全球价值链攀升的产业基础，以此来探讨黄河流域制造业全球价值链地位的变迁。在全球生产分工体系和国内区域经济一体化进程加速的背景下，一个省级区域制造业实际上面临着全球价值链和国内价值链的双重嵌入。在前文单一价值链研究的基础上，本章进一步测算了区域双重价值链的匹配程度。本章选取匹配紧密度和匹配高度，作为衡量黄河流域制造业双重价值链匹配度的两个关键指标，从而分析出黄河流域制造业在双重价值链中的比较优势，并进一步探讨了制造业向价值链高端提升的可能性与可实现性。

第一节　双重价值链的理论意涵与互动机理

一、双重价值链的理论意涵

20 世纪 80 年代以来，以全球价值链分工为特征的新型国际分工体系逐渐形成，经历了近 40 年的持续发展时期。近年来，受中美经贸摩擦、新冠疫情、乌克兰危机等全球重大突发事件的接连冲击，既往的国际经贸秩序受到一定破坏，全球生产网络出现局部断裂，全球价值链重构的速度加快，中国制造业面临发达国家的高端封锁与后发国家的速度追赶的严峻挑战。在此背景下，党中央提出构建“以国内大循环为主体、国内国际双循环相互促进”的国内价值链战略，亟待加快双重价值链的对接和互动以应对国内外的双重挑战。制造业作为我国实体经济的主体，在新发展格局构建中具有重要作用。构建新发展格局的关键是畅通经济循环，我国制造业已经深度嵌入全球价值链，与世界生产体系有着复杂而广泛的产业关联，因而是打通生产体系堵点、确保产业关联畅通的关键领域。此外，我国制造业所需的许多核心设备、关键零部件、核心技术、知识产权等高端要素仍然需要外部供给，加强国内价值链与全球价值链的对接，进而有利于充分发挥国内巨大市场规模潜力和内需动力对我国制造业的支撑作用。这样做可以降低对外来进口中间品的依赖和国际市场波动风险，同时能够强化本土企业的高端竞争能力。进一步地，这种对接可以加强国内循环对国际循环的带动力、吸引力和支撑力，提高制造业加入全球价值链配置资源的效率，有效解决产业链、供应链“卡脖子”问题。

全球价值链是指产品或服务的生产过程在不同国家之间的分工和合作。在全球价值链中，企业层级关系和利益分配是核心问题。发达国家在高附加值环节中占据主导地位，能够主导利益的分配。而发展中国家通常从事低附加值环节，由于技术和资源的限制，它们在全球价值链中处于较为被动的地位，往往成为被“俘获”的对象。然而，发展中国家逐渐意识到，仅仅参与全球价值链并不能带来可持续的经济发展和提升自身竞争力。他们开始寻求摆脱对其他国家的依赖，通过掌握主导权和利益分配来推动自身的发展。因此，对于发展中国家而言，国内价值链本质上是全球价值链的特殊形式，是发展中国家基于国情为推动产业结构转型升级而探索出来的新的全球价值链分工形态。具体来说，当今的全球价值链网络是由多个发达国家的国内价值链条组成的，这些国内价值链在全球价值链中占据主导地位。从国家的角度来看，一个国家的国内价值链与全球价值链之间的关系，实际上就是一个国家的国内价值链与另一个国家的国内价值链之间的关系，是一种包容与被包容、合作与竞争的关系。因此，发展中国家国内价值链的构建一定要基于本土市场。这意味着发展中国家需要充分发挥本土市场的潜力，通过满足国内市场需求培育核心技术和自主品牌。随着国内市场的不断扩大和消费升级，发展中国家可以通过提供符合本土消费者需求的创新产品和服务获得竞争优势。这不仅有助于提高国内企业的创新能力和核心竞争力，也为其进军全球市场奠定了基础。同时，发展中国家也不能放弃国际市场，而是要逐步进军全球市场，占据全球价值链的核心环节。通过与国际企业合作、技术引进和创新，发展中国家可以逐步提高其在全球价值链中的地位和话语权。通过掌握价值链核心环节，发展中国家可以摆脱对外部的依赖，实现全球价值链和国内价值链的优势结合，促进区域产业结构的升级。

近年来，越来越多的研究关注到全球价值链与国内价值链的嵌套机制和关联效果。有学者认为，我国全球价值链嵌入与国内价值链存在割裂现象。张少军和刘志彪（2009）的研究结果显示，中国的国内价值链与全球价值链之间存在负相关关系。此外，Beverelli 等（2017）的研究指出，在生产分工碎片化和企业固定成本存在的情况下，国内价值链既可能成为本国产业后续进入全球价值链的垫脚石，也可能成为绊脚石。但大部分研究显示，全球价值链与国内价值链的互动对经济具有积极影响，这主要体现在以下两个方面。首先，它有助于缩小地区发展差距，促进区域协调发展。嵌入全球价值链的国内价值链分工有利于缩小地区发展差距（黎峰，2018）。面对不同地区参与全球价值链程度的差异所带来的技术水平差距扩大问题，加强国内价值链建设能够有效缩小这一差距，而传统的区际贸易则会放大对外贸易依赖差异造成的技术差距（邵朝对等，2019）。何雅兴等（2021）认为，相较于区域直接参与的传统贸易和单一全球价值链分工，采用单一国内价值链分工和国内价值链与全球价值链融合的双重分工能够有效避免分工过程中的“东向聚集”，在调动跨区域生产要素流动的基础上塑造有利于培育国内价值链的经济地理格局，实现经济发达的东部沿海地区与经济相对落后的中西部地区之间的协调联动。此外，参与全球价值链的分工会放大地区参与国内价值链分工时对区域经济周期协同的促进效应（邵朝对等，2019）。其次，双重价值链分工在促进经济增长方面呈现互补关系（盛斌等，2020）。一方面，参与国内价值链能增强全球价值链的经济增长效应。国内价值链的构建通过延长全球价值链的循环链条、提高全球价值链在国内的开放度充分盘活国内市场，为全球价值链的发展和经济增长提供了有力的支持。另一方面，参与全球价值链能增强国内价值链的经济增长效应。通过打破行政壁垒和保护主义，学习全球价值链的优势经验，以及与国际分工网络的迂回关联，国内价值链可以更有效地发挥资源整合、规模经济和投入产出关联效应，实现更加强大、有韧性的经济增长。

二、双重价值链互动的内在机理

就中国国内价值链和全球价值链而言，二者的关系是并行共存和互相嵌套的。中国作为一个发展中国家，在全球价值链中扮演着重要角色。在东南沿海和中西部地区，中药制造业价值链已形成较为完整的链条，这些价值链条不仅与国内企业相互配合，也与跨国公司形成了竞争和合作的关系。中国的中药制造业通过与全球价值链的对接，不断提升产品质量和技术水平，逐渐在国际市场中占据一席之地；中国的机械制造和汽车制造等行业通过加入全球价值链，逐渐形成了比较完备的价值链体系。中国的本土企业通过高端嵌入全球价值链，不断提升产品的附加值和竞争力。这种产业升级的过程，使中国的机械制造和汽车制造等行业在全球市场中获得了更大的份额。基于以上事实，本书采用马丹等（2021）提出的双重价值链意涵。一是各地区进口国外的原材料、零部件等中间产品，通过国内价值链进行生产和流通，从进口角度反映了各地区同时参加全球价值链和国内价值链的程度。二是各地区参与全球价值链而带动的国内价值链分工。这种情况下，生产的主要目的地是海外市场，通过国内分工体系对承接的海外订单进行转包和再加工，带动形成国内跨区域的生产流程，从出口角度反映了各地区同时参加全球价值链和国内价值链的程度。

在深度融入全球生产分工体系和国内区域经济一体化进程加速的背景下，国际分工和区域协作并存，一个省级区域制造业表现出既加入全球价值链又加入国内价值链的双重分工特征。省级区域制造业面临着一个重要任务：如何在双重价值链嵌入过程中取得优势，从而实现制造业的高质量发展。对于这个问题，本书提出了一个全新的分析框架，即将选取的匹配紧密度和匹配高度作为衡量区域制造业在双重价值链中匹配度的两个关键指标，从而分析出各省份制造业在双重价值链中的比较优势，进一步探讨制造业向价值链高端提升的可能性与可实现性。匹配紧密度是指一地区制造业在全球价值链和国内价值链中的融合程度，它反映了地区制造业在全球和国内两个价值链中的嵌入程度。匹配高度则是指地区制造业在全球价值链和国内价值链中的地位，反映了地区制造业在全球和国内两个价值链中的活动层次。通过比较各省份的匹配紧密度和匹配高度，明确各省份制造业在双重价值链中的比较优势。在成本和动力的差异基础上，根据不同产业的禀赋要求和生产要素的地区差异，找准各区域制造业在全球生产分工体系和国内生产分工体系中的目标定位，从而识别出各省份制造业是继续按照现有发达国家主导的价值链范式参与全球价值链分工，还是通过国内价值链重构建立起一套符合本地特色的有效攀升路径。对于那些在全球价值链中具有优势的地区，可以利用自身的区位优势、工业基础和政策扶持，与全球技术和创新体系进行对接，从而实现区域在全球价值链地位的攀升，进一步将习得的知识和技术运用于国内价值链，反哺国内价值链条。对于那些在国内价值链中具有优势的地区，则应该以瞄准国内市场为主，通过国内大循环巩固比较优势，提升产业整体稳定性和竞争优势。在此基础上，借助相应的国际区域协定和贸易安排（如《区域全面经济伙伴关系协定》、“一带一路”倡议等），推动国际性区域产品内分工体系的重构，并以国内价值链的提质升级促进全球价值链的优化扩展，最终实现我国制造业在全球价值链位势的整体提升。这条路径也是大势所趋，尤其是在全球经济不稳定、国际贸易频频受阻的背景下，拥有自主、独立、稳定的循环体系显得尤为重要，如图 5－1 所示。

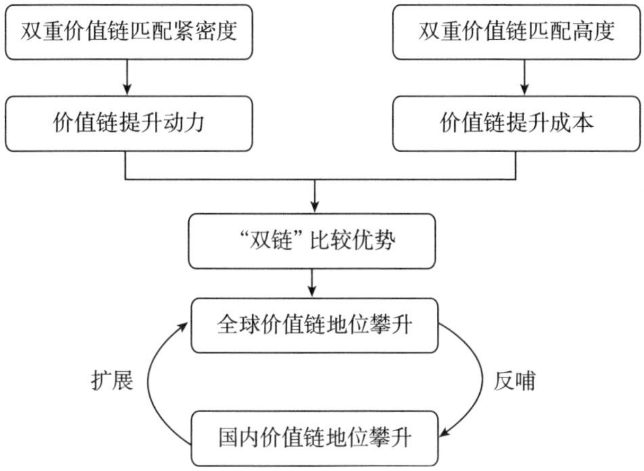

图 5 –1　区域双重价值链互动机理

第二节　双重价值链空间匹配度测算

在已有的理论框架基础上，接下来的工作是对区域双重价值链嵌入的测度。本书参考 Wang Zhi 和 Wei Shang Jin（2008）以及周密（2013）的研究方法，用出口商品结构相似度指数（Export Similarity Index，ESI）的原理作为理论框架，即以所要研究的区域与价值链高端参照区域的出口产品结构之间的差异来反映该区域与价值链高端的相对距离。出口相似度指数的构建方法如式（5 –1）所示。

$$ESI_{it} = \sum_{j=1}^{m} min(S_{ijt}, S_{rjt}) \quad (5-1)$$

其中，S 表示某一商品出口在出口总量中的比例，下标 i 表示所要研究的区域，下标 r 表示参照区域，j 表示出口种类，t 表示时间。ESI 的取值在 0 到 1 之间。当参照物处于价值链高端的区域时，ESI 越接近 1，说明该区域与参照区域的出口产品结构越相似，区域越靠近价值链的高端环节；反之，该区域在价值链中的地位越低（唐海燕、张会清，2009）。

产品内分工主要存在制造业部门中，因此我们以工业制成品出口结构的相似度指数反映某一省份所处的价值链位置，*ESI* 表达式中的 *S* 即为工业制成品的出口比例。我们对 HS 代码中的两位数编码制造业部分进行提取和整理，整理结果如表 5－1 所示。

表 5－1　工业制成品海关 HS 编码分类

海关 HS 编码	行业或产品名称
16～24	农副食品加工业；食品制造业；烟草制造业；酒、饮料和精制茶制造业
41～43、50～67	纺织业；纺织服装、服饰业；皮革、毛皮、羽毛（绒）及其制品和制鞋业
44～46	木材加工和木、竹、藤、棕、草制品业
94	家具制造业
47～49、95	造纸及纸制品业；印刷业；文教、美工、体育和娱乐用品制造业
27	石油、煤炭及其他燃料制造业
28、29、31～36、38	化工原料及化学制品制造业、化学纤维制造业
30	医药制造业
39、40	橡胶和塑料制品业
25、26、68～70	非金属矿物制品业
71～83	黑色金属冶炼和压延加工业、有色金属冶炼和压延加工业、金属制品业
84、85	通用设备制造业、专用设备制造业
87	汽车制造业
86、88、89	铁路、船舶、航空航天和其他运输设备制造业
90、91	电气机械和器材制造业；计算机、通信和其他电子设备制造业；仪器仪表制造业
96	其他制造业

为了建立双重价值链基准，我们需要构建两类指数。第一类可以反映全球价值链的指数，表示为 $\sqrt{ESI_w}$，其用所要研究区域与全球价值链高端的相对距离来度量。在该指数的建立中，本书从科技水平角度对参照区域进行选择，用发明专利拥有量衡量区域在价值链的位置。“微笑曲线”理论充分表明了知识产权在企业价值创造中的作用。“微笑曲线”显示处于

研发和营销阶段产业的附加值高，而研发和营销都与知识产权紧密相关，可以说正是专利、商标、商业秘密等知识产权，保护和提高了研发成果的价值，创造和增强了品牌营销的力量。因此，企业的专利越多，越有机会参与价值链的上游和顶端，从而获得更大的定价话语权和提升赚取更多利润的能力。可见，专利水平对企业参与全球价值链尤其重要。从科技水平来看，2010—2019 年，美国、德国、日本、韩国向 IP5 局［IP5 是指世界上的五大专利局，即美国专利商标局（USPTO）、欧洲专利局（EPO）、日本特许厅（JPO）、韩国知识产权局（KIPO）和黄河流域国家知识产权局（SIPO）］申请的专利数量一直处于 OECD 成员国的前 4 位，说明这 4 国的科技水平位于世界前列，相应处在全球价值链的高端环节，据此本书选择以美国、日本、德国、韩国 4 国为参照区域。为了保证全球价值链和国内价值链具有可比性与统一性，本书按照相同的原理构建第二类国内价值链指数，即 $\sqrt{ESI_n}$，以体现各省份与国内价值链高端的相对距离。按照 2017—2022 年专利申请的综合排名，本书选择广东、江苏、浙江三地为参照区域。在具体测算中，美国、日本、德国、韩国的出口结构数据来自 UN Comtrade 数据库；中国各省份制造业出口结构数据来自国研网国际贸易研究及决策支持系统。

当前，我国区域制造业双重价值链嵌入面临价值链攀升的成本高、价值链攀升动力机制不持续等问题。改革开放以来，我国积极主动融入全球价值链，东部沿海地区凭借廉价的劳动力和丰富的自然资源等初级生产要素成功嵌入全球价值链生产分工体系，但其低端的定位也引致中西部地区只能成为原料和劳动力的输出地，间接地嵌入全球价值链。要探讨我国区域制造业如何从价值链低端向高端攀升，不仅需要克服原有的低端锁定和路径依赖，降低向高端提升的成本（林毅夫，2012），例如，依托智能化信息化技术，实现人力、物力、财力等各类资源的优化配置，节省组织研发、设计、生产与销售以及品牌运营等各个分工环节的交易成本，以降低我国制造业参与全球价值链各个环节的成本；还需要提高向高端攀升的持续动力，从而解决制造业企业难嵌入的问题（柳卸林、陈傲，2012），通过科技改革激活创新潜力，建设区域合作机制减少省际行政限制，从而强化向价值链高端提升的持续动力。当综合考虑全球价值链与国内价值链时，如何通过两者链条关系的双重匹配和平衡解决提升成本与动力兼顾的问题呢？空间匹配指数从匹配紧密度与匹配高度两个方面给出了回答。第一，匹配紧密度。匹配关系包括平行匹配和紧密匹配两种。当匹配关系是平行匹配时，说明有一条链条在双重价值链中具有比较优势，向价值链高端提升的动力更强，攀升高端的可能性较大，需要综合利用其在双重价值链中的比较优势。其中，如果与全球价值链相比，国内价值链指标较高，则表示这些区域跨越价值链低端锁定已具备了国内能力，需要利用好国内能力向全球价值链拓展。反之，若全球价值链高于国内价值链，则意味着国内能力薄弱，相较而言，具有比较优势的是全球价值链，需要利用全球价值链提高国内发展能力。当匹配关系呈现紧密匹配时，说明双重价值链中的二者均不存在比较优势，价值链提升动力较弱，实现价值链提升的可能性较小。这种情况下，需要在双重价值链中构建和培育动态比较优势。对于中国这样的大经济体来说，各省份自然条件、要素禀赋和经济发展等方面千差万别，决定着各省份之间蕴含着巨大的贸易利得和分工利得，比较优势是获得潜在利得的现实基础（张少军、方玉文，2022）。第二，匹配高度。考察区域在价值链中的位置由匹配高度决定，匹配高度进而影响了考察区域向价值链高端提升的可能性。其中，当处于较低位置匹配时，意味着从当前位置向价值链高端位置提升的距离远、成本高，可实现性小；当处于较高位置匹配时，意味着当前位置离价值链高端距离近，从当前位置向价值链高端攀升的成本低，可实现性大。中国国内的制造业企业在转型升级的过程中必须突破低端锁定困境，由全球价值链低端节点向高端节点攀升，并需在嵌入全球价值链的高端生产环节后积极参与全球价值链分工体系的治理。

第三节　基于空间匹配指数的时空演进分析

根据双重价值链匹配度的分析框架，本书首先对中国 31 个省份 2002—2021 年双重价值链匹配的空间结构进行测算，获得中国价值链提升的四大区域。在此基础上，通过对行业价值链匹配指数与匹配高度的比较分析，得出黄河流域省份制造业在双重价值链中的地位及其演变特征。

一、空间匹配指数的时空演进分析——全国层面

根据匹配紧密度和匹配高度两个维度，我们将全国 31 个省份双重价值链匹配的空间结构划分为四种类型，分别为：类型 1，在较高的位置平行匹配；类型 2，在较高的位置紧密匹配；类型 3，在较低的位置平行匹配；类型 4，在较低的位置紧密匹配。接下来，我们对上述四种类型地区展开分析。

类型 1：在较高的位置平行匹配——提升成本低，提升动力强（如图 5 -2所示）。上海、天津、山东、广东、江苏、浙江、福建、北京（2016 年后趋于紧密匹配），这 8 个省份的双重价值链在较高的位置上平行匹配，国内价值链定位相对高于全球价值链定位。其中，在较高的位置匹配说明这些区域与价值链高端的区域比较近，向全球价值链高端攀升的成本较小。国内价值链定位高于全球价值链定位说明这些区域与国内参照目标的差距小于这些区域与国际参照目标的差距。这意味着这些区域跨越价值链低端锁定已经具备了国内能力，亟须面向全球市场，利用成熟的产业能力向全球价值链高端攀升。其中，通用设备制造业，专用设备制造业，电气机械和器材制造业，计算机、通信和其他电子设备制造业，仪器仪表制造业等高技术制造业行业最具国内优势，向全球价值链高端攀升的动力强。以广东为例，广东制造业从工业 2.0 到工业 4.0，从依靠“三来一补”的“岭南衣、粤家电”，到如今 5G、无人机、新能源汽车等领域并跑乃至

领跑世界，广东制造业不断在全球阵列中加速攀升。出口产品科技含量不断提升，2012—2021 年，广东机电产品出口年均增长 4.1%，占整体出口比重由 39.3% 提升至 42.3%；自有品牌产品出口占比由 2018 年的 17.0% 提升至 2021 年的 19.1%。《广东省制造业高质量发展“十四五”规划》指出，广东制造业正处于全球制造业第三阵列向第二阵列跃升阶段。

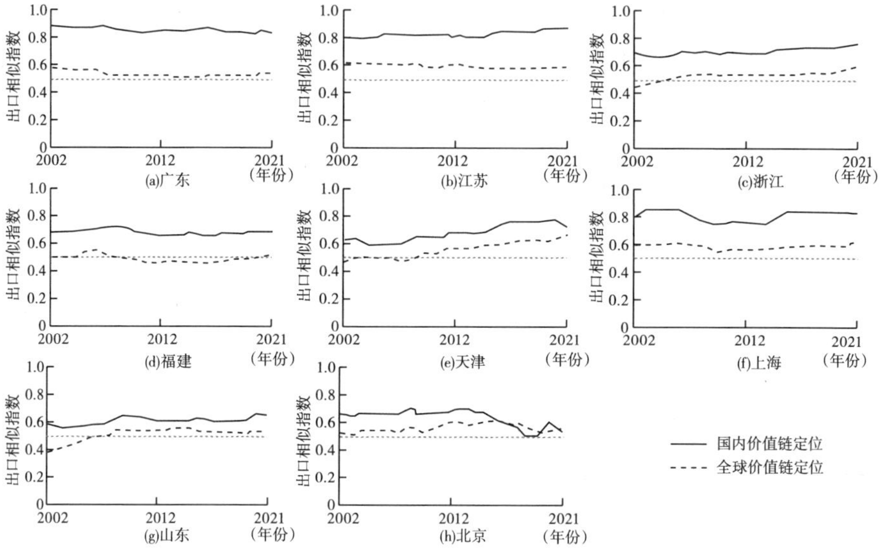

图 5-2　类型 1 的双重价值链匹配

类型 2：在较高的位置紧密匹配——提升成本低，提升动力弱（如图 5-3 所示）。这一类型包括四川、安徽、湖北、湖南、辽宁和重庆。这些省份呈现出在中高端位置紧密匹配的特点。其中，双重价值链处于中高端位置说明这些区域距离全球价值链的高端比较近，向高端提升的成本比较低。从双链匹配高度比较来看，该类型区域在全球价值链的定位较高，出口产品的类型、规模存在一定程度的相似性。从具体测度值来看，这些区域在食品加工、纺织、木材加工、家具制造、石油加工、金属制品及通用设备等领域具有产品结构优势。双重价值链呈现紧密匹配关系，说明这些区域与国内参照目标的差距和这些区域与国际参照目标的差距相当，比较优势并不明显，价值链提升的动力较小，亟须根据双重价值链特点构筑比较优势。究其原因，这些区域多为国家级产业转移示范区，它们受益于相邻发达省份的带动，主要承担产业转移任务，可以很好地消化产能。但是，由于自身技术创新能力不强，像“温水煮青蛙”一样，无法形成真正的创新驱动力。所以，这些区域在向全球价值链高端提升方面的动力相对较弱。但承接是一种手段，承接产业转移要发挥地区比较优势，以更好地发展。要在承接产业转移的基础上，把承接产业转移与引导资源优化配置结合起来，走好“科创＋产业”道路，实现在承接中创新，在创新中发展，打造多功能、全方位、高承载力的开放平台，从而实现向价值链高附加值环节攀升。

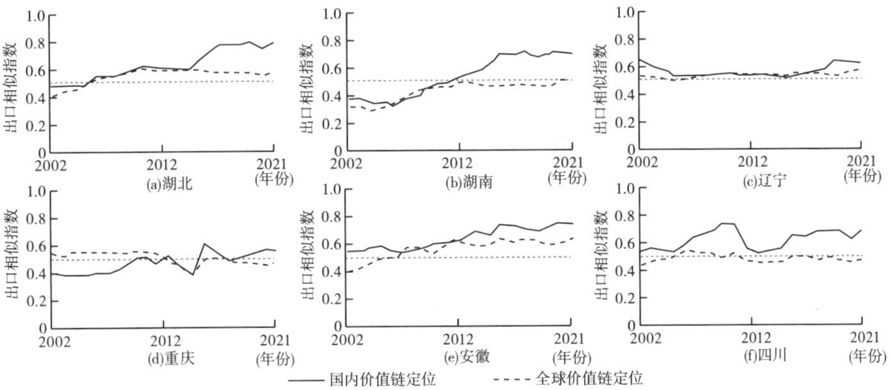

图 5－3　类型 2 的双重价值链匹配

类型 3：在较低的位置平行匹配——提升成本高，提升动力强（如图 5－4 所示）。这一类型包括陕西、山西、河南、江西、黑龙江、新疆和西藏。在低端位置上匹配，说明价值链提升成本高；平行匹配国内价值链定位低于全球价值链定位，说明这些区域与国内的差距大于与国际的差距，相比于国内羸弱的能力，全球价值链更具有比较优势；平行匹配国内价值链定位开始高于全球价值链定位，说明这些区域追赶国内区域且差距缩小，与全球价值链相比，国内价值链更具有比较优势。这类区域一般是被“俘获”和被低端锁定的典型代表，已经融入全球价值链，但是国内基础相对薄弱，虽然其国内价值链具有较强的提升动力，但是提升的成本高，提升的可实现性不大。2012年后，陕西、河南这些区域的国内价值链定位出现逆转，在更高的位置上高于全球价值链定位。究其原因，这些区域应是转变了发展战略，不拘泥于全球价值链定位的攀升，而是着重提升国内能力，可能的解释是“十二五”时期，一些被动嵌入全球价值链低端的中西部省份开始将重心放在国内价值链嵌入和提升上，力争在国内生产分工体系中找准自己的目标定位，嵌入国内价值链的中高端环节，其附加值提升效果显著。与此同时，重点在农副产品加工业，食品制造业，纺织业，纺织服装、鞋、帽制造业，皮革、毛皮、羽毛（绒）及其制品和制鞋业，化学原料及化学制品和制鞋制造业，医药制造业，非金属矿物制品业等具有基础的产业上进行拓展，再向全球价值链靠近。

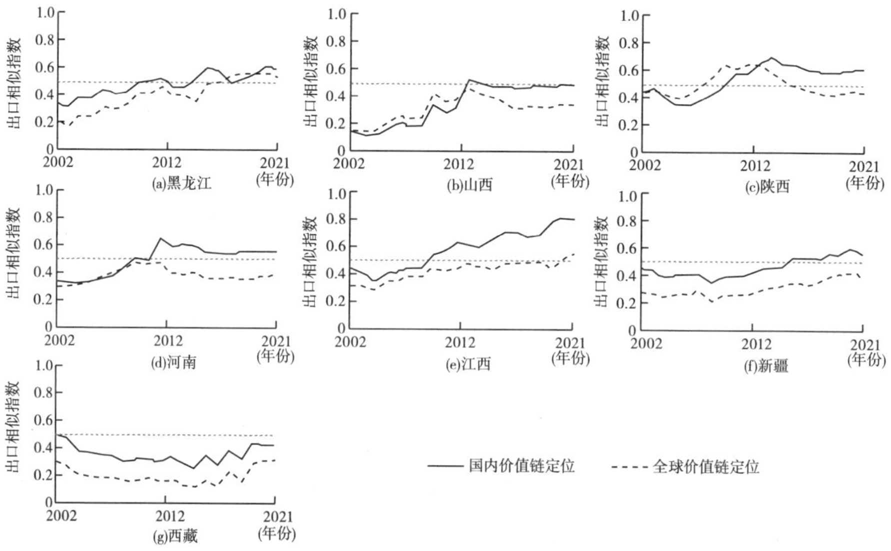

图5-4　类型3的双重价值链匹配

类型4：在较低的位置紧密匹配——提升成本高，提升动力弱（如图5-5所示）。这一类型包含内蒙古、吉林、宁夏、海南、青海和河北。从匹配位置上来看，这类区域位于价值链低端，向价值链高端攀升的成本较高；从匹配关系来看，国内价值链与全球价值链互相交错，比较优势不明显，向价值链高端攀升的动力不强。这类区域与本土发达区域相比经济基础较为薄弱，与全球发达区域相比，经济基础也存在一定差距，因此存在价值链提升成本高、提升动力弱的情况。这类区域既不能追逐全球价值链单纯从劳动密集型向资本密集型转变或横向扩大出口产品种类，也很难以本土发达区域为发展目标，追求向国内价值链高端攀升，故其应该立足自身的特色，找准在国内生产分工体系中的定位，如海南的农副产品加工业、内蒙古的农牧特色产业。顺应不同省份比较优势和竞争优势的变化趋势，注重差异化产业合作，鼓励省份间充分挖掘互补特性、清晰定位合作领域，塑造阶梯式产业升级网络，不断激发国内价值链活力。

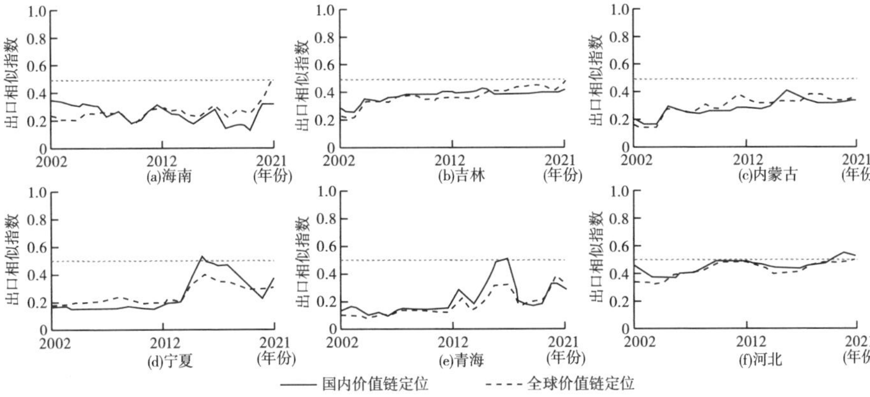

图 5－5　类型 4 的双重价值链匹配

二、双重价值链空间匹配指数的时空演进分析——流域层面

黄河流域自西向东横跨黄河流域北部地区，呈“几”字形流经青海、四川、甘肃、宁夏、内蒙古、陕西、山西、河南、山东 9 个省份，流域面积约为 79.5 万平方千米。无论是从人口数量还是从经济总量上看，黄河流域省份在我国经济社会发展中均占据着相当重要的地位，为稳定国内大循环提供了重要支撑。同时，黄河流域 9 个省份也是我国参与国际大循环的重要力量。2019 年 9 月 18 日，习近平总书记在黄河流域生态保护和高质量发展座谈会上强调，黄河流域是我国重要的生态屏障和重要的经济地带，是打赢脱贫攻坚战的重要区域，黄河流域生态保护和高质量发展，同

京津冀协同发展、长江经济带发展、粤港澳大湾区建设、长三角一体化发展一样，是重大国家战略。特殊的战略地位为黄河流域发展提供了新的历史机遇，给促进区域协调发展提供了有力支撑。为推动黄河流域省份进一步发展，厘清黄河流域省份制造业在双重价值链中的地位和演化趋势显得尤为重要。这是促进黄河流域的区域协调发展的关键一招，也是带动我国北方经济高质量发展的战略需要。

（一）黄河流域省份空间匹配指数的时空演进分析

1. 黄河流域省份在双重价值链构建过程中的地位

黄河流域是扩大内需、推动国内价值链构建的重要力量。2021 年底，黄河流域 9 个省份总人口 4.2 亿人，占全国总人口的 29.8%，平均人口密度为 117.69 人/平方千米。同期，黄河流域 GDP 总量为 286851.7 亿元，占全国 GDP 总量的 25.2%；全社会消费品零售总额为 102413 亿元，占全国社会消费品零售总额的 25.2%。黄河流域的黄淮海平原、汾渭平原、河套灌区是农产品主产区，2021 年全流域粮食产量为 23868 万吨，占全国粮食总产量的 35%；肉类产量为 2881.4 万吨，占全国肉类总产量的 32.1%。黄河流域的煤炭、石油、天然气和有色金属资源丰富，2022 年煤炭储量为 1377.8 亿吨，占全国煤炭总储量的 66.6%。可见，黄河流域具有巨大的市场待开发空间和消费潜能，其又被称为“能源流域”，是我国重要的能源、化工、原材料和基础工业基地，对于刺激内需、拓展国内市场具有重要的带动作用。

黄河流域是参与“一带一路”建设，参与全球价值链的重要载体。在“一带一路”六大经济合作走廊中，多条通道都从黄河流域穿过。融入“一带一路”建设后，黄河流域对外投资总额逐步上升，“走出去”规模逐步扩大。2022 年，黄河流域对“一带一路”沿线国家进出口总额为 19368.5 亿元，占全国“一带一路”进出口总额的 14%；除山西外，其他各省份均实现了“一带一路”进出口总额的同比增长，其中青海增长 58.8%、陕西增长 41.3%、山东增长 38.0%、内蒙古增长 29.6%、宁夏增长25.7%、甘肃增长23.8%。黄河流域通过积极培育新业态、开发新模式，实现与“一带一路”沿线国家经贸合作持续深化；不断创新对外投资方式，使国际产能合作实现有效增长；同时，推进与“一带一路”沿线国家基础设施合作，扩大对外承包工程收益。黄河流域城市的开放协作和陆海港口联动对我国构建东西双向互济、陆海内外联动的开放发展格局具有重大推动作用。

2. 黄河流域省份双重价值链空间匹配指数测算及结果分析

匹配紧密度和匹配高度决定了黄河流域各区域向高端价值链提升的可能性与可行性，并根据成本和动力差异形成了四大区域新的组合模式（如图5-6所示）。如果单独考察黄河流域9个省份，我们发现山东和四川处于较高水平，分别采用平行匹配和紧密匹配模式；山西、陕西、河南和甘肃处于较低水平，采用平行匹配模式；内蒙古、青海和宁夏处于较低水平，采用紧密匹配模式。可以看出，黄河流域各省份内部双重价值链形成的价值链起点差异很大，除山东和四川属于类型1和类型2外，大多数省份属于类型3和类型4，面临价值链提升成本高的问题。从时间变化来看，2002年，山东、四川两省的制造业在国内价值链和全球价值链中的嵌入程度相对较高，其次是陕西和河南两省。山东主要依托黄河下游地区相对优越的地理位置，在资源引进和技术创新方面具有明显优势。四川作为西部主要的制造业大省，利用自身资源条件和发展优势，其制造业综合竞争力相对于其他西部省份来说较高。陕西是我国资源大省之一，丰富的煤炭资源为当地制造业发展带来较大的经济效益。河南人力资源优势明显，人口红利促进了劳动密集型产业迅速发展。在其他5个省份中，甘肃制造业起步较晚，其生产水平相对其他地区来说较为落后；青海价值链定位最低，原因在于该地区在制造业发展过程中，资本和劳动力投入相对较少，规模和技术因素的驱动力不足。2012年是“十二五”期间一个重要的过渡年份。得益于国家政策，黄河流域各地的制造业整体发展水平得到一定程度的提升，双重价值链比较优势也出现一定程度的转变。其中，陕西、河南、甘肃和宁夏开始重点发展国内市场，这些省份在国内价值链中的地位开始攀升，并且高于全球价值链定位。在这之后的几年，黄河流域各省份在全球价值链和国内价值链定位上，呈现出由地理位置和资源条件决定的明显区域特征，并积极发挥各自比较优势，参与国内、国际两级制造业分工。沿海的山东作为传统制造业基地，在全球价值链上主要发展出口导向型制造业，如成套设备、汽车及零部件等产业。同时面向国内大市场，发展食品、化工、家电等产业。河南部分地区也成为出口加工基地，发展电子信息和家电产业出口，但总体上以面向中西部大市场为主，发展食品、纺织服装等民生类制造业。四川部分地区成为电子信息和装备制造业的出口基地，国内主要发展面向西南大市场的食品、家电等产业。内蒙古和陕西等地区利用自身资源优势，在全球价值链上出口钢铁、化工等资源深加工产品；同时面向北方和西北大市场，发展食品、建材等民生类产业。甘肃通过兰新经济技术开发区等平台参与全球制造业分工，国内主要发展面向西北地区的食品、建材等产业。青海和宁夏两地主要面向西北地区市场，发展食品、纺织服装、建材等民生类产业。

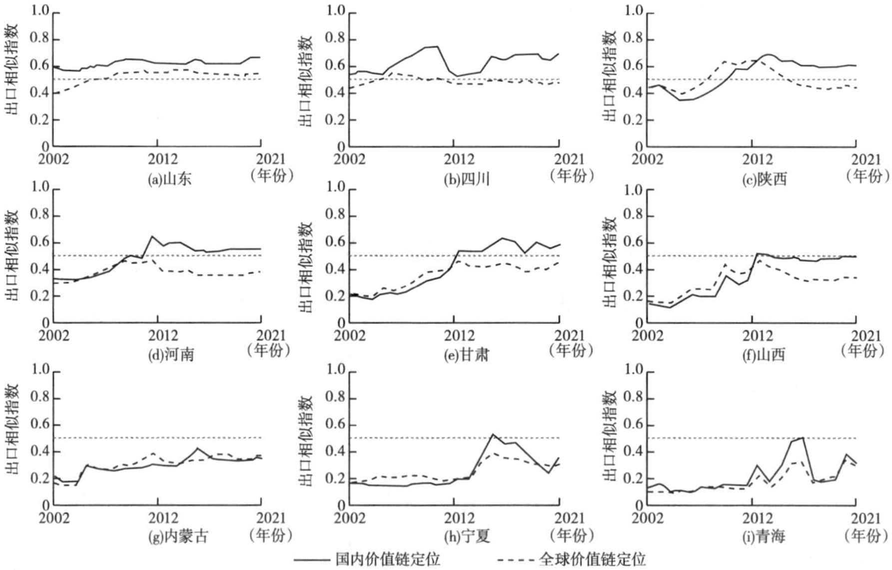

图5-6 黄河流域省份双重价值链匹配

基于匹配紧密度和匹配高度，我们分析出黄河流域省份制造业在双重价值链嵌入过程中存在的问题，发现产业结构趋同、创新动力不足、技术优势薄弱是制约黄河流域制造业高质量嵌入双重价值链的重大“瓶颈”，具体如下。

第一，全球价值链地位提升缓慢，面临被“低端锁定”风险。近些年，黄河流域的进出口总额和实际利用外商投资额呈明显上升趋势，但与长三角地区相比仍存在较大差距。2021 年，黄河流域的进出口总额达到了 55999.3 亿元，占全国总量的 14.3%，但仍低于长三角地区 21.8 个百分点。同时，黄河流域的外商投资总额为 24016.3 亿美元，占全国总量的 13.4%，低于长三角地区 6.9 个百分点。此外，黄河流域各省份参与“一带一路”建设的规模和水平也存在差距。2021 年，黄河流域对“一带一路”沿线国家的进出口总额达到 19368.5 亿元，占全国“一带一路”进出口总额的 14%。在黄河流域的各个省份中，山东参与程度最高，其对“一带一路”沿线国家的进出口总额达到 9391 亿元，同比增长 41%。陕西的进出口总额为 810.2 亿元，同比增长 28.2%；河南的进出口总额为 1825.4 亿元，同比增长 16.4%；山西的进出口总额为 495.7 亿元，同比增长 43.2%；内蒙古的进出口总额为 717.3 亿元，同比增长 13.2%；宁夏的进出口总额为 67.00 亿元，同比增长 71.5%；青海的进出口总额为 9.3 亿元，同比增长 36.6%；甘肃的进出口总额为 224.4 亿元，同比增长 30.5%。尽管有这些积极增长的数据，但总体而言，黄河流域参与“一带一路”建设的规模和水平仍与全国平均水平存在差距。

第二，科技研发水平较低，价值链攀升动力不足。2021 年，黄河流域 R&D 经费支出平均水平为 616.4 亿元，低于全国平均水平 31.7 个百分点；黄河流域 R&D 经费投入强度平均水平为 1.59 个百分点，低于全国平均水平 1.99 个百分点。根据中国科技发展战略研究小组、中国科学院大学中国创新创业管理研究中心联合发布的《中国区域创新能力评价报告 2022》，黄河流域只有山东（排名第 6）和陕西（排名第 9）位于前 10 名，其余 7 个省份的排名分别是四川（12）、河南（13）、青海（21）、山西（23）、宁夏（27）、甘肃（29）、内蒙古（30）。2021 年，黄河流域 R&D 经费内部支出占比如图 5－7 所示。2021 年，黄河流域专利申请数和授权数分别占全国总量的 18.3%、18.5%，其平均水平分别低于全国平均水平 36.5 个百分点、35.9 个百分点。从每 10 万人高等教育在校生数量来看，只有陕西、河南、山东 3 省高于全国平均水平。截至 2021 年末，黄河流域技术市场成交额平均水平为 812.5 亿元，低于全国 30%。可见，从整体来看，黄河流域研发投入少，创新平台少、创新产出水平低，高等教育水平相对落后，创新动力不足。

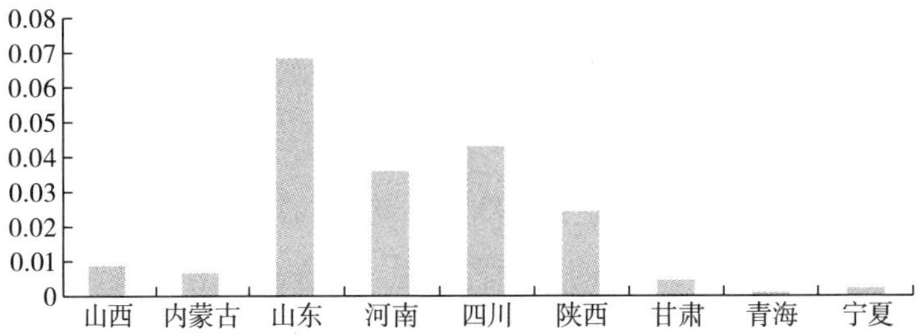

图 5－7　2021 年黄河流域 R&D 经费内部支出占比

第三，高技术行业仍无“链主”实力，国内价值链构建进程缓慢。产业结构层次偏低，重工业化特征明显。2021 年，黄河流域三产结构为 8.8∶41.4∶49.8，实现了“三二一”的产业分布，与全国产业结构平均水平（6.6∶39.5∶53.8）相比，第三产业比重仍旧较低，滞后于全国 4.0 个百分点；与长三角地区的三产结构（3.8∶40.6∶55.7）相比，第三产业滞后 5.9 个百分点。从内部结构来看，仅甘肃、四川的第二产业比重低于全国水平，其余 7 个省份的第二产业比重均高于全国水平，而宁夏、内蒙古、山西、陕西、河南的第二产业比重均超过 40%；黄河流域各省份的第三产业比重均低于全国平均水平，最低的是内蒙古，低于全国水平 10.3 个百分点（如图 5－8 所示）。再从 2021 年采矿业从业人数来看，全国为 344.8 万人，其中黄河流域 205.5 万人，占比为 59.6%。可以看出，目前黄河流域产业结构层次仍旧偏低，且资源型产业和传统制造业占据主导地位，高端服务业和现代服务业发育不够。通过分析中国制造业国内价值链分工现状，发现中低技术类制造业参与国内价值链的程度较高，而相比来说，高技术类行业参与国内价值链的程度较低。发达国家跨国公司在高技术类行业价值链高端环节展开激烈争夺与技术封锁，加之国内制造业研发能力薄弱、核心技术缺乏成为中国高技术制造业迈向价值链高端的重大障碍。发达国家跨国公司为捍卫其“链主”地位制定的技术封锁、品牌与营销网络控制等战略不利于中国国内价值链和地区产业链条的发展，中国本土制造业发展受到影响，关键技术进步、知名品牌塑造、营销网络培育进程较慢，阻碍了民族工业的快速成长。上述数据均来自2021年的《中国统计年鉴》、各个省份统计年鉴、各个省份国民经济和社会发展统计公报。

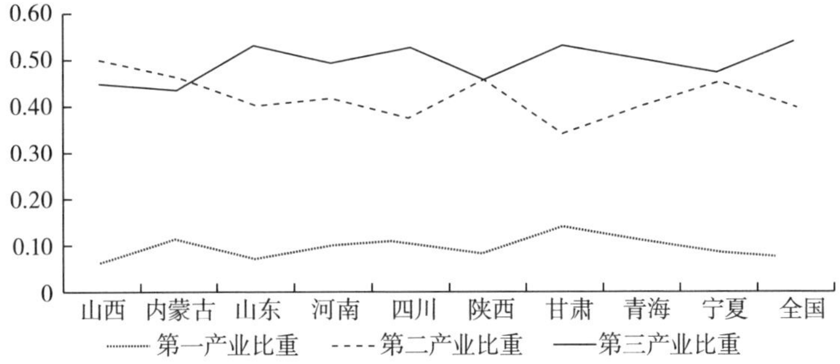

图5－8　2021年黄河流域三产结构占比

3. 黄河流域省份双重价值链升级的路径选择

基于双重价值链形成的现实起点，黄河流域不同省份应以不同的目标分类推进相关政策。类型1和类型2区域应主动参与国际市场，利用自身的区位优势、工业基础以及相关政策扶持，对接全球技术和创新网络；类型3和类型4区域应大力发展国内市场，更多地挖掘国内的待开发市场和寻找自身优势。类型1和类型2区域并不必然与类型3和类型4区域建立循环链条或产业转移，而是呈现各具特色的发展思路。具体来看，有如下基本方向。

对于山东而言，其在较高位置呈现平行匹配的特征，因为价值链升级成本少、动力高，所以山东需要参与国内价值链，实现从国内价值链向全球价值链高端的跨越，其成功跨越的特征是借助嵌入全球价值链催生的学习效应累计和本土价值链的延伸，将引入的知识、技术、资源等要素配置方式与本土市场、制度状况等相结合，通过市场结构的调整和开拓新兴市场、设计高收益的相关产业和高附加值的生产活动，获得更多的附加值，收敛于全球价值链的高端。具体来说，首先，要借助参与全球价值链带来的学习效应和技术积累扩展和强化本土价值链。例如，通过引进国外先进技术和管理模式，提升本土企业的技术水平和管理能力。其次，需要将引进的外国技术和知识结合山东本土的市场环境与制度条件进行重新配置，设计出更符合本地需求的产品和服务。同时通过调整产业结构，开拓一些新兴产业和市场，如发展高新技术和高附加值服务业。最后，要实现从传统低端制造向高端服务业的转型，通过提供更优质的服务获取更高的经济价值，最终将山东产业升级到全球价值链的高端位置。

对于四川而言，该省份提升动力不足且成本小，这类区域的发展方向在于强化提升动力。四川应该在其已有出口规模和结构的基础上，完成价值链条的升级。技术结构的调整是其升级的关键，即从生产环节向设计、研发与营销环节转变，通过发展更先进的生产线、提升产品的技术能力和创新水平、开拓国际市场网络等方式，以更高的技术、更优的质量和更强的品牌实现技术升级。具体来说，四川区域经济应重点调整产业技术结构，从原来主要依靠低成本生产向设计、研发和营销等高端服务转型。例如，鼓励企业引进更先进的生产设备和工艺，提升产品技术含量；加大对关键技术的研发投入，培育一批具有自主知识产权的产品；同时要注重产品设计，开发出更符合国际消费趋势的高端品牌。此外，四川还需要扩大国际市场网络，不断开拓出口新渠道，利用优质的自主品牌，提升产品在国际市场的知名度和竞争力；同时要与国外同行业进行技术交流及合作，吸收国际先进技术和管理经验。以此实现产业链条的真正升级，从原来依靠低成本优势，提升到以技术和品牌优势支撑区域经济发展。

对于山西、陕西、河南、甘肃而言，其提升成本高、提升动力强，这类区域的重点在于降低提升成本，实现国内市场拓展对链条的提升。这类区域还需要着眼于需求结构的调整，积极扩充自身的经济基础。可以参考发达地区的做法，充分挖掘国内市场和新兴需求领域的潜力，通过产品创新提高在国内市场的占有率。例如，可以更快地开发出符合国内消费者需求的新产品品种，推出功能更强、设计更优的新款产品，以此来抢占市场份额。同时要不断提升产品的档次水平，推出更多新功能特性来满足不断升级的消费需求。在经济基础还不够雄厚的情况下，这类地区应该先将重心放在国内高端产业链的发展上。将研发重点放在那些技术门槛较低，但国内市场需求较强的产品或技术上，通过不断优化产品占领国内高端市场。在经济实力和产业基础逐步壮大后，再逐步将视线转向国际市场，通过产品功能和质量的全面提升实现更高层次的产业链升级。以发展家电领域为例，一方面，要通过不断推出新型号、新功能的电视机、冰箱等家电产品，满足国内不同消费群体的个性化需求。另一方面，要注重产品设计和技术细节的完善，如推出更轻薄、更智能的家电抢占国内高端市场。等经济实力和家电产业规模足够壮大后，再逐步将重心转向出口，通过产品质量和技术的全面升级，打入国际高端市场，实现更高层次的产业链升级。总体来说，这类中西部地区实现产业链升级的重点是通过扩大国内市场规模来降低成本，同时注重需求导向的产品创新来提高市场占有率。先在国内高端领域实现升级，待基础足够雄厚后转战国际市场，通过迭代升级实现更高层次的产业升级。

对内蒙古、青海和宁夏三地来说，其提升成本较高且提升动力不足，该三省份的经济发展应以特色产品和产业为重点发展方向，从而实现产品价值链条的进一步攀升。其攀升的关键在于调整产品结构，寻求适合本区域条件的服务产品和服务产业类型，通过提供精细化和专业化的产品与服务，提高区域内价值链提升的空间。该三省份可以采取渐进式的提升路径，先升级产品或工艺水平，实现功能性升级，然后逐步升级整条产品价值链。例如，它们可以通过改进产品或工艺技术，提高产品功能，从而实现产品升级。随后，通过与上下游企业建立合作关系，形成产品整体设计、开发、生产和销售的价值链体系，实现价值链的升级。同时，还可以直接采取跨越式的提升路径，从产品或工艺水平入手，实现整条产品价值链的升级。例如，通过引进先进技术和管理模式，一步完成从产品设计到销售的全过程升级。这种路径可能需要较高的投入，但也能较快实现区域内产业链的提升。无论采取何种路径，这些地区的经济发展重点都在于通过产品和产业结构调整，寻找适合各自区域资源和条件的发展方向，实现产品价值链的升级，促进区域经济持续和均衡发展。

（二）黄河流域行业空间匹配指数的时空演进分析

1. 黄河流域制造业空间匹配指数的时空演进分析

如图5－9所示，黄河流域制造业在纺织服装，皮革和毛皮制品，非金属矿物制品，以及家具、木制品、造纸及印刷等行业上国内价值链定位高于全球价值链，这意味着这些行业在国内已经具备一定的成熟能力，需要利用好这一优势，通过产业升级向全球价值链高端转型。而在化工原料及化学制品、化学纤维，食品加工、烟草、酒、饮料，汽车，橡胶、塑料以及医药等行业，其在全球价值链上的定位高于国内价值链，说明这些行业国内能力相对薄弱，需要利用全球价值链来提升自身水平。可以看出，黄河流域的优势产业主要集中在劳动密集型和资源型产业。这部分产业需要通过技术升级和产品创新，将国内成熟技术和优质产品转化为全球竞争力，向高端转型。化工、食品、医药等产业，国内能力相对不足，需要通过引进国外技术和管理模式，吸收国际先进经验，加快产业发展步伐。未来可重点利用外资和技术，吸引国际知名企业将部分生产线迁入，通过技术学习和人员培训提升自身核心能力；同时要注重与国内相关行业如医疗机构的深度合作，促进产学研合作，共同推进产品研发和应用。

从时间变化来看，2002—2021年，黄河流域制造业在通用设备制造业、专用设备制造业，电气机械和器材制造业，计算机、通信和其他电子设备制造业，仪器仪表制造业，化工原料及化学制品制造业、化学纤维制造业，橡胶和塑料制品等的价值链定位呈明显上升的趋势。这在一定程度上表明黄河流域制造业在向价值链中高端转型。通用设备制造业是制造业中技术含量和附加值较高的行业，其发展代表着黄河流域整体制造能力不断提升。同时，专用设备制造业依托于下游用户需求，其发展也体现出黄河流域地区制造业在产业链上的深入。此外，电气机械和器材制造业，计算机、通信和其他电子设备制造业在黄河流域地区也呈快速增长趋势，这些行业属于新一代信息技术产业，其发展代表着黄河流域地区加快布局新

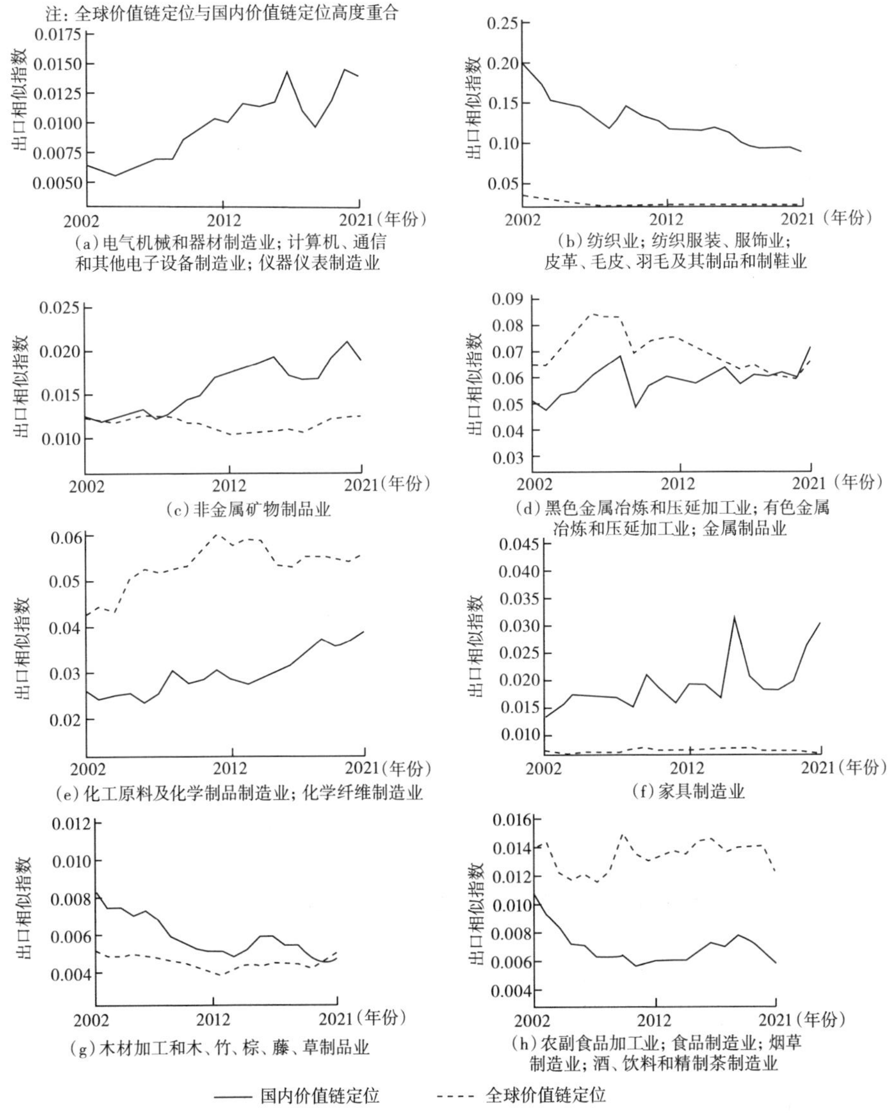

图 5－9　黄河流域制造业分行业双重价值链匹配

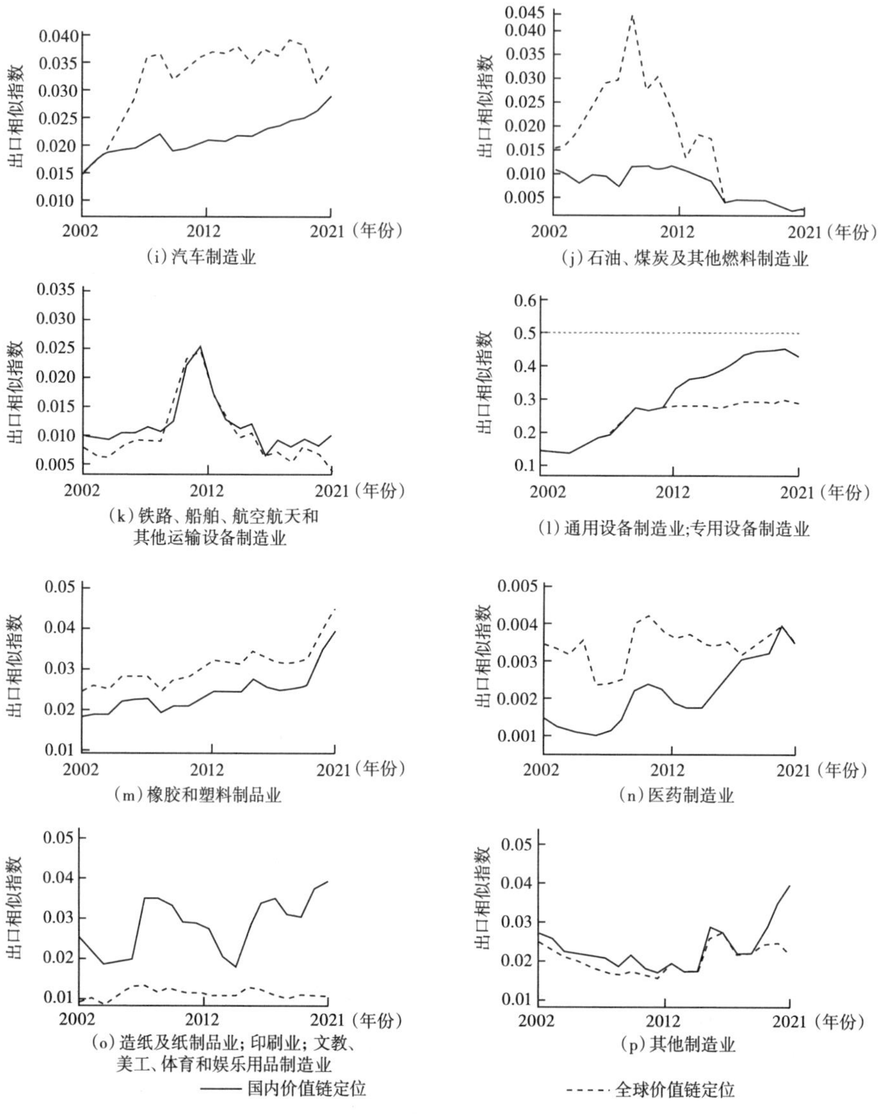

图5-9 黄河流域制造业分行业双重价值链匹配（续）

兴产业，与国际国内科技发展步伐同步。仪器仪表制造业、化工原料及化学制品制造业、化学纤维制造业等也在黄河流域地区获得较快发展，这表明该地区制造业在传统支柱产业方面也在不断优化升级。总体来看，2002—2021年，黄河流域地区制造业价值链结构向高附加值、高技术含量的方向优化升级，与国家“互联网+”“制造强国”发展战略相契合，这为黄河流域制造业持续健康发展奠定了坚实基础。

通过对黄河流域不同行业双重价值链空间匹配度的测算，我们更清楚地区分了黄河流域不同产业在双重价值链上的定位差异。第一类是国内价值链定位较高的产业。这类产业主要包括纺织服装业、皮革业、家具业等。这些产业利用黄河流域丰富的劳动力资源和原材料优势，在国内市场已形成一定规模。但从全球价值链来看，这些产业仍处于低端，主要承担加工制造环节。以纺织业为例，黄河流域企业主要生产成衣及日用纺织品，在设计、品牌等高端环节影响力有限。这类产业国内市场空间大，但需面临“低端锁定”问题。第二类是双重价值链定位相对平衡的产业。这类产业包括食品加工业、造纸业等。这些产业在国内已形成一定规模和竞争力，同时在全球价值链中排名中上游。但与发达国家相比，在技术和管理水平等方面还有差距。这类产业既需巩固国内市场，也需通过技术进步提升全球竞争力。第三类是国内价值链定位相对较低的产业。这类产业主要包括化工业、医药业等高新技术产业。这些产业需要依靠大量科技积累，国内相关技术和产业集群尚不完善。但从全球价值链来看，这些产业前景广阔，处于价值链的中高端。黄河流域在这类产业方面需通过引进并吸收国外技术，夯实国内产业基础。总体来看，黄河流域不同产业在国内外价值链定位上存在明显差异。这决定了各产业面临的机遇和挑战也不同。只有深入认识产业差异，才能为各产业提供定向的发展对策，促进黄河流域整体产业结构优化升级；只有把握好国内外两大市场，各产业才能实现更好发展。

对于黄河流域不同产业在国内外价值链上的定位差异，我们可以提出以下对策建议。一是国内价值链定位较高的产业，如纺织服装业等，应该重点面向国内市场深耕。这类产业利用我国劳动力优势发展起来，在国内市场规模已较大，但产品技术含量和附加值较低，主要停留在低端制造阶段。如果只依靠低成本输出，将难以形成核心竞争力，长期面临成本上升和低端锁定的风险。因此，这类产业应重点通过产业升级提升自身核心竞争力，如增加产品研发投入，开发出具有自主知识产权的新品种、新工艺；同时要注重品牌建设和渠道拓展，打造自有品牌，拓展高端市场。只有这样才能实现从低端制造向高端服务型产业转变，在国内市场实现可持续发展。二是国内外定位相对平衡的产业，如食品加工业，应同时重视国内外两大市场。这类产业既具备一定的国内规模，也在全球价值链上处于中上游位置。但与发达国家相比，在一些核心技术和管理水平上还有差距。因此，这类产业应同时重视技术研发和市场拓展两个方面。一方面要加大科研投入，开发出更高品质的产品，通过技术创新提升核心竞争力；另一方面要利用现有技术和管理优势，拓展出口市场，抓住区域合作等机遇，实现国内、国际两个市场的互补发展。只有这样才能最大限度发挥这类产业的潜力。三是国内价值链定位较低的产业，应重点面向全球市场。这类产业以高新技术产业为主，需要强有力的科技积累做支撑。但我国在相关领域技术实力和产业规模相对不足。因此，这类产业应重点通过国际合作和外资利用提升自身水平。一方面，可以引进国外成熟企业与研发机构建立合作平台，实现技术引进与转移；同时可以利用外资优势，建设一批高新技术产业基地。另一方面，要注重国内市场布局，通过产学研合作等方式推广应用先进技术，壮大国内需求。只有这样才能使这类产业快速成长，真正发挥其在国际产业分工中的地位优势。

2. 黄河流域各省份制造业空间匹配指数的时空演进分析

本书进一步测度了黄河流域各省份在不同行业上的空间匹配指数，结果如图 5 – 10 所示。观察图 5 – 10 可以看出，山东在纺织业、非金属矿物制品业以及通用设备和专用设备制造业等领域最具优势。四川在非金属矿物制品业、通用设备和专用设备制造业、黑色金属冶炼和压延加工业等领域表现突出。甘肃的非金属矿物制品业、家具制造业、橡胶和塑料制品业产品优势明显。山西的非金属矿物制品业、能源化工以及运输设备制造业国内优势显著。陕西在通用设备制造业有一定产品优势。河南在非金属矿物制品业和木制品业领域表现出色。内蒙古在木制品业和橡胶塑料业产品优势明显。青海和宁夏在非金属矿物制品业及家具制品业等也有一定产品优势。然而，黄河流域各省份优势产业同质化现象较为突出，大多数省份的优势产业均集中在装备制造业和传统能源化工领域。与此同时，西部地区工业产业层次整体偏低，主要停留在初级加工阶段，而技术含量较高的新兴产业相对匮乏。此外，区域内相关产业在技术标准、产品链条等方面协同程度有待提升。这就决定了黄河流域内部产业竞争力和协同能力的不足，限制了区域内产业链深度融合和升级的潜力。

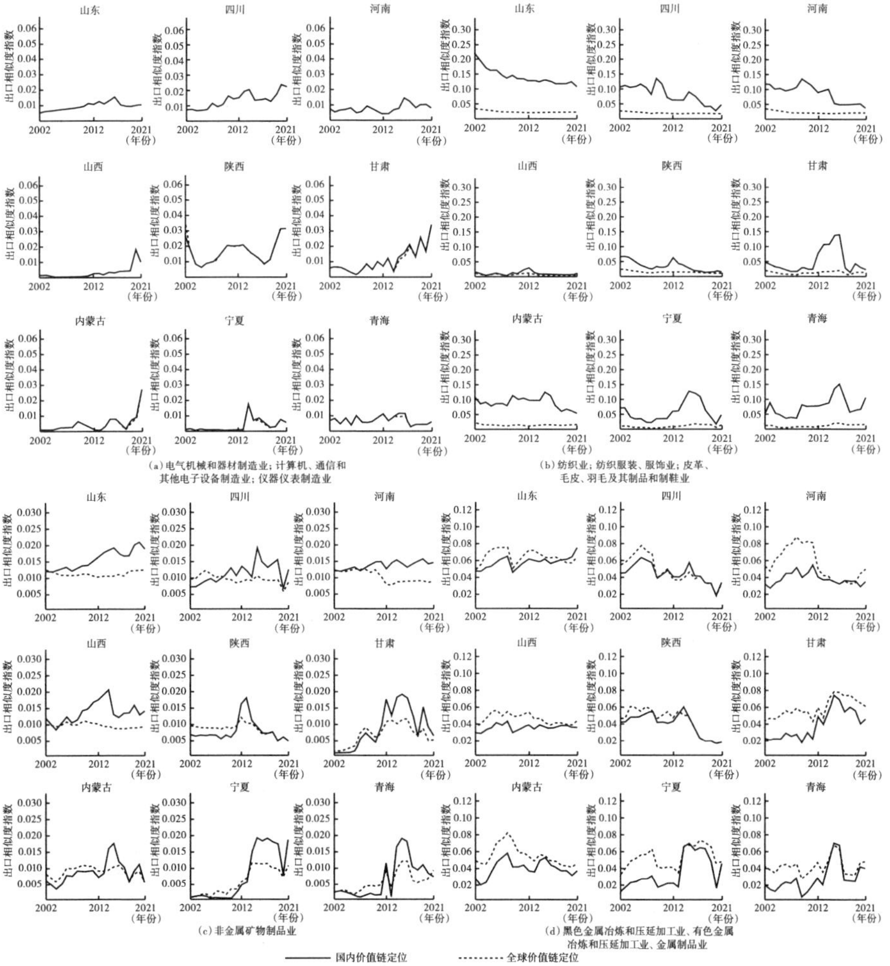

图5-10 黄河流域9个省份制造业分行业双重价值链匹配

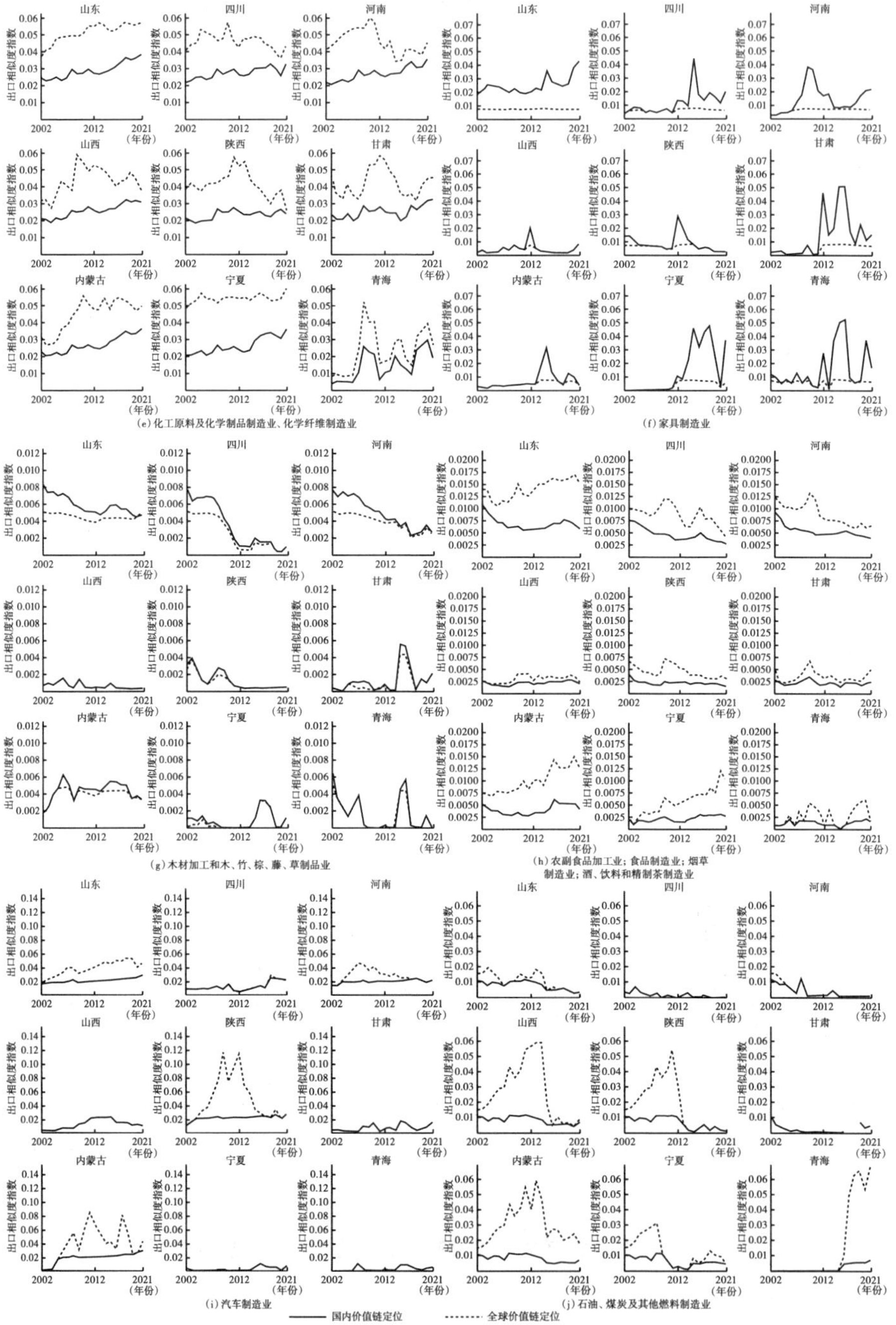

图 5-10 黄河流域 9 个省份制造业分行业双重价值链匹配（续 1）

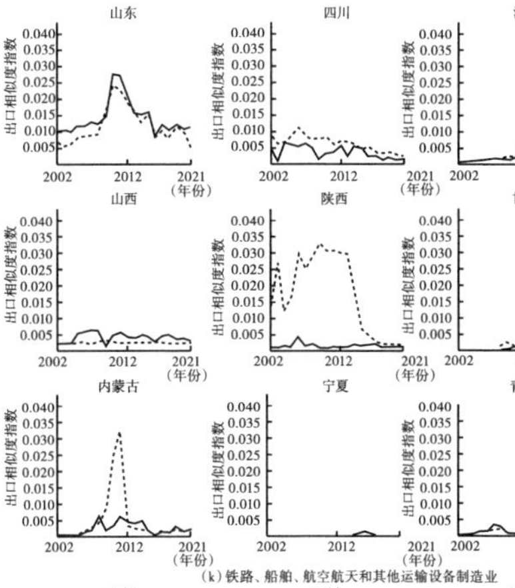

(k)铁路、船舶、航空航天和其他运输设备制造业

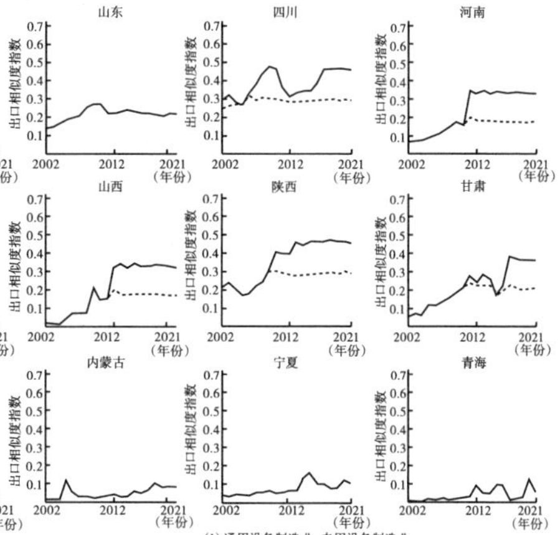

(l)通用设备制造业、专用设备制造业

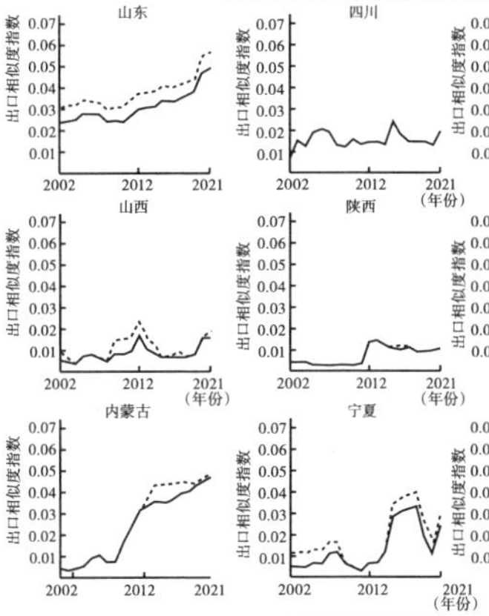

(m)橡胶和塑料制品业

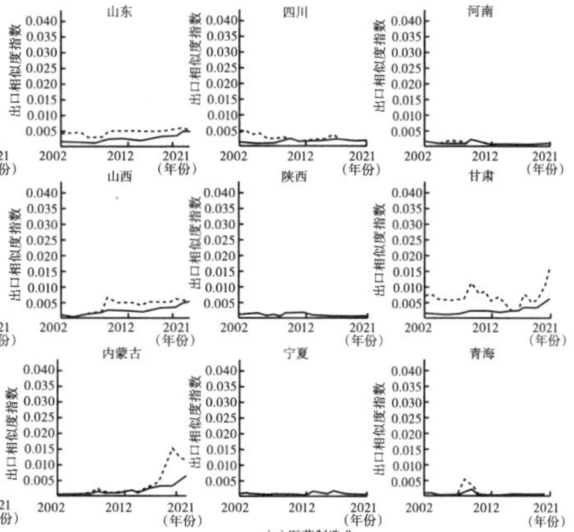

(n)医药制造业

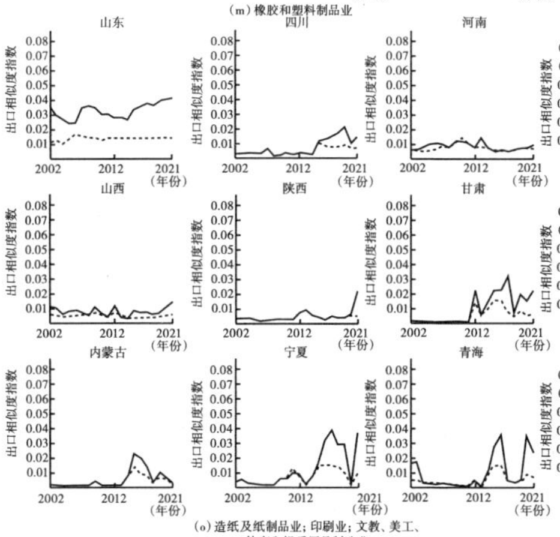

(o)造纸及纸制品业；印刷业；文教、美工、体育和娱乐用品制造业

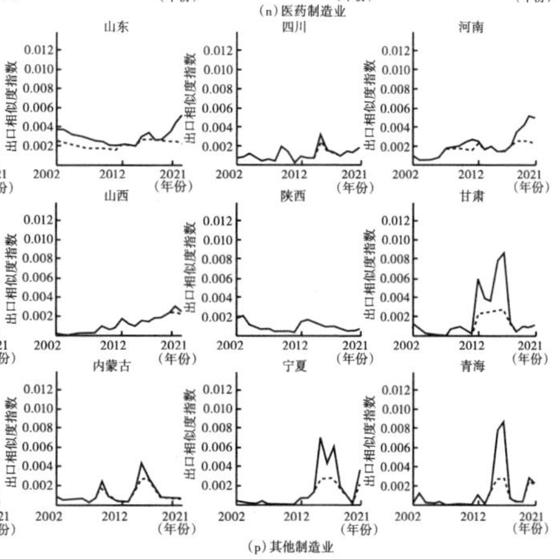

(p)其他制造业

—— 国内价值链定位　　------ 全球价值链定位

图5－10　黄河流域9个省份制造业分行业双重价值链匹配（续2）

从时间变化来看，2002—2012 年黄河流域制造业整体呈现出较为明显的增长趋势。2002 年，在黄河流域制造业行业中，纺织业，纺织服装、服饰业，皮革、毛皮、羽毛及其制品和制鞋业；黑色金属冶炼和压延加工业、有色金属冶炼和压延加工业、金属制品业；化工原料及化学制品制造业、化学纤维制造业；通用设备制造业、专用设备制造业等行业价值链嵌入程度较高，这四类产业的国内 ESI 测算值分别为 0.1323、0.0332、0.0212、0.0943。而木材加工和木、竹、棕、藤、草制品业，医药制造业，造纸及纸制品业，印刷业，文教、美工、体育和娱乐用品制造业等行业国内价值链嵌入程度较低。总体来看，黄河流域优势产业为石油加工、炼焦及核燃料加工业，化学纤维制造业，橡胶和塑料制品业，非金属矿物制品业，黑色金属冶炼及压延加工业、有色金属冶炼及压延加工业、金属制品业等一批资本密集型产业，该类制造业在 2005 年和 2021 年测算值始终位于前列，且增长幅度较为明显；农副食品加工业，食品制造业，木材加工及木、竹、藤、棕、草制品业，家具制造业，造纸及纸制品业，印刷业和记录媒介的复制、文教体育用品制造业等劳动密集型和技术密集型产业排名相对靠后，主要是由于黄河流域劳动密集型规模优势不显著；而技术密集型产业技术研发以及创新发展相对滞后，发展优势并不突出，亟须通过产业升级转型提升技术密集型产业在制造业发展中的竞争优势。

2012—2021 年，黄河流域制造业双重价值链嵌入地位总体呈平稳的增长趋势。2012 年，在黄河流域制造业行业中，通用设备制造业、专用设备制造业；纺织业，纺织服装、服饰业，皮革、毛皮、羽毛及其制品和制鞋业；非金属矿物制品业；黑色金属冶炼和压延加工业、有色金属冶炼和压延加工业、金属制品业；化工原料及化学制品制造业、化学纤维制造业，测算值分别为 0.2227、0.0963、0.01303、0.0448、0.0211。相对来说，木材加工和木、竹、棕、藤、草制品业，农副食品加工业、食品制造业、烟草制造业，酒、饮料和精制茶制造业，医药制造业，铁路、船舶、航空航天和其他运输设备制造业，电气机械和器材制造业，计算机、通信和其他电子设备制造业，仪器仪表制造业等行业测算值较低。2021 年，黄河流域行业测算值排名同2012年保持一致，通用设备制造业、专用设备制造业及橡胶和塑料制品业增长幅度较大，分别为0.2645、0.0256；而木材加工和木、竹、棕、藤、草制品业，农副食品加工业，食品制造业，烟草制造业，酒、饮料和精制茶制造业，医药制造业，铁路、船舶、航空航天和其他运输设备制造业，石油、煤炭及其他燃料制造业的增长幅度却很小，行业排名远落后于其他行业。整体来看，2012—2021年，资本密集型产业是黄河流域的优势产业，但技术密集型产业双重价值链测算值排名呈现上升趋势并超过劳动密集型产业，这说明近几年劳动密集型产业发展优势正在逐渐减弱，需要进一步转变行业发展模式以提高行业发展竞争力。

第四节　“双循环”背景下黄河流域制造业影响因素分析

为了更深入地研究黄河流域制造业参与国内外双重价值链的影响因素，本书选择采用灰色关联分析模型对其驱动机制进行研究。灰色关联分析模型是一种统计分析方法，用于分析系统内各个因素之间的相关程度。它可以识别影响系统总体变化的主导因素，并给出其相对重要程度，从而有效量化系统的动态变化趋势。作为一个复杂的经济体系，黄河流域制造业参与双重价值链受多种内外因素的共同影响。传统统计分析方法难以考察各因素的相对影响，而灰色关联分析模型则弥补了这一不足，它可以识别母子因素之间的关联强弱，从而判断哪些因素对系统产生的影响最大。本节采集大量数据，运用灰色关联分析，旨在揭示黄河流域区域在双重价值链匹配程度形成中的主导驱动机制，为相关决策提供参考依据。

一、变量选取

借鉴周密（2013）的测算方法，根据全球价值链和国内价值链指数间的匹配高度与匹配紧密度，构建了基于双重价值链比较的“价值链空间匹配度指数”K：

$$K=\ln\frac{国内价值链定位}{全球价值链定位}=\ln\frac{ESI_n}{ESI_w};\quad e^k=\frac{国内价值链定位}{全球价值链定位}=\frac{ESI_n}{ESI_w} \tag{5-2}$$

K 指数考虑了全球价值链与国内价值链的比较优势差异，一方面涵盖了传统二分法中心——外围区域的比较，考虑了双重价值链两层次比较优势的差异；另一方面考虑了若干年不同时间节点的差异。具体来说，它区分了不同区域在全球价值链和国内价值链高端、低端的匹配程度差异，不仅对某一历史时点进行评估，还考虑了近几年来区域匹配程度的变化趋势。通过此种方式，该指数能够涵盖传统二分法中心——外围区域的比较，并细分析区域在双重价值链两层次的比较优势差异。本书选取 2002—2021 年黄河流域的数据作为研究对象，测算结果如表 5 -2 所示。

表 5 -2 e^k 的分布

年份	内蒙古	四川	宁夏	山东	山西	河南	甘肃	陕西	青海
2002	1.2802	1.2097	1.0151	1.4959	0.9058	1.1073	0.8796	1.0000	1.2746
2003	1.1634	1.2166	0.9634	1.3735	0.8312	1.0883	0.8832	0.9710	1.6213
2004	1.1972	1.1257	0.7801	1.2722	0.7741	1.0306	0.8874	0.9587	1.2262
2005	1.0571	1.0648	0.7187	1.2062	0.7895	1.0125	0.8641	0.8843	1.1354
2006	0.9923	1.1015	0.7147	1.1970	0.8076	0.9603	0.8625	0.8317	1.0487
2007	0.9405	1.2450	0.6733	1.1881	0.8036	0.9530	0.8558	0.8049	1.0285
2008	0.8574	1.3008	0.7173	1.1698	0.7935	1.0020	0.8707	0.7812	0.8509
2009	0.9752	1.5282	0.8365	1.1899	0.8154	1.0949	0.8396	0.7571	1.2136
2010	0.8139	1.4197	0.8328	1.1619	0.7807	1.0519	0.8776	0.9579	1.1568
2011	0.7748	1.1998	0.8500	1.1415	0.8144	1.3841	0.9797	0.8997	1.3063
2012	0.8827	1.1400	1.0062	1.1193	1.1315	1.4771	1.1824	1.0035	1.2848
2013	0.8746	1.1705	0.9777	1.0846	1.2077	1.5999	1.2953	1.1870	1.3278
2014	0.9885	1.1910	1.1900	1.0888	1.1945	1.5008	1.2572	1.2222	1.4888
2015	1.2232	1.3299	1.3223	1.1821	1.4060	1.5386	1.3633	1.3101	1.4920
2016	1.1133	1.3057	1.3130	1.1404	1.4904	1.5053	1.4260	1.3384	1.6103

续表

年份	内蒙古	四川	宁夏	山东	山西	河南	甘肃	陕西	青海
2017	0.8731	1.4207	1.3456	1.1402	1.4385	1.4866	1.4415	1.3542	1.2113
2018	0.8803	1.4015	1.2074	1.1409	1.4897	1.5430	1.4036	1.3929	0.8499
2019	1.0082	1.4395	1.0693	1.1619	1.4881	1.5733	1.4822	1.3528	0.8700
2020	0.9700	1.3713	0.7876	1.2302	1.4383	1.5008	1.3563	1.3519	1.1228
2021	0.9340	1.4367	1.1988	1.2298	1.4463	1.4555	1.3324	1.4268	1.1270
均值	0.9900	1.2809	0.9760	1.1957	1.0923	1.2933	1.1170	1.0893	1.2123

基于黄河流域制造业双重价值链匹配指数受多重因素影响的现实情景，并充分借鉴已有研究成果，本书选取经济发展水平、物质资本水平、人力资本水平、金融发展水平、地区法治化水平、交通基础设施水平、信息化水平、市场化程度作为影响因素。

（一）经济发展水平

经济发展水平是构建“双循环”新发展格局的重要基础。区域经济发展程度越高，其内生环境越完善，国民经济供给能力以及供给质量和效率将越强，同时该区域内的消费市场规模将越大，消费需求也将更加多样化，从而使供需两侧的匹配水平更高。为了对比和衡量不同区域的经济发展水平，本书采用地区人均 GDP 来衡量和反映各区域的经济发展水平。

（二）物质资本水平

物质资本作为内循环投资的重要组成部分，只有通过不断增加对基础设施、生产设备等物质资本的投入，才能提高国内生产能力，促进国内需求增长和内循环规模扩大。同时，高质量的物质资本能显著降低企业成本，提升区域产业集群效应，增加外资企业的吸引力，这对扩大内外循环都有重要影响。此外，物质资本也是推动产业结构优化升级的重要载体。只有不断提升物质资本水平，实现资源配置的优化和内外循环主体的深度连接，才能实现“双循环”新发展格局下内外循环深度融合的发展目标。本书借鉴王晗等（2020）的研究，采用全社会固定资产投资占地区生产总值的比重来衡量地区的物质资本水平。

（三）人力资本水平

人力资本作为创新驱动发展和经济高质量发展的重要支撑，在社会再生产过程中发挥着重要作用。通过不断推进技术创新和技术外溢，人力资本可以影响社会再生产的各个环节，包括生产、分配、流通和消费。具体来说，技术创新可以提高生产效率和质量，促进产品和服务的创新；技术外溢可以提升其他企业和行业的技术水平。通过这些渠道，人力资本可以推动供给侧结构性改革，优化产业结构，促进供需的深度匹配。这有利于推动供需关系的深层次联动，从而提升中国经济双重价值链的发展水平。本书借鉴杨喆等（2022）的研究，采用就业人员中大专及以上学历占就业人口的比重来衡量地区人力资本水平。

（四）金融发展水平

金融业作为国民经济的重要组成部分，其发展水平直接影响经济运行效率和质量。具体来说，金融通过资源的跨时空整合和配置，可以高效地联动国内、国际两个市场，充分利用国内外各种资源。一方面，它可以为企业提供各类金融服务和产品，支持企业结构调整和产业升级。另一方面，通过跨境资金和信息的流通，促进国内、国际两种资源的有效结合。以上两方面能加速实现规模经济和范围经济效应。例如，大型企业通过融资扩张规模，小型企业通过融资升级技术，从而实现规模效应。不同产业和区域通过资金与技术交流，实现范围效应。通过这些渠道，金融业可以赋能经济结构优化和产业升级，为“双循环”新发展格局提供支持，培育新的增长点。为了衡量一个地区的金融发展水平，本书选择采用该地区银行存贷款余额与 GDP 比重这一指标。

（五）地区法治化水平

法律是商品市场、资本市场和劳动力市场发展的重要保障，良好的制度法律环境可以为社会提供较为健全的财产与契约维护，既能推动各部门对物质资本、人力资本的投资，又能促进产业结构升级、社会分工与商品交易，进而促进经济增长，提升双重价值链发展水平。具体来说，一个地区内部形成的健全的法律体系能为社会各个主体提供较好的财产权和合同履行保护。这不仅能降低企业和个人进行经济活动的不确定性成本，也能增强各方投入生产要素的信心。一方面，它可以促进企业在物资设备和人力资本等方面的长期投资；另一方面，它可以推动产业技术的不断升级和优化，以适应市场需求的变化。通过上述作用机制，健全的法律环境能够有效连接供给侧和需求侧，促进社会生产力的提升。它不仅可以直接刺激经济增长，也会间接提升一个地区或国家内外循环相互促进的能力。借鉴皮天雷（2010）的研究，本书使用一个地区结案数占当期受理案件数的比例来衡量该地区法治化水平。

（六）交通基础设施水平

基础设施作为经济增长的重要决定性因素，能作为直接投入要素进入生产过程，成为生产函数中的重要组成部分，从而提高生产产出。同时，基础设施可以发挥产出溢出效应和网络外部性效应，如交通基础设施可以加快资源要素和商品的流通速度，扩大市场规模，促进技术传播和创新。这有利于不断深化我国供给侧结构性改革，优化经济管理，协调供需关系，实现经济各个环节的动态协同。长期来看，完善的基础设施体系将有利于提升中国经济内外循环发展的整体水平。本书采用货运量合计取对数来测度交通基础设施水平。

（七）信息化水平

信息化是实现现代经济转型的重要手段。高水平信息化可以优化整体资源配置和促进各主体之间的深度连接，从而实现资源的高效配置和深度融合。具体来说，信息化可以优化内外循环主体之间的关系，实现内外循环资源配置的深度融合。同时，信息化还可以提升供应链效率，吸引更多外资进入，扩大内外循环规模。只有通过信息化手段优化资源配置和促进内外交流，才能在双循环新模式下实现内外循环深度融合，实现其发展目标。因此，提升信息化水平对实现“双循环”新发展格局具有战略意义。

本书借鉴余泳泽等（2022）的研究，采用邮电业务总量/GDP 来衡量信息化水平。

（八）市场化程度

市场化有利于形成公平竞争环境，提升内外循环主体自身核心竞争力，提高对外开放能力。市场化可以促进资源在内外循环间更高效流动，有利于内外需求相衔接。只有通过不断推进市场化改革，实现资源优化配置和内外循环深度融合，才能真正实现“双循环”新发展格局。因此，推进市场化对实现双循环模式具有战略意义，市场化程度会直接影响“双循环”新发展格局的形成。市场化程度采用樊纲编制的市场化指数来衡量。以上原始数据除市场化指数外均来自国研网宏观经济数据库和各省份统计年鉴（2002—2021 年）。

二、结果分析

表 5 -3 展示了黄河流域 2002—2021 年 9 个省份双重价值链发展水平驱动因素的灰色关联度测算结果。就各驱动因素灰色关联系数均值而言，物质资本水平的灰色关联度均值为 0. 9481，属于强关联度；信息化水平的灰色关联度均值为 0. 9661，也属于强关联度；人力资本水平的灰色关联度均值为 0. 9046，属于强关联度；交通基础设施水平的灰色关联度均值为 0. 9620，属于强关联度；金融发展水平的灰色关联度均值为 0. 9627，属于强关联度；经济发展水平的灰色关联度均值为 0. 7607，属于中度关联；地区法治化水平的灰色关联度均值为 0. 9654，属于强关联度；市场化程度的灰色关联度均值为 0. 9351，属于强关联度。由此可见，各驱动因素与黄河流域制造业双重价值链发展水平息息相关。各驱动因素对双重价值链发展水平的作用程度由大到小依次为信息化水平、地区法治化水平、金融发展水平、交通基础设施水平、物质资本水平、市场化程度、人力资本水平与经济发展水平。

表 5-3 黄河流域各省份双重价值链发展水平驱动因素关联度

省（区）	物质资本水平	信息化水平	人力资本水平	交通基础设施水平	金融发展水平	经济发展水平	地区法治化水平	市场化程度
山西	0.9556	0.9642	0.8928	0.9588	0.9570	0.7908	0.9636	0.9377
内蒙古	0.9461	0.9678	0.8861	0.9559	0.9645	0.7693	0.9607	0.9355
山东	0.9574	0.9777	0.9119	0.9607	0.9715	0.4965	0.9672	0.9157
河南	0.9541	0.9747	0.9312	0.9649	0.9774	0.6065	0.9701	0.9302
四川	0.9554	0.9711	0.9313	0.9652	0.9668	0.6554	0.9695	0.9267
陕西	0.9429	0.9612	0.8910	0.9599	0.9616	0.7548	0.9642	0.9330
甘肃	0.9474	0.9578	0.9179	0.9630	0.9557	0.8802	0.9646	0.9447
青海	0.9365	0.9647	0.8960	0.9696	0.9564	0.9549	0.9679	0.9572
宁夏	0.9372	0.9553	0.8836	0.9600	0.9531	0.9380	0.9606	0.9351
均值	0.9481	0.9661	0.9046	0.9620	0.9627	0.7607	0.9654	0.9351

就地区而言，金融发展水平关联度均值为0.9627，呈现河南>山东>四川>内蒙古>陕西>山西>青海>甘肃>宁夏的格局，河南（0.9774）、山东（0.9715）、四川（0.9668）和内蒙古（0.9645）高于均值，陕西（0.9616）、山西（0.9570）、青海（0.9564）、甘肃（0.9557）和宁夏（0.9531）低于均值，表明发达的金融体系对双重价值链的发展具有重要的支撑保障作用，对推动实体经济高质量发展具有战略意义。交通基础设施水平关联度均值为0.9620，呈现青海>四川>河南>甘肃>山东>宁夏>陕西>山西>内蒙古的格局，青海（0.9696）、四川（0.9652）、河南（0.9649）和甘肃（0.9630）高于均值，山东（0.9607）、宁夏（0.9600）、陕西（0.9599）、山西（0.9588）、内蒙古（0.9559）低于均值，表明黄河流域中上游省份交通基础设施对双重价值链发展起着重要作用，在进一步完善基础设施的同时亟待培育发展新动能。物质资本水平关联度均值为0.9481，呈现山东>山西>四川>河南>甘肃>内蒙古>陕西>宁夏>青海的格局，山东（0.9574）、山西（0.9556）、四川（0.9554）和河南（0.9541）高于均值，甘肃（0.9474）、内蒙古（0.9461）、陕西（0.9429）、宁夏（0.9372）和青海（0.9365）低于均

值，表明黄河流域下游省份物质发展水平对双重价值链的作用程度大于其他地区。人力资本水平关联度均值为0.9046，呈现四川>河南>甘肃>山东>青海>山西>陕西>内蒙古>宁夏的格局，四川（0.9313）、河南（0.9312）、甘肃（0.9179）和山东（0.9119）高于均值，青海（0.8960）、山西（0.8928）、陕西（0.8910）、内蒙古（0.8861）、宁夏（0.8836）低于均值，表明黄河流域下游省份人力资本对双重价值链的支持能力大于其他地区。人力资本作为区域内的公共资源，不仅可以提升各种投入要素的使用效率和激发创新活力，还能促进技术的扩散和共享，从而推动经济增长和提高双重价值链的发展水平。地区法治化水平关联度均值为0.9654，呈现河南>四川>青海>山东>甘肃>陕西>山西>内蒙古>宁夏的格局，河南（0.9701）、四川（0.9695）、青海（0.9679）和山东（0.9672）高于均值，甘肃（0.9646）、陕西（0.9642）、山西（0.9636）、内蒙古（0.9607）和宁夏（0.9606）低于均值，表明地区法治化水平与双重价值链发展水平高度正相关。良好的法律环境可以降低企业的交易成本和经营风险，有利于企业开展创新合作和进行资源配置，从而促进双重价值链的发展。信息化水平关联度均值为0.9661，呈现山东>河南>四川>内蒙古>青海>山西>陕西>甘肃>宁夏的格局，山东（0.9777）、河南（0.9747）、四川（0.9711）和内蒙古（0.9678）高于均值，青海（0.9647）、山西（0.9642）、陕西（0.9612）、甘肃（0.9578）、宁夏（0.9553）低于均值，表明提升信息化水平对各省份打通经济内外循环具有重要支撑作用，对优化双重价值链结构和提升质量具有积极意义。市场化程度关联度均值为0.9351，呈现青海>甘肃>山西>内蒙古>宁夏>陕西>河南>四川>山东的格局，青海（0.9572）、甘肃（0.9447）、山西（0.9377）、内蒙古（0.9355）高于均值，宁夏（0.9351）、陕西（0.9330）、河南（0.9302）、四川（0.9267）和山东（0.9157）低于或等于均值，表明市场化制度建设是黄河流域中上游省份参与双重价值链的重要制度保障，其优化升级能够降低这些地区向全球价值链高端攀升的成本。经济发展水平关联度均值为0.7607，呈现青海>宁夏>甘肃>山西>

内蒙古 > 陕西 > 四川 > 河南 > 山东的格局，青海（0.9549）、宁夏（0.9380）、甘肃（0.8802）、山西（0.7908）和内蒙古（0.7693）高于均值，陕西（0.7548）、四川（0.6554）、河南（0.6065）和山东（0.4965）低于均值，表明黄河流域中上游省份经济发展水平对双重价值链发展的作用程度大于其他地区。

就各影响因素而言，信息化水平关联度得分最高，得分差距为0.0224，分差排名第5，说明信息化发展对双重价值链发展水平的驱动效应最强，且省际差异较小。原因可能在于，信息化可以极大地优化资源配置效率，促进内外循环主体深度连接，从而实现内外循环资源高效融合。一个国家或地区的信息技术水平还可以影响其在全球分工中的地位，以及吸引高端产业的能力，并为该国或地区的产业升级和新兴产业的培育提供重要支持。因此，信息化对双循环模式具有系统性和前瞻性的全面驱动作用，其对双重价值链发展的贡献也最大。各省份要想更好地参与“双循环”新发展格局，提高信息化水平是重中之重。

地区法治化水平关联度得分排名第2，但得分差距为0.0095，分差最小，表明其对双重价值链发展水平驱动作用的省际差异最小。这就要求法治化水平落后地区，应当毫不动摇地坚持市场化、法治化发展，填补在优化营商环境方面的立法空白，从制度层面为优化营商环境提供更加有力的保障和支撑，加强营商环境法治化建设，为“双循环”新发展格局战略筑牢底盘。

金融发展水平关联度得分排名第3，其中，得分差距高达0.0243，分差排名第4，表明金融发展水平对各省份双重价值链发展水平驱动作用存在较为显著的省际差异。要提升区域金融水平和服务能力需要从以下几个方面着手。首先，完善金融基础设施与市场体系，打造完善的金融交易和结算清算体系。同时，各省份应发展区域性金融服务机构，支持中小企业融资需求。引导更多社会资金进入基建和新材料等重点领域，推动互联网金融和绿色金融的发展，满足新兴产业的融资需求。此外，还应与周边地区开展金融合作，形成区域金融资源网络。鼓励外资金融机构在各省份设立分支机构，利用国家级金融平台提供的资源服务。最重要的是重视金融人才培养，营造金融创新环境，推动金融深度融入实体经济。

交通基础设施水平关联度得分排名第4，得分差距为0.0137，分差排名第7，其对双重价值链发展水平驱动作用的省际差异较小。因此，各省份应瞄准供需动态协同所需基础设施与环境要素，尤其是生产、分配、流通和消费等关键环节的硬件基础与软件基础，全面推进新型基础设施建设，夯实双重价值链构建的底层支柱。具体来说，要实现区域制造业高质量嵌入双重价值链，实现更高水平发展，各省份需要全面强化基础建设。在硬件基础建设方面，加快交通运输基础设施建设，优化流通网络；在软件基础建设方面，推进标准体系和创新环境建设等工作。只有全面强基础，各项硬软件基础设施才能协同发展，充分支撑区域双重价值链发展。

物质资本水平关联度得分排名第5，得分差距为0.0209，分差排名第6，表明其对双重价值链发展水平驱动作用的省际差异较小。各省份要大力发展基础设施建设，如交通、能源等领域的基础设施建设，其是提升区域运营能力的重要支撑。重点培育战略性新兴产业，如新材料和新能源等，提升固定资产投资，提高区域核心竞争力。此外，还应鼓励民营企业参与基础设施建设，扩大固定资产投资渠道。

市场化程度关联度得分排名第6，但得分差距为0.0415，分差排名第3，表明其对双重价值链发展水平驱动作用的省际差异较为显著。各省份要想高质量参与双重价值链，就需要全面加强市场化制度建设，优化投资环境，简化审批流程，加大政策执行力度，吸引更多社会资本投入。只有全面加强制度建设的各个环节，各省份才能真正实现市场在资源配置中的决定性作用，从而高质量参与双循环新格局，实现更高水平的区域协同发展。

人力资本水平关联度得分排名第7，但得分差距为0.0477，分差排名第2，表明其对双重价值链发展水平驱动作用的省际差异仅次于经济发展水平。各省份应从服务“双循环”新发展格局出发系统培养一批复合型、创新型、国际化人才，并使之成为服务新发展格局的主力军，夯实培养人才、吸引人才、留住人才的主体责任，提高创新精神、双创能力等核心指标在人才培养质量评价体系中的权重，建设结合专业教育和创新实践、更富有活力的人才培养机制。

其关联度得分排名第8，得分差距高达0.4584，分差排名第1，表明其对各省份双重价值链发展水平的驱动作用存在显著的省际差异。各省份应立足于自身发展现实情境，与时俱进提升本省经济发展水平、重塑国际经济合作与竞争新优势，为持续扩大内需并形成对双重价值链的国内引领，因地制宜，精准施策。

第六章　数字经济与黄河流域制造业双重价值链高质量嵌入

随着大数据、云计算、人工智能等数字化基础设施建设加快，全球第五次分工特征出现，数据、信息等日益成为经济发展的关键要素，进而在产业转型和价值链形成中日益发挥越来越重要的所用。数字经济已然成为重组全球要素资源、重塑全球经济结构、重构全球竞争版图的关键力量。

2022 年，中国数字经济规模已经超过 40 万亿元，占 GDP 的比重达 40% 以上。同时，中国经济正逐渐由追求速度和数量的粗犷式发展向追求绿色和质量的集约式高质量发展转变。国务院《“十四五”数字经济发展规划》指出，发展数字经济不仅是把握科技变革和产业革命新机遇的战略选择，而且是实现国家高质量发展的重要引擎。黄河流域作为国家重大战略背景下的生态屏障和经济地带，若要服务重大国家战略，实现高质量发展，必然要融入数字经济。因而，在传统要素之外考察数字经济对黄河流域制造业双重价值链高质量嵌入具有极大的必要性和重要意义。

第一节　数字经济的经济结构效应

近几年，数字经济蓬勃发展，成为我国经济发展的中坚力量。数字经济是继农业经济、工业经济之后技术含量更高、持续时间更长、内涵更丰富的新型经济形态，在重组全球要素资源、重新优化全球经济结构、影响世界竞争格局方面发挥重要作用，更是转变经济发展模式、推动经济高质量发展的重要抓手。党和政府高度重视发展数字经济、建设数字中国，党的二十大提出：“加快发展数字经济，促进数字经济和实体经济深度融合，打造具有国际竞争力的数字产业集群”。中国信通院《中国数字经济发展报告（2022 年）》显示，中国数字经济发展取得长足进步。从经济规模来看，2021 年，我国数字经济规模达到 45.5 万亿元，同比增长 16.2%，高于同期 GDP 名义增速 3.4 个百分点，占 GDP 的比重由 2005 年的 14.2% 上升到了 2021 年的 39.8%。从区域发展来看，2021 年，16 个省份的数字经济规模突破 1 万亿元，比上年增加 3 个；北京、天津、上海等城市，数字经济 GDP 占比超过 50%，成为推动地区经济发展的重要力量；15 个省份数字经济快速发展，增速超过全国平均水平，贵州和重庆的数字经济同比增速均超过 20%。由此可见，数字经济正逐渐成为拉动区域增长的引擎。

一、数字经济的相关研究

（一）数字经济对区域经济影响的研究

关于数字经济影响区域经济的国内研究，主要集中在以下三个方面。一是数字经济已成为经济增长的重要动力，促进了区域经济的增长。杨文溥（2021）选用面板数据模型及面板门限模型的方法，探究了数字经济与区域经济增长之间的关联，发现数字经济对区域经济增长的影响不是线性的，而是非线性的，具体来说，对于欠发达地区，数字经济对其经济增长的促进作用不及发达地区，对第三产业的促进作用不及第二产业，且数字经济发展程度越高，这种促进作用也会越强。二是数字经济对区域经济发展的影响，存在着一定的区域异质性。钟文等（2021）分析了数字经济对区域经济协调发展的作用，分别测度了数字经济发展水平与区域协调发展水平，并从实证角度证明了数字经济能够促进区域协调发展，且存在空间溢出效应与区域异质性。柳卸林等（2021）指出，不同区域的吸收能力存在一定的差异，发达地区与欠发达地区相比，能获得更多的数字化产生的收益，因此，数字化可能会拉大城市与城市之间的发展差距。三是数字经济为区域经济协调发展提供了路径选择。黄金芳（2021）通过实证研究证明在数字经济背景下，互联网发展与区域经济差距之间呈现出“倒U”形关系，在“倒U”形拐点之前互联网发展不利于区域经济差距缩小，而在拐点之后互联网的发展有助于区域经济差距的缩小，进而指出强化数字经济时代互联网建设，引导劳动力要素在市场中的有序流动，努力跨越“倒U”形拐点，将有利于区域经济的协调发展。

（二）数字经济对产业结构的影响研究

现有文献在数字经济与产业结构的关系方面展开了理论分析和实证分析。在理论分析层面，学者们指出数字经济能够为产业结构转型升级注入强大动力。一是关于发展思路和主要任务，张于喆（2018）认为，数字经济能够推动我国产业结构升级，并且拓展产业转型升级的新内涵、新空间和新领域，应以问题为导向解决传统产业面临的存量问题，以目标为导向把握新兴产业的发展趋势。二是关于如何发展数字经济，盛斌等（2020）指出，数字经济推动产业高质量发展的挑战和机遇并存，应加快新型数字基础设施建设、推进核心技术研发与创新、打造数字经济领军企业。在实证分析层面，学者们运用不同的计量方法证明了数字经济对产业结构升级的促进作用。焦帅涛等（2021）运用工具变量法、双重差分法、中介效应模型检验的实证方法，证明了数字经济的发展能够通过提高地区创新水平，推动产业结构升级，且这种推动作用在城镇化水平与人力资本水平高的地区更加显著。在异质性研究方面，陈兵等（2021）运用交互效应模型证明了数字经济能够促进产业结构转型，且在不同区域，这种促进作用有所不同，数字经济对区域产业结构高级化的促进作用在西部地区最明显，其次是中部地区，最后是东部地区。另外，数字经济对区域产业结构合理化起到促进作用的是中部地区和东北部地区。在互动关系研究上，李晓钟等（2020）运用PVAR模型、脉冲响应模型探究了数字经济与产业结构升级之间的动态关系，指出数字经济与产业结构升级之间存在着非对等的动态交互作用，且产业结构升级对数字经济的正向影响作用要强于数字经济对产业结构升级的正向影响作用。

（三）数字经济对就业结构的影响研究

一是从理论分析的层面阐释数字经济对就业结构产生的影响。如张琳（2021）指出，数字经济带来的技术进步包括非物化技术进步和物化技术进步两类。因此，数字经济也将从这两个维度产生就业效应，也就是生产过程带来的就业效应，以及新产品和新服务创新带来的就业效应。二是从劳动者自身出发，探讨数字经济影响就业结构的程度。Lordan 和 Neumark（2018）认为，劳动者技能结构的高低在短期内会影响数字经济对就业带来的冲击，使数字经济时代对低技能劳动者的需求显著降低，而为掌握数字经济带来的技术创新，数字经济时代对高技能劳动者的需求将显著提高。Autor（2015）将工作任务按照一定标准进行分类，指出在劳动力市场中从事常规性的且容易被程序化、自动化工作的中等技能劳动者是最容易被人工智能等新技术替代的。Acemoglu 等（2018）指出，在长期内，如果低技能劳动者可以通过不断学习掌握新的工作技能，将有可能获得新的就业机会，并且其劳动报酬也会有所提升。三是通过实证研究揭示数字经济与就业结构之间的关联，这类研究通常选择包含数字技术的典型产业作为数字经济的代理变量，进而揭示产业发展情况与就业结构的关系。如戚聿东等（2020）将互联网和电信业、软件、电商零售和科学技术产业作为数字经济发展情况的代理指标，探究了这些典型产业发展对就业结构和就业质量的影响情况，研究发现这些产业的发展可以优化当地就业结构，提高各省份就业质量的评价得分，进而得出数字经济的发展有助于优化就业结构和提升就业质量的结论。

二、数字经济的经济结构效应作用机理

（一）数字经济对经济增长的影响

技术进步始终是经济增长的根本原因，随着时间的推移，数字经济将逐渐成为驱动经济增长的重要因素，可以通过增加生产要素数量、减少经

济活动成本以及发挥共生效应三大层面影响经济增长。

首先，数字经济为生产提供了新的要素，并创造了经济增长的新价值。生产要素是进行生产经营活动所必需的基本要素，经济增长离不开生产要素的投入与革新。从历史演进来看，生产要素伴随新的经济形态出现。一般来说，在农业经济时代，劳动力和土地是最基本的生产要素；在工业经济时代，生产要素不仅包括最初的劳动力与土地，还包括资本和技术要素；而在数字经济时代，2020 年 4 月 9 日发布的《中共中央 国务院关于构建更加完善的要素市场化配置体制机制的意见》指出，数据是一种新型生产要素，并将数据与土地、劳动力、资本、技术等传统生产要素并列。另外，数据这一新型生产要素的加入能够节约其他要素，有效减少劳动时间和降低劳动强度，实现资源配置效率的优化，这将为经济增长创造新的价值，促进人类社会迈向高质量发展阶段。

其次，数字经济减少了经济活动成本，提高了经济增长效率。所有经济活动的发生都与生产成本、交易成本密切相关，数字经济能够对经济活动的全过程产生影响，提升经济增长的效率。具体来讲，一方面，数字经济能够降低生产成本，提高生产效率。在数字经济时代，重要的生产要素是数字，其特点包括可复制性和反复利用性，通过对生产要素进行反复加工与处理，生产者的生产成本会大幅降低。另外，人工智能引领的数字经济将革新生产方式，推动生产方式实现智能化、信息化、数字化的转型，这将促进生产力的极大发展，进而提高生产效率。另一方面，数字经济能够降低交易成本，提高交易效率。数字经济利用互联网技术有效打破了地区间的界限，使经济活动不再完全依赖地理空间，提高了跨区域场景下的信息共享与信息交流速度，从而降低传统经济活动中的交易成本，提高市场交易的效率。

最后，数字经济发挥共生效应，激发经济增长新动能。在工业经济时代，经济增长的动能来源于供应端的规模效应，而随着数字经济时代的到来，经济增长将由市场供应端决定的单边模式转变为由供应端和需求端共同决定的双边模式，即供求双边驱动的共生效应。供应端与需求端共生共赢的有机结合将开创全新的价值领域，供需双方的共生共赢机制将会给整个经济体带来更大的经济效益，这将激发数字经济时代经济增长新的动能。另外，从产业链角度来讲，数字经济时代通过数据与技术连通了产业链的上游和下游，进而推动产业链不断向外延伸和拓展，形成跨界融合的产业生态圈，实现了价值互通与利益联动，为经济增长创造了新的机遇。

（二）数字经济对产业结构的影响

数字经济对传统产业的影响是指数字经济与农业、工业、服务业三大传统产业相互融合，加速传统产业的数字化转型，实现产业结构升级。数字经济对新兴产业的影响是指数字经济在发展壮大的过程中，由于生产力、生产方式、社会分工的深刻变化，引发产业分化，形成新兴产业，实现产业结构升级。

首先，数字经济推动了传统产业的数字化转型，加速了产业结构高级化的进程。数字经济引领的新技术进步，如大数据、互联网、云计算、区块链、人工智能等将革新三大传统产业，推动产业结构数字化发展。具体来讲，第一，农业领域的数字化转型。数字经济与农业相结合，升级了传统农业的生产方式，将农学、植物学与地理学、生态学等多学科的知识整合起来，利用网络化农业技术平台，邀请农业专家远程指导农户进行科学育种和健康养殖，打造依托数字技术的“精准灌溉”“无人农庄”“智慧农场”，实现降低生产成本、改善生态环境、把控农产品质量等一系列目标，进而提高农业生产效率。另外，大数据的应用革新了传统农业的经营方式，使农产品供应商直接对接消费者需求，这契合了“田园到餐桌”的理念，实现了绿色、健康、安全农产品的全流程可追溯。第二，工业领域的数字化转型。数字经济最早应用于工业领域，智能化的工业机器人被广泛应用在汽车制造、电子设备、机械制造等行业，“智慧工厂”“数字工厂”都是数字经济时代工业智能化转型的最直接体现。人工智能引领的技术变革通过与工业经济深度融合，激发数据这一新要素的动能，围绕数据进行研发、生产、传输、销售的全流程产业链数字化转型，将企业内部与外部的产业价值链链接起来。另外，数字经济时代衍生了消费定制，消费定制使工业企业的运营模式从规模化、标准化向个性化、智能化转变，这推动了智能制造由劳动密集型产业向智力密集型产业转型。

其次，数字经济推动服务业领域的数字化转型。在中国经济的三大产业中，服务业是第一大产业，2021 年服务业增加值占 GDP 的比重为 53.3%，但服务业的数字化发展比较缓慢，因此，应大力推动数字经济与服务业的融合发展，这将拓展经济增长的空间。数字经济对服务业的影响主要体现在以下三个方面。一是服务方式上，数字经济驱动传统服务业实现线上服务与线下服务的融合，使服务供给直接对应消费需求，提升服务效率。二是服务内容上，“数字 +”与医疗、教育、金融、物流、餐饮等传统服务领域相结合，远程问诊、在线教育、线上金融、生鲜电商等多样化、个性化的服务内容应运而生。三是服务品质上，数字经济改变了传统需求端的消费习惯和消费模式，对传统服务业提出了高品质、高质量的新要求，促进了服务经济模式向体验经济模式的转型。

再次，数字经济促进新兴产业形成。数字经济能够引发产业分化，有助于新兴产业的形成，这是由于数字经济时代生产力发展、生产方式革新以及社会分工深化。具体来讲，在数字经济革命的影响下，生产力不断变革，劳动工具由机械机器变为智能机器，加速社会分工，并不断向更高级的形态转变。在数字经济时代，劳动者与智能机器深度融合，劳动者是生产活动的中心，而智能机器则拓展了人类再判断、推理、认知等方面的能力。随着生产方式的变革，产业之间的界限被打破，“独立性大分工”的数字化生产系统取代了产业链“线性分工”模式，逐渐建立起供应端直接面向需求端的产品生产模式，这将催生全新的产业，进一步推动产业结构的数字化转型。

最后，数字经济对就业结构的影响。数字经济对就业的影响是具有两面性的，即就业破坏效应和就业补偿效应的复合性影响。

具体来说，一方面是就业破坏效应。资本技术构成决定资本有机构成，后者反映技术构成变化的价值构成，与就业是息息相关的。马克思在

《资本论》中揭示了资本有机构成与就业之间的关系，他指出，在生产的初级阶段，投在劳动力上的资本要远大于投在生产资料上的资本，此时劳动密集型经济占主导地位。然而，随着生产力的发展，可能会出现工人人口过剩问题，当生产力进入高度发达阶段，技术密集型经济就会占据主导地位。那么，当丰富原有的资本有机构成时，企业将出现排斥工人的现象，这会导致对工人需求数量的减少。在数字经济时代，人工智能引领的技术进步将丰富资本的有机构成，对就业产生最直接的影响就是就业规模的缩小和对劳动力需求的减少。

另一方面是就业补偿效应。从直接路径来看，技术进步可以通过创造新产品、新产业、新模式等途径直接促进就业增长。数字经济时代催生了数字产业。新产业管理、人工智能技术开发、大数据应用等新岗位将扩大对劳动力市场的需求，即就业的正向补偿效应。从间接路径来看，技术进步可以通过提升劳动生产率间接带动就业的增长。数字经济带来的技术革新能够提高劳动生产率，进而降低生产经营成本，产品或服务的价格也自然会随之下降，这将带动消费，推动消费规模的扩大，最终产生就业补偿效应，实现就业增长。数字经济引发的就业破坏效应和就业补偿效应经过复合作用形成综合效应，这种综合效应将通过影响产业结构、影响劳动力结构，使就业结构发生改变。一是产业结构改变带动就业结构改变。数字经济催生新产业，也加速了那些不能适应技术进步的传统产业衰退。而产业结构和就业结构是密切联系的，这种产业结构的变化能够推动劳动力转移到新兴产业，促使就业结构发生“递增式”或“跳跃式”的变化。二是劳动力结构改变带动就业结构改变。数字经济引发的技术进步将冲击劳动力市场，降低对简单化、重复化、程序化的低技能劳动者的需求，提高对掌握人工智能技术的高技能劳动者的需求，进而改变就业结构。

三、数字经济的经济结构效应实证研究

（一）模型设定

采用固定效应模型检验数字经济的经济结构效应。模型设定如下：

$$Y_{i,t} = \alpha_0 + \alpha_1 Dig_{i,t} + \alpha_n X_{i,t} + \mu_i + \delta_t + \varepsilon_{i,t} \tag{6-1}$$

其中，$Y_{i,t}$ 表示城市 i 在 t 时期的经济增长、产业结构、就业结构，$Dig_{i,t}$ 表示城市 i 在 t 时期的数字经济发展水平，$X_{i,t}$ 表示一系列控制变量，α_0 表示截距项，α_1 表示核心解释变量的估计参数，μ_i 表示控制城市 i 不随时间变化的个体固定效应，δ_t 表示时间固定效应，$\varepsilon_{i,t}$ 表示随机扰动项。

（二）变量选取

1. 被解释变量

经济增长（ln*pgdp*）。选用人均地区生产总值衡量中国各地区的经济增长情况，记作 *pgdp*，考虑到人均地区生产总值的数值较大，其与其他变量在数值大小上差异较大，为消除量纲影响对其进行取对数处理。

产业结构（*Isp*）。为综合反映产业结构升级情况，本书构造产业结构高级化指数。产业结构高级化反映了产业结构由第一、第二产业向第三产业的跃迁情况，表示产业结构的服务化倾向。一般而言，经济越发达的地区，第三产业对经济增长的贡献度越高，且对环境的破坏程度较小，具有经济发展的可持续性。产业结构采用第三产业 GDP 占第二产业 GDP 的比重进行衡量。

就业结构（*Emp*）。借鉴周兵等（2008）对就业结构的衡量方法，选用各地区第二产业、第三产业就业人数与第一产业就业人数之比来表示。

2. 核心解释变量

数字经济（*Dig*）。目前，对数字经济的测度主要集中在省级层面，对地级市数字经济的测度较少且缺乏统一标准。本书参考黄群慧等（2019）和赵涛等（2020）的研究，从互联网发展和数字金融普惠两个角度对数字

经济发展水平进行测度。互联网发展水平包括互联网普及率、互联网相关从业人员数、互联网相关产出水平以及移动互联网用户数四个维度。数字普惠金融发展水平采用北京大学数字金融研究中心和蚂蚁金服集团共同编制的中国数字普惠金融指数表示（郭峰等，2020）。通过主成分分析对以上数据进行标准化和降维处理，得到数字经济综合发展指标。

3. 控制变量

在基础回归模型中控制了一系列城市特征变量以尽可能地缓解遗漏变量偏误，具体为：①固定资产投资（*Invest*），用固定资产投资占地区生产总值的比重表示；②外商投资（*Fdi*），用当年实际使用外资占地区生产总值的比重表示；③城市化水平（*Urban*），用地区城镇人口数占该地区总人口数的比重表示；④金融发展水平（*Finance*），用机构存贷款余额占地区生产总值的比重表示；⑤政府支出（*Gov*），用地方财政支出占地区生产总值的比重表示。

（三）数据来源和描述性统计

本书的研究范围是2011—2020年中国260个地级市，共形成了2600个城市—年份观测值的平衡面板。地级市层面的相关数据来源于2011—2020年的《中国城市统计年鉴》《中国城市建设统计年鉴》，缺失值通过查找相应各省和地级市统计年鉴与统计公报补齐，其他缺失值使用插值法进行填充。为避免价格波动产生的影响，以2011年为基期对相关变量进行平减。变量的描述性统计如表6-1所示。

表6-1　描述性统计

变量	观测值	均值	中位数	标准差	最小值	最大值
ln*pgdp*	2600	10.690	10.660	0.577	8.773	13.060
Isp	2600	0.986	0.857	0.545	0.114	5.168
Emp	2600	5.133	5.148	1.713	0.233	10.750
Dig	2600	0	-0.240	1.293	-1.583	14.110
Invest	2600	0.795	0.795	0.293	0	2.312
Fdi	2600	0.017	0.014	0.017	0	0.210

续表

变量	观测值	均值	中位数	标准差	最小值	最大值
Urban	2600	0.545	0.545	0.121	0.214	1
Finance	2600	2.429	2.088	1.272	0.588	21.300
Gov	2600	0.206	0.176	0.128	0.044	2.349

（四）实证结果分析

为避免变量之间的多重共线对模型的估计结果造成干扰，本书使用方差膨胀因子方法对模型进行检验，*VIF* 的值均小于 10，说明解释变量之间不存在严重的多重共线性。Hausman 检验结果的 p 值为 0，显著拒绝原假设，选用双向固定效应模型进行估计更为合适。

1. 基准回归

表 6－2 报告了基准回归结果。表中第二列至第四列的回归结果显示，*Dig* 的系数均在 1% 的水平上显著为正，说明数字经济发展促进了经济增长、产业结构升级以及就业结构改善。

表 6－2　基准回归

变量	(1)	(2)	(3)
	lnpgdp	*Isp*	*Emp*
Dig	0.0329***	0.1195***	0.2298***
	(4.80)	(7.53)	(5.09)
Invest	0.0823***	0.1718***	0.0192
	(2.64)	(4.39)	(0.16)
Fdi	2.9351***	－0.2511	5.6750***
	(6.22)	(－0.66)	(2.88)
Urban	2.4887***	－0.5444***	1.5348***
	(18.33)	(－4.59)	(4.17)
Finance	－0.0025	0.1578***	0.0240
	(－0.24)	(7.16)	(0.70)
Gov	－1.3487***	0.9094***	－4.3359***
	(－4.17)	(3.90)	(－7.31)

续表

变量	(1)	(2)	(3)
	lnpgdp	Isp	Emp
_cons	0.0329***	0.1195***	0.2298***
	(4.80)	(7.53)	(5.09)
Year Fe	Y	Y	Y
City Fe	Y	Y	Y
N	2600	2600	2600
adj. R^2	0.8516	0.8617	0.8610

注：*** 表示在1%的水平下显著；括号内为稳健的 t 值。

2. 数字经济的空间效应

表6-3展示了地理经济距离权重矩阵下的 SAR 和 SDM 两种模型的估计结果，数字经济与权重矩阵的交互项的系数均至少在5%的水平上显著为正，说明数字经济存在显著的空间溢出效应，即周边城市数字经济的发展能通过溢出效应推动该城市经济发展、产业升级和就业改善。进一步将空间效应进行分解，以空间杜宾模型为例，周边城市数字经济发展提高1%，该城市的经济增长提高0.133%，产业结构提高0.132%，就业结构提高0.107%。

表6-3 数字经济的空间溢出效应

变量	lnpgdp		Isp		Emp	
	SAR	SDM	SAR	SDM	SAR	SDM
Dig	0.252***	0.250***	0.235***	0.232***	0.232***	0.229***
	(4.81)	(4.76)	(4.43)	(4.38)	(4.38)	(4.32)
W×Y	0.667***	0.660***	0.205***	0.208***	0.207***	0.210***
	(18.05)	(17.59)	(8.00)	(8.12)	(8.09)	(8.19)
W×Dig		0.593*		0.154**		0.134**
		(1.81)		(2.04)		(2.05)
Invest	0.013**	0.012**	0.018***	0.018***	0.019***	0.019***
	(2.10)	(2.03)	(2.92)	(2.86)	(3.00)	(2.95)
Fdi	0.912***	0.915***	0.931***	0.931***	0.929***	0.929***
	(8.84)	(8.86)	(8.66)	(8.67)	(8.65)	(8.65)

续表

变量	lnpgdp		Isp		Emp	
	SAR	SDM	SAR	SDM	SAR	SDM
Urban	-0.737*** (-12.71)	-0.733*** (-12.60)	-1.038*** (-17.99)	-1.035*** (-17.93)	-1.035*** (-17.90)	-1.031*** (-17.84)
Finance	0.006*** (3.02)	0.006*** (3.02)	0.004** (2.17)	0.004** (2.20)	0.004** (2.21)	0.004** (2.23)
Gov	-0.268*** (-15.70)	-0.268*** (-15.70)	-0.260*** (-14.67)	-0.261*** (-14.71)	-0.260*** (-14.68)	-0.261*** (-14.71)
_cons	-0.656*** (-12.99)	-0.617*** (-9.90)	-0.459*** (-9.15)	-0.452*** (-8.95)	-0.466*** (-9.26)	-0.460*** (-9.09)
City fixed	Y	Y	Y	Y	Y	Y
直接效应	0.054*** (4.72)	0.246*** (4.51)	0.238*** (4.35)	0.231*** (4.22)	0.235*** (4.30)	0.228*** (4.18)
溢出效应	0.513*** (3.64)	0.133*** (3.86)	0.059*** (3.62)	0.132*** (4.32)	0.060*** (3.61)	0.107*** (4.16)
总效应	0.770*** (4.11)	0.379*** (4.70)	0.298*** (4.31)	0.363*** (4.51)	0.295*** (4.27)	0.435*** (3.42)
N	2600	2600	2600	2600	2600	2600
adj. R^2	0.832	0.891	0.858	0.864	0.881	0.873

注：* 和 ** 分别表示在10%和5%的水平下显著。

基于上述结论，加快数字经济建设，探索大数据、云计算和区块链更广阔的应用前景，使其与传统产业部门深度融合，发挥中心城市数字经济的溢出效应，加快周边城市数字化建设步伐，对于以资源型为主的黄河流域省份产业结构的转型升级和区域发展意义重大。

第二节　数字经济与黄河流域高质量发展

一、黄河流域数字经济与制造业结构的研究背景

有关数字经济早期研究主要集中在概念界定、发展趋势、产业特征与

理论挑战等方面，有少部分学者采用实证研究方法衡量了特定信息技术应用带来的经济收益。随着数字经济逐渐成为我国经济发展中最为活跃的领域，研究者将关注重点转移到数字经济的价值创造和释放等方面，主要围绕宏观层面的“经济数量增长”“创新模式演化”“经济地理格局重塑”“高质量发展”和中观层面的“产业结构升级”“产业组织创新”与微观层面的“生产效率提升”“资本市场表现”“企业管理变革”等内容展开讨论。与此同时，党的十九大报告指出“中国经济已由高速增长阶段转向高质量发展阶段”以来，学者们围绕高质量发展的内涵、测度、实现路径等的研究持续升温。值得注意的是，作为重大国家战略，黄河流域高质量发展备受国内外学者广泛关注。研究者主要从黄河流域高质量发展“着力点”“机理诠释”“理论内涵”等视角展开研究，其中与本书研究最为密切的文献是有关数字经济赋能黄河流域高质量发展的理论研究，主要包括以下两个观点：第一，发展数字经济是黄河流域经济社会发展的必然趋势；第二，实现黄河流域高质量发展应当综合考虑资源禀赋、产业结构、经济规模等多种因素，顺应数字技术和科技革命发展浪潮。

数字经济作为世界科技革命和产业变革的先机，是新一轮国际竞争重点领域。与传统经济相比，数字经济在跨时空信息传输、降低数据处理及交易成本、优化资源配置等方面具有先天优势，是破除城市高质量发展过程中要素供需匹配不当、经济活动空间受限、公平效率兼顾矛盾等问题的关键力量。同时，数字经济还可以通过新技术形成新产业、新产业催生新模式、新技术赋能传统产业三条路径，推动全球经济产业变革与高质量发展。

综合来看，多数学者从理论层面就数字经济是壮大实体经济的重要工具、改造传统产业的关键支点、实现国家高质量发展的重要引擎等结论基本达成共识。但遗憾的是，第一，目前，学者们对数字经济与高质量发展之间关系的学术研究多为定性研究，尤其缺乏重大国家战略背景下数字经济释放绿色价值及其机制的实证研究。同时，大部分学者在研究数字经济与高质量发展的关系时，选用人均 GDP、全要素生产率等指标并不能准确反映区域经济发展质量。第二，目前，少有从产业结构升级的视角探讨数字经济促进高质量发展和将产业结构、数字经济、高质量发展三者纳入同一框架的实证研究。第三，现有文献对城市数字经济发展和产业结构升级的非线性经济效用缺乏应有的关注，以及立足黄河流域城市发展特点展开的异质性考量也较为薄弱。

二、数字经济促进黄河流域高质量发展的机制

（一）数字经济促进黄河流域高质量发展的直接机制

数字经济以数字技术为核心驱动力，能够通过人工智能、大数据、云计算等新一代信息技术直接推动黄河流域经济社会发展动力、效率和质量变革。具体地，在宏观层面，数字技术转变了黄河流域传统生产要素的投入、产出方式，增强了资源整合利用和生态环境治理能力，进而提升了绿色生产要素的组合效率，提高了绿色全要素生产率。在微观层面，一方面，黄河流域市场主体依托于数字技术形成新的分工和生产方式，极大地提高了企业劳动生产率和在国内外价值链中的地位，增加了全社会的有效供给；另一方面，随着新业态、新模式的产生，人民不断升级的消费需求也可以得到有效满足，这有利于实现供需精准匹配的高质量发展。

（二）数字经济促进黄河流域高质量发展的间接机制

数字经济有着高创新性、强渗透性、广覆盖性的独特优势，能够形成有利于产业升级的兼具规模经济、范围经济及长尾效应的经济环境，黄河流域传统产业可以依托于数字技术进行全方位、全链条改造，以数字经济新引擎赋能传统产业转型升级，推动黄河流域以劳动密集型和以重工业为主的产业结构转向合理化、高级化阶段。随着数字化的知识和信息转化为生产要素，经济新动能加速形成，新业态、新模式持续涌现，同时数字产业化的不断推进还培育了黄河流域产业发展新优势，助推其形成更为合理、高级的数字产业生态体系。产业结构升级代表生产要素向生产率高或生产增长率高的部门流动，产生“结构红利”，这不仅能优化社会资源配

置效率，还能使生产要素在各部门之间的分配趋于均衡，从而为城市高质量发展提供保证。

（三）数字经济促进黄河流域高质量发展的非线性效应

与传统经济相比，数字经济是信息技术革命产业化和市场化的表现，其发展受到梅特卡夫法则、摩尔定律和达维多定律支配，具有边际收益递增和边际成本递减的特征。具体来说，在黄河流域数字经济发展初期阶段，用户规模较小，数字基础设施建设也不够完善，“数字红利”无法得到有效发挥。随着数字技术的迭代升级，经济主体间互动的交易成本和数字技术研发的边际成本不断下降。新产品、新业态的涌现使市场主体的规模报酬递增，参与者从中获得的经济社会收益呈几何式增加，城市高质量发展被快速推进。另外，产业结构升级是实现经济发展转型、推进高质量发展的基础，其在黄河流域产业结构调整初期往往会表现出转型“阵痛期”和“过渡期”的宏观运行特点，当经济发展面临下行压力时，数字技术发挥高质量发展助推作用的外在条件亦会受到影响。当产业结构合理化、高度化达到一定水平，产业部门之间发展的协调性更强时，数字经济发展转向普惠共享新阶段，数字技术对高质量发展的助推作用呈现边际递增状态。由此可见，数字经济只有与产业结构升级紧密关联，才能充分发挥其对高质量发展的促进作用。

三、分析框架与研究设计

根据黄河流域经济社会特征和城市发展现状，结合黄河流域发展面临的生态环境改善与高质量发展双重目标的基本事实和战略要求，本部分研究更加关注数字经济的绿色价值，通过测度绿色全要素生产率和构建指标体系两种方法，不仅从产业结构视角切入，全面评估数字经济的产业结构升级效应，还从流域、城市规模、资源禀赋三个方面深入分析了数字经济对高质量发展的异质性作用，通过设立数字经济和产业结构合理化、高级化三个门槛变量建立面板门槛模型，探讨了数字经济和高质量发展之间的非线性关系。此外，还借助“智慧城市”试点进行外生冲击检验，对城市高质量发展进行较为系统的衡量。

（一）模型构建

为检验产业结构升级（$ISU_{i,t}$）在数字经济促进黄河流域高质量发展过程中是否发挥中介作用，首先在数字经济指数（$Dig_{i,t}$）对高质量发展水平（$Y_{i,t}$）的直接回归模型中 α_1 通过显著性检验的基础上，分别构建数字经济对产业结构升级、数字经济与产业结构升级对黄河流域高质量发展的线性回归模型（6－2）、模型（6－3）；其次分别通过检验模型（6－2）、模型（6－3）中 β_1、γ_1、γ_2 的显著性来判断产业结构升级是否发挥中介效应，上述模型的具体形式设定如下：

$$ISU_{i,t} = \beta_0 + \beta_1 Dig_{i,t} + \beta_n X_{i,t} + \mu_i + \delta_t + \varepsilon_{i,t} \tag{6-2}$$

$$Y_{i,t} = \gamma_0 + \gamma_1 Dig_{i,t} + \gamma_2 ISU_{i,t} + \gamma_n X_{i,t} + \mu_i + \delta_t + \varepsilon_{i,t} \tag{6-3}$$

根据上文理论，在分析了产业结构升级中介效应的基础上，还有必要进一步探讨数字经济与产业结构对黄河流域高质量发展产生的非线性动态效应。因此，采用 Hansen（1999）的方法设定如下面板门槛效应模型：

$$Y_{i,t} = \varphi_0 + \varphi_1 Dig_{i,t} \times I(ISU_{i,t} \leqslant \theta_2) + \varphi_2 Dig_{i,t} \times I(ISU_{i,t} > \theta_2) + \varphi_n X_{i,t} + \mu_i + \varepsilon_{i,t} \tag{6-4}$$

$$Y_{i,t} = \varphi_0 + \varphi_1 Dig_{i,t} \times I(Dig_{i,t} \leqslant \theta_1) + \varphi_2 Dig_{i,t} \times I(Dig_{i,t} > \theta_1) + \varphi_n X_{i,t} + \mu_i + \varepsilon_{i,t} \tag{6-5}$$

式（6－4）、式（6－5）中，$ISU_{i,t}$、$Dig_{i,t}$ 表示数字经济、产业结构发展等门槛变量，θ 为待估计的门槛值，I（·）为示性函数，当相应条件为真时，取值为1，否则取值为0。根据门槛变量是否大于门槛值，将样本划分为两个区间。其他变量解释同模型（6－2）。

（二）变量测度与说明

1. 被解释变量

高质量发展水平（*Hqd*）。虽然采用全要素生产率、人均 GDP 等表征经济发展质量已成为学界共识，但此类指标未将环境因素纳入考量，无法体现经济高质量发展过程中的绿色发展理念。对此，有学者认为，绿色全要素生产率（*Gtfp*）同时考虑到期望产出增加与非期望产出减少的情形，可以从集约化发展的视角衡量区域经济发展质量。受限于指标测算的波动性以及维度单一性，仅将绿色全要素生产率作为高质量发展的衡量指标显然也不能完全满足研究需要。因此，通过构建指标体系测度高质量发展成为弥补这一缺陷的可行方法。值得注意的是，本书的研究区域为黄河流域，应当着重关注数字经济的绿色价值。故本书同时选择绿色全要素生产率和构建指标体系两种被解释变量测度方式，验证黄河流域数字经济的高质量发展促进效应。

为尽可能增强研究的准确性与合理性，避免 *Gftp* 传统测度方法线性规划无解以及径向和角度带来的估计偏差，借鉴 ToneK（2010）的研究构建 Slacked－BasedMeasure（SBM）方向性距离函数估算绿色全要素生产率，以充分体现当下绿色发展的新理念。考虑到黄河流域资源环境特点，将土地、资本存量、劳动力、水资源、能源作为投入指标，将 GDP 和工业三废（工业废水排放量、工业 SO_2 排放量、工业烟尘排放量）作为期望产出和非期望产出的 SBM 方向性距离函数。在高质量发展评价体系的构建方面，借鉴屈小娥和刘柳（2021）的研究，结合城市层面可获得的数据，构建由创新、协调、绿色、开放和共享 5 个二级指标构成的多维度综合评价指标，变量记为 *Hqd*。

2. 核心解释变量

数字经济发展水平（*Dig*）。目前，关于地级市数字经济发展测度的相关文献较少，现有文献大多聚焦于省级层面且尚无统一标准。本书借鉴已有研究，结合城市层面数据的可得性，从互联网发展和数字普惠金融水平两个角度综合测度城市数字经济发展水平。其中，互联网发展水平包含互联网相关产出水平、互联网相关从业人员数、互联网普及率、移动互联网用户数4个指标，各指标分别用人均电信业务收入、计算机服务和软件从业人员占比、每万人互联网接入用户数、每万人移动电话用户数度量；数字普惠金融发展水平采用北京大学数字金融研究中心和蚂蚁金服集团共同编制的中国数字普惠金融指数（郭峰等，2020），该指数涵盖了覆盖广度、使用深度和数字支持服务程度三个方面。为避免主观赋权造成的测度误差且考虑各年份间指标横向可比性，在对数据进行标准化处理后，通过熵值法和线性加权计算得到本书数字经济发展综合指数，从测度结果来看与现有研究的测算结果差别不大。

3. 中介变量

产业结构升级（*Isu*）。产业结构合理化和高级化是产业结构转型升级两个不可或缺的过程，二者互相影响、互相联系，共同推动产业结构优化。产业结构高级化是指产业结构遵循经济发展的内在逻辑和资源配置路径从低级向高级的有序演变过程，其关键在于在质量层面上实现产业结构从以劳动密集型、资本密集型产业为主的低级形式向以技术（知识）密集型、数字密集型产业为主的高级形式演进。为深刻反映产业结构演进本质，避免数量上的“虚高级化”，本书在产业结构层次系数法的基础上，借鉴袁航和朱承亮（2018）的研究，从“质”“量”兼顾的视角刻画产业结构高级化（*Asp*），具体公式如下：

$$Asp_{i,t} = \sum_{m=1}^{3} y_{i,m,t} \times m \times \sum_{m=1}^{3} y_{i,m,t} \times lp_{i,m,t}, m = 1,2,3 \tag{6-6}$$

式（6－6）中，$y_{i,m,t}$ 表示城市 i 第 m 产业在 t 时期占城市生产总值的比重，是产业结构高级化“量”的内涵；产业结构高级化“质”的内涵为产业之间的比例关系与各产业劳动生产率（$lp_{i,m,t}$）的乘积加权值，劳动生产率的具体公式为

$$lp_{i,m,t} = y_{i,m,t}/l_{i,m,t} \tag{6-7}$$

式（6-7）中，$y_{i,m,t}$ 表示城市 i 第 m 产业在 t 时期的增加值，$l_{i,m,t}$ 表示城市 i 第 m 产业在 t 时期的就业人员，值得注意的是，劳动生产率需要采取均值化的方法进行无量纲化处理。

产业结构合理化指数（Rsp）则集中体现了产业之间协调能力和资源有效利用程度，测度方法主要有标准结构法、结构效益系数、产业结构偏离度和泰尔指数，考虑到黄河流域城市经济基础、资源禀赋、产业结构差异较大，为准确反映三次产业的经济地位和产值与就业的结构偏差，本书采用泰尔指数的倒数衡量产业结构合理化水平，泰尔指数计算公式为

$$TL_{i,t} = \sum_{m=1}^{3} y_{i,m,t} \ln(y_{i,m,t}/l_{i,m,t}), m = 1,2,3 \qquad (6-8)$$

式（6-8）中，$l_{i,m,t}$ 表示城市 i 第 m 产业在 t 时期就业人员占总就业人员的比重，产业结构泰尔指数（$TL_{i,t}$）为逆向指标，TL 值越大则表示产业结构不合理程度越高，本书在计算时对其做倒数处理，即 $Rsp = 1/TL$。

4. 控制变量

参照已有研究，本书在基础回归模型中控制了一系列城市特征变量，以尽可能地缓解遗漏变量偏误，具体为：经济发展水平（$\ln Pgdp$），用城市人均 GDP 对数值表示；外商投资（$Pfdi$），用城市人均外商直接投资额衡量外商投资水平；固定资产投资（$Pfai$），用人均固定资产投资对数值表示；交通水平（Ptb），用每万人公共汽车数量表示；人口规模（$\ln Peo$），用城市总人口的对数值表示；政府支出（Gov），用地方财政支出占 GDP 的比重表示；金融发展水平（Fia），用机构存贷款余额比地区生产总值表示。

5. 数据来源和研究范围

本书运用 2011—2019 年地级市数据研究数字经济对黄河流域高质量发展的影响，相关数据来源于 2011—2019 年《中国城市统计年鉴》《中国城

市建设统计年鉴》，能源数据来自 2011—2019 年《中国环境统计年鉴》，缺失值通过查找相应各省份和地级市统计年鉴与统计公报补齐。表6－4展示了数字经济和高质量发展水平评价体系的构建指标、衡量方法及指标属性。其中，经济增长波动率的测度采用屈小娥和刘柳（2021）的做法，$PM_{2.5}$浓度数据参考陈诗一和陈登科（2018）的做法进行处理，人均碳排放量的计算参考张艳等（2022）的做法，水污染规制力度采用罗知和齐博成（2021）衡量长江流域水污染规制的方法。主要变量描述性统计结果如表6－5所示。根据水利部黄河水利委员会划定的黄河流域范围，结合城市数据可得性与准确性，选取青海、甘肃、宁夏、内蒙古、陕西、山西、河南、山东 8 个省份的 77 个地级市作为研究对象。参考一般文献做法，将青海、甘肃、宁夏、内蒙古作为黄河流域上游区域，陕西、山西所含城市作为黄河流域中游区域，河南、山东所含城市作为黄河流域下游区域。

表6－4　数字经济和高质量发展水平指标体系

一级指标	二级指标	三级指标	指标属性
数字经济	互联网相关产出水平	人均电信业务收入（元）	+
	互联网相关从业人员数	计算机服务和软件从业人员占比（%）	+
	互联网普及率（%）	每万人互联网接入用户数（户）	+
	移动互联网用户数	每万人移动电话用户数（户）	+
	数字普惠金融发展	中国数字普惠金融指数	+
高质量发展	创新	万人专利授权量（个）	+
		科学研究技术服务业从业人员占比（%）	+
		万人高等学校在校生数（人）	+
	协调	经济增长波动率（%）	－
		城乡收入比（%）	+
		城镇化率（%）	+
		$PM_{2.5}$浓度（微克/立方米）	－
	绿色	建成区绿化覆盖率（%）	+
		人均碳排放（吨/人）	－
		水污染规制力度	+
		生活垃圾无害化处理率（%）	+
		工业固体废物综合利用率（%）	+

续表

一级指标	二级指标	三级指标	指标属性
高质量发展	开放	实际利用外资额占 GDP 比重（%）	+
		外贸依存度（%）	+
		每万人外商直接投资合同数（个）	+
		财政教育投入占比（%）	+
	共享	万人卫生人员数（人）	+
		人均道路面积（平方米/人）	+

表 6－5　主要变量描述性统计

主要变量	变量符号	样本量	均值	标准差	最小值	最大值
被解释变量	*Gtfp*	693	1.011	0.029	0.960	1.060
	Hqd	693	0.115	0.077	0.026	0.421
解释变量	*Dig*	693	0.146	0.074	0.020	0.580
	Asp	693	6.552	0.309	5.764	7.327
中介变量	*Rsp*	693	8.985	14.096	0.581	144.138
控制变量	ln*Gdp*	693	10.697	0.592	8.773	12.456
	Pfdi	693	0.119	0.188	0	1.273
	ln*Pfai*	693	3.535	0.820	－0.042	5.391
	Ptb	693	3.149	2.993	0.156	18.351
	ln*Peo*	693	5.762	0.799	2.970	8.833
	Gov	693	0.117	0.105	0.011	0.794
	Fia	693	2.932	2.613	1.013	37.526

四、研究结果分析

（一）基准回归

表 6－6 展示了数字经济发展水平对黄河流域高质量发展的基准回归结果，其中，在以绿色全要素生产率（*Gtfp*）为被解释变量的模型（1）、模型（2）中，数字经济发展（*Dig*）的估计系数显著为正，在以指标体系构建成的高质量发展（*Hqd*）为被解释变量的模型（3）、模型（4）中，数字经济发展（*Dig*）的估计系数同样显著为正，这表明数字经济的发展可以显

著促进黄河流域城市层面的高质量发展。从控制变量的回归结果来看，经济发展水平、外商投资、交通水平、人口规模、金融发展水平对黄河流域高质量发展起到了正向促进作用，这也验证了新时代扩大高水平对外开放、改善人口结构、保持人口红利和建立高水平资本市场对黄河流域高质量发展的关键作用；固定资产投资对黄河流域高质量发展的影响不显著，这可能与黄河流域城市固定资产投资带来的环境外部性和对经济发展的路径依赖性有关；政府支出对黄河流域高质量发展并未起到促进作用，可能存在的原因是政府远离技术前沿，项目资助存在较高失误率，引发的“挤出效应”损害了公平竞争环境。

表6-6　数字经济影响黄河流域高质量发展的基准回归结果

变量	*Gtfp*		*Hqd*	
	(1)	(2)	(3)	(4)
Dig	0.105*** (0.014)	0.098*** (0.014)	0.199*** (0.025)	0.195*** (0.025)
ln*Pgdp*		0.015*** (0.002)		0.028*** (0.004)
Pfdi		0.033*** (0.005)		0.026*** (0.009)
ln*Pfai*		-0.001 (0.001)		0.003 (0.003)
Ptb		0.002*** (0.000)		0.004*** (0.001)
ln*Peo*		0.006*** (0.001)		0.015*** (0.003)
Gov		-0.007 (0.007)		-0.022* (0.013)
Fia		0.001*** (0.000)		0.001*** (0.000)
常数项	0.047*** (0.003)	-0.155*** (0.023)		-0.322*** (0.048)
城市固定	Yes	Yes	Yes	Yes

续表

变量	Gtfp		Hqd	
	(1)	(2)	(3)	(4)
时间固定	Yes	Yes	Yes	Yes
N	693	693	693	693
R^2	0.258	0.252	0.339	0.318

注：表中括号内报告的是城市层面稳健标准误，*** 和 * 分别表示回归结果在 1%、10% 的置信水平下通过显著性检验，表 6 - 7、表 6 - 8、表 6 - 9、表 6 - 10、表 6 - 11 同。

（二）异质性分析

1. 流域异质性

受经济、地形、历史等因素的影响，黄河流域上中下游数字经济和高质量发展水平差异较大，因此有必要进一步研究数字经济影响黄河流域高质量发展的流域异质性，将黄河流域 77 个地级市划分为上中下游分别进行固定效应模型回归。表 6 - 7 结果显示，数字经济发展对黄河流域上中下游城市高质量发展均产生显著促进作用，且影响效应均呈现下游 > 中游 > 上游的状态，这可能是由于中下游数字经济发展起步较早，数字红利释放更为充分。控制变量回归结果与全样本回归结果相比，值得关注的点在于：第一，人口规模对黄河上游流域高质量发展起到的促进作用不显著，这可能是上游流域适龄劳动力流出和人口红利效应较弱导致的；第二，金融水平未对黄河上游流域高质量发展起到实质性促进作用，原因可能是金融市场的发展虽然能增加流动性供给，但是只有保证金融业发展质量，才能增强金融服务实体经济能力。

表 6 - 7　数字经济影响黄河流域高质量发展的流域异质性检验

变量	Gtfp			Hqd		
	上游	中游	下游	上游	中游	下游
Dig	0.059***	0.081***	0.136***	0.097**	0.205***	0.295***
	(0.023)	(0.028)	(0.024)	(0.038)	(0.058)	(0.044)
lnPgdp	0.010***	0.014***	0.025***	0.020***	0.042***	0.042***
	(0.004)	(0.004)	(0.004)	(0.007)	(0.010)	(0.008)

续表

变量	Gtfp			Hqd		
	上游	中游	下游	上游	中游	下游
Pfdi	0.035***	0.053***	0.032***	0.028*	0.084***	0.013
	(0.009)	(0.013)	(0.007)	(0.017)	(0.026)	(0.014)
ln*Pfai*	-0.001	0.000	-0.002	-0.001	0.002	0.008
	(0.002)	(0.002)	(0.002)	(0.004)	(0.004)	(0.005)
Ptb	0.002***	0.003***	0.002***	0.004***	0.006***	0.004***
	(0.001)	(0.001)	(0.001)	(0.001)	(0.002)	(0.001)
ln*Peo*	0.001	0.015***	0.004*	0.008	0.045***	0.015***
	(0.003)	(0.004)	(0.002)	(0.009)	(0.012)	(0.005)
Gov	-0.009	-0.025	-0.004	-0.019	-0.073**	-0.019
	(0.010)	(0.017)	(0.033)	(0.016)	(0.034)	(0.057)
Fia	-0.000	0.001***	0.003***	-0.001	0.002***	0.005***
	(0.001)	(0.000)	(0.001)	(0.001)	(0.001)	(0.002)
常数项	-0.066	-0.194***	-0.247***	-0.165*	-0.651***	-0.496***
	(0.044)	(0.050)	(0.041)	(0.088)	(0.124)	(0.088)
城市固定	Yes	Yes	Yes	Yes	Yes	Yes
时间固定	Yes	Yes	Yes	Yes	Yes	Yes
N	216	171	306	216	171	306
R^2	0.226	0.220	0.369	0.325	0.301	0.412

2. 城市发展规模异质性

由于黄河流域城市发展规模存在较大异质性，数字经济对黄河流域高质量发展的作用效果可能会因城市发展规模的不同产生较大差别。基于此，有必要对黄河流域城市发展规模的异质性进行深入讨论。故借鉴已有研究，参考《中国城市商业魅力排行榜（2020 年）》，从商业资源集聚度、城市枢纽性、城市活跃度、生活方式多样性和未来可塑性五个维度对城市进行分级，将 77 个地级市进行分类整合。表 6－8 展示了数字经济对黄河流域不同规模城市的回归结果，其中三、四线城市数字经济发展水平的系数显著为正，根据“后发优势理论”，黄河流域三、四线城市已经具备数字红利释放条件及后发优势，这也证明了“以数字经济助推区域协调发展”的正确性。一线、五线城市数字经济估计系数为正但不显著，可能因为一线城市高质量发展水平相对较高，数字经济的高质量发展促进空间有限，而五线城市缺乏释放数字红利的主要经济社会环境。

表6-8　数字经济影响黄河流域高质量发展的城市发展规模异质性检验

变量	*Gtfp*				
	一线及新一线城市	二线城市	三线城市	四线城市	五线城市
Dig	0.007 (0.035)	-0.029 (0.042)	0.039** (0.020)	0.093*** (0.033)	0.007 (0.028)
ln*Pgdp*	0.130*** (0.042)	0.057*** (0.007)	0.006* (0.004)	0.003 (0.003)	0.010*** (0.003)
Pfdi	-0.016 (0.017)	0.036*** (0.010)	0.025*** (0.009)	0.052*** (0.008)	0.052*** (0.012)
ln*Pfai*	0.015 (0.027)	-0.020** (0.009)	-0.003 (0.004)	-0.001 (0.002)	-0.003 (0.002)
Ptb	0.005* (0.002)	0.004*** (0.001)	0.001*** (0.000)	0.001 (0.001)	-0.000 (0.001)
ln*Peo*	0.037 (0.061)	0.005 (0.008)	-0.003 (0.004)	0.001 (0.003)	-0.009*** (0.003)
Gov	-0.126 (0.185)	-0.093 (0.062)	0.033* (0.019)	0.010 (0.016)	-0.016 (0.010)
Fia	0.014* (0.008)	0.005*** (0.002)	0.000 (0.001)	0.002*** (0.000)	0.000 (0.000)
常数项	-1.682** (0.758)	-0.509*** (0.096)	0.004 (0.046)	0.008 (0.036)	-0.006 (0.040)
城市固定	Yes	Yes	Yes	Yes	Yes
时间固定	Yes	Yes	Yes	Yes	Yes
N	27	45	153	198	270
R^2	0.917	0.797	0.621	0.533	0.177

3. 城市资源禀赋异质性

黄河流域城市半数以上是资源型城市，以新经济破除该类城市“资源诅咒”对推动黄河流域高质量发展有重大意义。为明确各类城市的发展方向和重点任务，根据《全国资源型城市可持续发展规划（2013—2020年）》中划定的资源型城市及分类，本书将黄河流域城市分为五类分别进行固定效应模型回归。表6-9分别展示了各类城市的异质性回归结果，数字经济发展对黄河流域衰退型城市、再生型城市、非资源型城市高质量发展有显著促进作用，同时验证了数字经济对修复黄河流域经济变换裂缝、破解“资源诅咒”陷阱和提升资源利用效率的关键作用。对于成长型城市和成熟型城市来说，其资源开发处于上升和稳定阶段，经济社会发展水平较高，产业结构相对合理，数字经济对该类城市高质量发展的提升作用有限。另外，从衰退型城市的视角来看，其经济发展和政府支出变量对高质量发展的影响与其他类型城市有着显著区别，这表明如果政府财政支出的目的是单纯追求GDP增加，而忽视其对产业结构和生态环境等的外部影响，反而会制约黄河流域高质量发展进程。

表6-9　数字经济影响黄河流域高质量发展的城市资源禀赋异质性检验

变量	*Gtfp*				
	成长型城市	成熟型城市	衰退型城市	再生型城市	非资源型城市
Dig	-0.023 (0.022)	0.011 (0.041)	0.154** (0.073)	0.138*** (0.038)	0.122*** (0.017)
ln*Pgdp*	0.004** (0.002)	0.021*** (0.004)	0.008 (0.007)	0.015*** (0.005)	0.025*** (0.003)
Pfdi	0.059*** (0.004)	0.033** (0.013)	0.047** (0.024)	-0.005 (0.011)	0.032*** (0.006)
ln*Pfai*	0.004*** (0.001)	-0.004 (0.002)	-0.003 (0.005)	0.007 (0.005)	0.000 (0.002)
Ptb	0.002 (0.002)	-0.000 (0.001)	-0.001 (0.001)	0.002* (0.001)	0.002*** (0.000)

续表

变量	Gtfp				
	成长型城市	成熟型城市	衰退型城市	再生型城市	非资源型城市
ln*Peo*	0.014*** (0.003)	-0.004 (0.003)	-0.005 (0.003)	0.006*** (0.002)	0.010*** (0.002)
Gov	0.001 (0.010)	-0.030 (0.020)	-0.150*** (0.033)	0.020 (0.024)	0.011 (0.010)
Fia	-0.000 (0.001)	0.001 (0.000)	0.012*** (0.003)	0.002 (0.001)	0.001* (0.001)
常数项	-0.103*** (0.027)	-0.138*** (0.046)	-0.019 (0.061)	-0.194*** (0.047)	-0.278*** (0.029)
城市固定	Yes	Yes	Yes	Yes	Yes
时间固定	Yes	Yes	Yes	Yes	Yes
N	72	180	63	54	324
R^2	0.637	0.153	0.537	0.678	0.351

（三）机制检验

前文从产业结构的视角分析了数字经济对黄河流域高质量发展的间接作用机制。为验证该作用机制，选取产业结构高级化和产业结构合理化作为中介变量。表6-10展示了中介效应模型的回归结果，表中第二列和第四列分别展示了黄河流域数字经济发展对产业结构高级化和产业结构合理化的回归结果，二者估计系数均通过了10%的显著性检验，表明数字经济能显著推动黄河流域产业结构升级。表中第三列和第五列显示将数字经济和产业结构升级指标共同加入回归方程的结果，*Dig* 的回归结果均小于不考虑产业结构升级情况下的估计系数（0.098），验证了产业结构升级在数字经济影响黄河流域高质量发展过程中起到部分中介效应。这表明，数字经济可以通过优化黄河流域产业结构进而推进高质量发展，其中产业结构合理化发挥的间接效应大于产业结构高级化。为进一步验证中介机制检验结果的稳健性，本书采用 Sobel 检验方法和 Bootstrap 检验方法对产业结构升级的中介效应进行了检验，两种检验方法的原假设均为 H_0：$\beta_1 \times \gamma_1 = 0$。

其中，Sobel Z 值、Goodman－1（Aroian）Z 值、Goodman－2 Z 值对应的 p 值均在 5% 的水平上显著拒绝原假设，Bootstrap 在不同抽样次数下的检验结果显示，回归的 95% 置信区间均不包含零，从而拒绝原假设。故产业结构升级在数字经济影响黄河流域高质量发展中起到中介作用。

表 6－10　数字经济影响黄河流域高质量发展的机制检验

变量	*Asp*	*Gtfp*	*Rsp*	*Gtfp*
	(1)	(2)	(3)	(4)
Dig	0.194* (0.099)	0.090*** (0.014)	0.385*** (0.099)	0.087*** (0.014)
Asp		0.013*** (0.005)		
Rsp				0.016*** (0.005)
控制变量	Yes	Yes	Yes	Yes
城市固定	Yes	Yes	Yes	Yes
时间固定	Yes	Yes	Yes	Yes
N	693	693	693	693
R^2	0.791	0.253	0.679	0.254

（四）进一步分析：门槛效应

根据前文理论部分表述，本书采用面板门槛模型进行非线性关系检验。首先，参照 Hansen（1999）的自举法（Bootstrap）检验各门槛变量，进行门槛值存在检验，数字经济（*Dig*）、产业结构高级化（*Asp*）、产业结构合理化（*Rsp*）均显著通过单一门槛检验，未通过双重门槛检验。基于此，设定单一门槛检验的面板门槛效应模型，估计结果如表 6－11 所示。从模型（1）的检验结果可以看出，在数字经济日渐成为高质量发展新动能的大背景下，弥合黄河流域城市间“数字鸿沟”刻不容缓。数字经济对黄河流域高质量发展的促进作用呈现“从无到有”的非线性变化过程，当黄河流域城市数字经济发展水平低于 0.218 时，其对高质量发展的促进效果不显著；当数字经济发展水平大于等于 0.218 时，其对高质量发展的促进效果在1%的水平下显著为正，作用系数为0.047。

表6-11　数字经济影响黄河流域高质量发展的门槛效应检验

变量	*Gtfp*		
	(1)	(2)	(3)
Dig (*Dig*<0.218)	0.005 (0.019)		
Dig (*Dig*≥0.218)	0.047*** (0.014)		
Asp (*Asp*<7.088)		0.023 (0.014)	
Asp (*Asp*≥7.088)		0.066*** (0.013)	
Rsp (*Rsp*<11.234)			0.029** (0.014)
Rsp (*Rsp*=11.234)			0.076*** (0.013)
SingleThresholdeffect (P)	0.044	0.012	0.022
控制变量	Yes	Yes	Yes
N	693	693	693
R^2	0.287	0.298	0.289

在以产业结构高级化为门槛变量的模型（2）中，当黄河流域城市产业结构高级化水平小于7.088时，数字经济对黄河流域高质量发展的促进作用不显著；当产业结构高级化水平大于等于7.088时，数字经济对黄河流域高质量发展的促进作用在1%的水平上显著为正，估计系数为0.066。在模型（3）中，产业结构合理化水平以11.234为门槛值，门槛值前后数字经济对黄河流域高质量发展的作用效果有所增强，其估计系数从0.029提升至0.076。这表明，数字经济对黄河流域高质量发展的作用不仅受到自身数字经济发展水平的影响，还受到产业结构升级产生的调节作用的影响，即城市数字经济发展与产业结构升级能够形成积极互动，共同作用于高质量发展。

（五）稳健性检验

1. 控制宏观因素变化法

考虑到发展水平高的城市其数字经济也会得到优先发展，且相较于基准回归模型，若忽略了省份随时间变化因素的影响，则可能会导致数字经济与高质量发展之间的“虚假关联”。本书进一步控制省份固定效应，以及省份乘时间固定效应，以排除宏观系统性环境变化带来的影响。从表6－12的回归结果可以看出，在控制宏观因素变化后，本书的结论依旧稳健。

2. 工具变量法

考虑到无法穷举影响城市高质量发展的全部因素，为进一步缓解本书遗漏变量等内生性问题，本书参考黄群慧等（2019）的做法，构造1984年各城市每百万人电话机数量和上一年全国互联网用户数的交互项，并将其作为该年城市数字经济发展水平工具变量。其原因是：城市数字经济发展会受到当地历史电信基础设施水平和个人通信习惯偏好的影响，同时随着互联网的发展，固定电话等传统电信设备的使用对当代经济社会的影响日渐式微，能够同时满足工具变量的相关性和外生性。从表6－12的结果不难看出，LM统计量对应的p值小于0.01，说明该检验在1%的水平上显著拒绝“工具变量识别不足”的原假设；WaldF统计量大于Stock－Yogo检验10%水平上的临界值，表明拒绝“弱工具变量”的原假设。上述检验证明了本书工具变量的有效性，表6－12展示了2SLS第二阶段*Dig*的回归结果，与前文结果基本一致，故本书的结论是稳健的。

表6－12　数字经济影响黄河流域高质量发展的稳健性检验

变量	*Gtfp*				*Hqd*			
	控制宏观因素变化		工具变量法		控制宏观因素变化		工具变量法	
Dig	0.102*** (0.014)	0.107*** (0.014)	0.430*** (0.030)	0.250*** (0.046)	0.195*** (0.025)	0.215*** (0.026)	1.171*** (0.077)	0.870*** (0.130)
控制变量	Yes	Yes	No	Yes	Yes	Yes	No	Yes
省份效应	Yes	Yes	No		Yes	Yes	No	No
			No					

续表

变量	*Gtfp*				*Hqd*			
	控制宏观因素变化		工具变量法		控制宏观因素变化		工具变量法	
省份×年份	No	Yes	No		No	Yes	No	No
			No					
城市固定	Yes	Yes	Yes	Yes	Yes	Yes	Yes	Yes
时间固定	Yes	Yes	Yes	Yes	Yes	Yes	Yes	Yes
Kleibergen - Paaprk			39. 645	3. 206			39. 645	3. 206
LM 统计量			[0. 000]	[0. 000]			[0. 000]	[0. 000]
Kleibergen - Paaprk			112. 052	50. 021			112. 052	50. 021
WaldF 统计量			{16. 38}	{16. 38}			{16. 38}	{16. 38}
N	693	693	693	693	693	693	693	693
R^2	0. 253	0. 358	0. 497	0. 751	0. 320	0. 390	0. 570	0. 729

注：工具变量法中，[ ] 内数值为 *p* 值，{ } 内数值为弱工具变量 Stock - Yogo 检验 10% 水平上的临界值。

3. 外生冲击检验法

为得到更加稳健的结论，将“智慧城市”试点作为外生冲击验证数字经济发展对黄河流域高质量发展的影响效应。政府推动的“智慧城市”试点建设能够外生地提升互联网发展水平和数字金融发展水平，其带来的城市建设投资和数字技术普及，既可以带动产业数字化转型，又可以提供区域高质量发展的数字技术平台，相较于以往将“宽带中国”推动网络基础设施提升作为“单一化”数字经济发展的外生冲击检验，其更符合数字经济发展满足人民美好生活需要的初衷和现实逻辑。故本书将国家“智慧城市”建设政策作为准自然实验，借鉴已有研究设定渐进双重差分模型，以期更“干净”地识别数字经济对黄河流域高质量发展的影响及作用机制。

对该外生冲击检验结果造成潜在威胁的最大可能是国家在实行“智慧城市”试点之前，实验组和对照组存在着系统性差异。对此，本书采用事件研究法展示了 DID 模型的平行趋势，根据图 6 - 1 平行趋势检验结果可知，政策实施前实验组和对照组不存在系统性差异。实际上，“智慧城市”试点的选择并非完全随机，为尽可能缓解内生性问题，在加入控制变量的固定效应模型的基础上进一步控制省份及省份乘年份固定效应。表 6 - 13 进一步展示了“智慧城市”试点对黄河流域高质量发展的回归结果，第二列至第四列结果表明，通过控制一系列控制变量和固定效应，“智慧城市”试点政策能够较为稳健地促进黄河流域高质量发展。另外，第五列和第六列结果说明，“智慧城市”试点可以促进黄河流域产业结构升级，根据中介效应模型，在基础双重差分模型中加入产业结构升级中介变量后，第七列和第八列结果显示“智慧城市”试点差分项系数有所降低，由此证明产业结构升级是“智慧城市”促进黄河流域高质量发展的作用机制。

为避免“智慧城市”试点的统计显著可能来自某些不可观测因素，本书通过构造安慰剂检验的方法判断“智慧城市”建设的高质量发展促进效应是否由随机因素引起。按照黄河流域“智慧城市”试点情况，通过随机生成处理组并重复 1000 次。由图 6 - 1 安慰剂检验结果可知，这 1000 个“虚假”的回归系数分布在零的附近且符合正态分布，而且并无回归系数超过本书“正确”系数，这说明并未有随机因素影响“智慧城市”试点的作用。

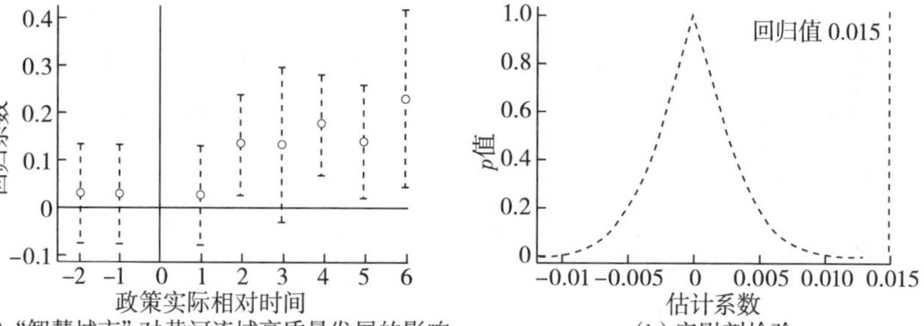

（a）“智慧城市”对黄河流域高质量发展的影响　　（b）安慰剂检验

图 6 - 1　平行趋势检验及安慰剂检验

表 6-13　"智慧城市"建设影响黄河流域高质量发展的效应及机制检验

变量	Gtfp	Gtfp	Gtfp	Asp	Gtfp	Rsp	Gtfp
	(1)	(2)	(3)	(4)	(5)	(6)	(7)
Dig	0.044***	0.015***	0.009**	0.035***	0.013***	0.029**	0.013***
	(0.005)	(0.005)	(0.004)	(0.012)	(0.005)	(0.120)	(0.005)
Asp					0.062***		
					(0.015)		
Rsp							0.080***
							(0.016)
控制变量	No	Yes	Yes	Yes	Yes	Yes	Yes
省份效应	No	No	Yes	No	No	No	No
省份×年份	No	No	Yes	No	No	No	No
城市固定	Yes	Yes	Yes	Yes	Yes	Yes	Yes
时间固定	Yes	Yes	Yes	Yes	Yes	Yes	Yes
N	693	693	693	693	693	693	693
R^2	0.116	0.320	0.346	0.699	0.363	0.581	0.372

4. 其他稳健性检验

为进一步验证本结论的可靠性，采取以下方式进行稳健性检验：第一，借鉴有关研究，为排除控制变量可能存在的"反向因果"引起的内生性问题，本书采取将所有控制变量滞后一期的方法。根据表 6-14 结果可知，回归结果未发生明显改变；第二，虽然本书解释变量统计值与有关学者测度值相差不大，但为应对衡量角度不同引起的测量误差，借鉴有关研究，采用腾讯集团构建的中国"互联网+"数字经济指数作为数字经济发展水平的代理变量，结果基本不变；第三，为排除异常值，借鉴相关研究，对所有变量进行1%缩尾处理，本书结论依然稳健。

表 6-14　数字经济影响黄河流域高质量发展的其他稳健性检验

变量	*Gtfp*	*Hqd*	*Gtfp*	*Hqd*	*Gtfp*	*Hqd*
	控制变量滞后		变量替换		排除异常值	
Dig	0.108*** (0.014)	0.203*** (0.025)	0.039*** (0.015)	0.087*** (0.024)	0.092*** (0.014)	0.179*** (0.027)
控制变量	Yes	Yes	Yes	Yes	Yes	Yes
城市固定	Yes	Yes	Yes	Yes	Yes	Yes
时间固定	Yes	Yes	Yes	Yes	Yes	Yes
N	616	616	693	693	693	693
R^2	0.231	0.315	0.305	0.372	0.278	0.325

第三节　黄河流域数字经济、生态保护与高质量发展的时空耦合

2019 年 9 月，黄河流域生态保护和高质量发展被确立为国家重大战略后，学术界对黄河流域的关注从此前的气候变化、水资源利用、水文现状治理等逐渐转为生态保护和高质量协调发展问题。鉴于流域经济特性及其在社会发展中的关键地位，黄河流域生态保护和高质量发展的耦合协调关系成为学术界重点研究对象，现有研究大致分为两类。其一，部分学者从理论层面揭示了黄河流域生态保护和高质量发展的内涵及难点，通过对发展现状的诊断进而剖析黄河流域高质量发展的着力点，如数字经济、绿色经济、文化发展等。其二，在上述研究的理论基础上，针对黄河流域特点建立生态保护和高质量发展的评价体系，测度二者在沿黄地区的耦合时空变化特征，进而给出相对客观的评价结果及政策建议。但同时现有研究也存在着明显不足。一是学术界对数字经济与生态保护和高质量发展之间作用关系的研究较为薄弱，少有研究将同时作用于生态保护和高质量发展的新动能——数字经济纳入研究框架中，忽略了数字经济时代下数

字化技术对区域经济的贡献和提升环保效率的重要作用，而分析三者之间互相作用关系并进行量化的研究则更为鲜见。二是现有研究大多采用截面数据或从省级尺度对生态保护或高质量发展水平的空间格局展开评价，基于面板数据从城市层面针对时空分异现象展开的研究和在此基础上进行驱动机制的探索有待进一步补充。黄河流域数字经济、生态保护与高质量发展中任何一环脱节都不利于我国新发展格局的稳步构建，故以数字经济赋能黄河流域绿色经济发展对“十四五”开好局、起好步有着重要意义。

一、机理分析、指标体系与研究方法

（一）DEH 系统耦合协调机理分析

耦合协调度体现的是系统内部之间和谐一致的程度，反映了系统间经过相互作用后由无序变有序的趋势。将 DEH 系统看成是耦合协调整体的理论框架如下。第一，借助数字技术可以形成兼具规模经济、范围经济及长尾效应的经济环境，进而有利于通过优化要素供给、资源配置效率和全要素生产率三条路径促进产业结构升级与生态环境优化，推动经济社会高质量发展；此外，还可以通过运用更完善的监测手段、丰富的数据库、畅通的信息网络等数字技术直接提高生态保护效率。第二，友好的生态环境不仅是助推高质量发展的内生动力，还能降低数字基础设施建设成本，有利于在扩大数字业务规模的同时增加数字设备应用，进而丰富数字经济的应用场景；数字技术的溢出和落后产能的淘汰能减少资源环境压力，同时随着经济社会的高质量发展，人们对优美生态环境的需要也会倒逼地方政府呵护绿水青山。第三，经济社会高质量发展可以通过提高资源利用效率、提升生产过程清洁化水平以及实施末端治理工程等途径促进生态保护；还可以通过产业结构调整、新经济与新业态培育、区域发展观念与发展模式转变等途径推动数字经济发展。当高质量发展水平与数字经济和生态保护三者发展水平相适应且协调时，三者的经济及社会效应才能最大化。由此可见，数字经济、生态保护和高质量发展之间是相互影响、相互作用、相互促进的（如图6－2所示），实现三者耦合协调发展不仅能集合要素优势、节约生产成本、提高单位效益，实现沿黄河流域城市集约化发展，还有利于实现“十四五”规划中提出的“推动绿色发展，促进人与自然和谐共生，全面提高资源利用效率”的战略目标。

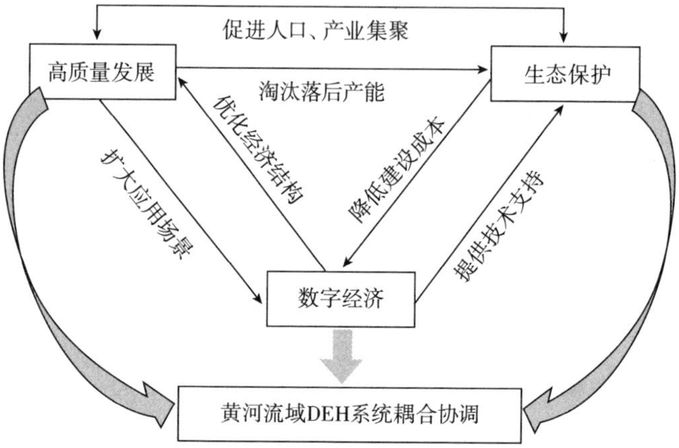

图6－2　数字经济、生态保护和高质量发展耦合机理分析

（二）指标体系构建与数据来源

为了准确评价数字经济、生态保护和高质量发展的关系，参照已有成果，遵循完备性、层次性和可操作性等原则，构建数字经济、生态保护、高质量发展耦合协调指标体系（如表6－15所示）。需要指出的是，部分指标需要通过如下处理计算获得：用泰尔指数衡量地区内的收入差异；借鉴韩永辉（2017）的算法，在产业结构偏离度的基础上，通过产值加权的方法计算产业结构合理化指数；用市辖区人口占全市总人口的比重衡量城镇化率；$PM_{2.5}$浓度初始数据源自哥伦比亚大学社会经济数据和应用中心公布的全球年均$PM_{2.5}$栅格数据，通过ArcGis软件将监测得到的栅格数据解析为2005—2019年黄河流域77个地级市的年均$PM_{2.5}$浓度数据。

根据国务院印发的《关于依托黄金水道推动长江经济带发展的指导意见》（国发〔2014〕39号），四川已被整体纳入长江经济带发展重大国家战略，且黄河在四川内流经区域的人口和经济总量分别仅占黄河流域整体的0.7%、0.3%；另外，长江最大支流汉江发源于陕西省汉中市并流经安康市；内蒙古的蒙东地区在社会、经济、文化上与东北地区联系更为紧密，区域发展已被纳入《东北地区振兴规划》中。基于此，同时考虑数据的可得性与完整性，选取山东、河南、山西、陕西、内蒙古、甘肃、青海、宁夏8个省（区）的77个地级市为研究对象，对其DEH系统发展水平以及耦合协调关系的时空演化特征进行定量分析与评价，并探讨可能的影响因素与驱动机制。基础数据主要来源于2006—2020年《中国城市统计年鉴》《中国城市建设统计年鉴》、中国研究数据服务平台（CNRDS）、Wind数据库、哥伦比亚大学社会经济数据应用中心和各地级市的统计年鉴与公报，对于缺失数据，采用临近年份数据进行线性插补或运用相似地级市数据进行匹配。

（三）研究方法

1. 综合发展评价模型

由于各指标数据大小、单位不一，首先采用极差法对数据进行标准化处理以消除量纲差异，为保证赋权的客观性，参照相关文献运用熵值法确定指标权重与得分，在此基础上采用多目标线性加权法计算出三大系统综合发展水平，其模型公式为

$$s_i = \sum_{j=1}^{n} \omega_j \cdot P_{ij}(i = 1,2,\cdots,m; j = 1,2,\cdots,n) \tag{6-9}$$

其中，s_i为i市的综合得分，P_{ij}为第j项指标第i个地级市占该指标的比重，ω_j为熵值法测得的第j项指标权重。

表6-15　数字经济、生态保护、高质量发展耦合协调指标体系

系统	一级指标	二级指标	指标属性	权重
数字经济	数字业务规模	人均电信业务收入（元）	+	0.0514
		计算机服务和软件从业人员占比（%）	+	0.0240
	数字基础设施	每万人互联网接入用户数（户）	+	0.0455
		每万人移动电话用户数（户）	+	0.0232
	数字技术创新	科学研究技术服务业从业人员占比（%）	+	0.0315
		财政科技投入占比（%）	+	0.0391

续表

系统	一级指标	二级指标	指标属性	权重
生态保护	生态治理	城市污水集中处理率（%）	+	0.0065
		生活垃圾无害化处理率（%）	+	0.0102
		工业固体废物综合利用率（%）	+	0.0092
	环境污染	万元 GDP 工业废水排放强度（吨）	–	0.0002
		万元 GDP 工业二氧化硫排放强度（吨）	–	0.0017
		万元 GDP 工业烟尘排放强度（吨）	–	0.0002
高质量发展	创新	万人专利授权量（件）	+	0.0901
		万人普通高等学校在任教师数（人）	+	0.0812
		万人高等学校在校生数（人）	+	0.0835
	协调	人均 GDP（元）	+	0.0351
		产业结构合理化指数	+	0.0108
		城镇化率（%）	+	0.0124
	绿色	$PM_{2.5}$浓度（微克/立方米）	–	0.0046
		建成区绿化覆盖率（%）	+	0.0050
		人均生活供水量（吨/人）	+	0.0198
	开放	实际利用外资额占 GDP 的比重（%）	+	0.0961
		外贸依存度（%）	+	0.0996
		每万人全市外商直接投资合同数（个）	+	0.1642
	共享	泰尔指数	+	0.0041
		每万人卫生人员数（人）	+	0.0251
		人均道路面积（平方米/人）	+	0.0257

2. 耦合协调度模型

系统耦合协调度计算公式为

$$C = \left\{ \frac{U_1 \times U_2 \times \cdots \times U_n}{\left[\frac{U_1 + U_2 + \cdots + U_n}{n} \right]^n} \right\}^{\frac{1}{n}} \tag{6-10}$$

$$D = \sqrt{C \times T} \tag{6-11}$$

$$T = \alpha U_1 + \beta U_2 + \gamma U_3 \tag{6-12}$$

其中，C 为耦合度，D 为耦合协调度，T 为 DEH 系统综合协调指数。在三系统耦合协调模型中，$n=3$，U_1、U_2、U_3分别代表数字经济、生态保护、高质量发展水平，各系统内权重和等于1。根据当前社会经济发展现状，其权重系数α、β、γ均取1/3，参考现有研究，根据D的变动幅度按照均匀分布将耦合协调度划分为十级（如表6-16所示）。

表6-16　耦合协调度等级划分

耦合协调度 D	耦合协调等级	耦合协调度 D	耦合协调等级
0~0.09	极度失调	0.50~0.59	勉强协调
0.10~0.19	严重失调	0.60~0.69	初级协调
0.20~0.29	中度失调	0.70~0.79	中级协调
0.30~0.39	轻度失调	0.80~0.89	良好协调
0.40~0.49	濒临失调	0.90~1	优质协调

3. 空间自相关模型

空间自相关模型可以用于分析区域空间整体或局部的属性集聚程度，空间自相关分为全局空间自相关和局部空间自相关，全局空间自相关可以用来描述要素属性在整体区域的空间集聚特征，局部空间自相关则可以分析单个区域的空间要素集聚情况。本书通过Geoda软件检验Moran's Ⅰ统计量，对DEH系统耦合协调度的全局自相关和局部自相关分布特征进行测量。

4. 地理探测器模型

地理探测器是一种探测空间影响因子、度量和利用空间分异特征的有力工具，能够解决空间统计学中空间分异性探测及其背后驱动作用分析缺乏的问题，其不仅在模型建立等过程中受到假设条件制约较少，而且在探测变量间交互作用时不受限于计量经济学中预先设定的乘性交互。因此，地理探测器比一般统计量更具优势，现已在社会科学、自然科学、环境科学、人类健康等多领域得到广泛运用，其具体模型为

$$q = 1 - \frac{1}{N\sigma^2}\sum_{h=1}^{1} N_h {\sigma_h}^2 \tag{6-13}$$

其中，q值代表影响因子X对DEH系统耦合协调度的解释力（%）；h为

变量 X 的分层；N_h 和 N 分别为层 h 和全区的单元数；$\sigma_h{}^2$ 和 σ^2 分别为层 h 和全区的方差；q 的值域为［0，1］，q 值越大代表自变量 X 对因变量的影响作用越强，反之同理。交互探测器则能够评估不同自变量对因变量的交互作用，即分析影响因子 X_1 和 X_2 对因变量 Y 的共同作用是否相互独立，或二者共同作用能否增强或减弱对因变量 Y 的解释力，通过两两交互作用形成的新 q 值判断二者共同作用类型及解释力强弱。

二、结果与分析

（一）黄河流域 DEH 系统发展水平的综合测度

运用综合发展评价模型，测算黄河流域 2005—2019 年数字经济、生态保护、高质量发展指数，得到汇总后的各系统指数时序变化趋势（如图 6－3 所示），黄河流域数字经济发展水平在研究期内实现较大提升，指数值从 2005 年的 0.188 上升到 2019 年的 0.610，年均增长率为 8.77%；黄河流域生态保护指数总体呈缓慢波动增长趋势，年均增长率为 2.92%；黄河流域高质量发展指数总体呈较快波动增长趋势，年均增长率为 3.27%。

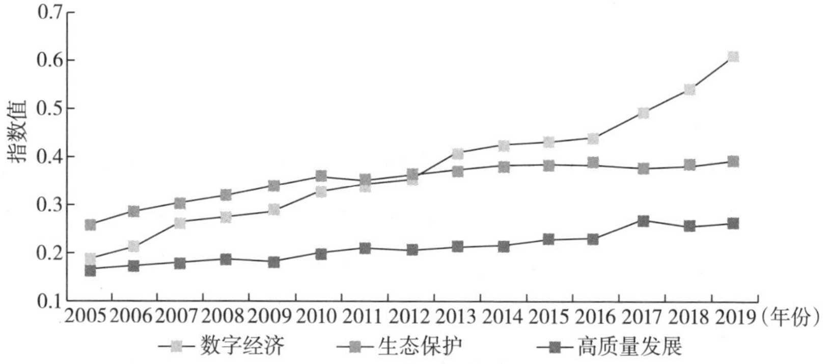

图 6－3　黄河流域数字经济、生态保护、高质量发展综合发展指数

（二）黄河流域 DEH 系统耦合协调度时空演变分析

运用耦合协调度模型，测算 2005—2019 年黄河流域三大系统耦合协调度，根据耦合协调度数值划分耦合协调度等级（如表 6－17 所示），据此对三大系

统耦合协调度进行时空演变分析。运用 ArcGIS 软件，选取空间特征研究期的四个时点（2005 年、2010 年、2015 年、2019 年）展开空间格局分析[①]。

1. 时序变化

从时间演变趋势整体来看，黄河流域数字经济、生态保护、高质量发展耦合协调度呈逐年上升趋势，且同年下游 > 上游 > 中游。2005—2009 年，耦合协调等级表现为濒临失调的主要原因是黄河流域数字经济基础薄弱，对经济贡献不足，加之经济粗放型增长，流域生态保护压力较大。2010—2018 年，耦合协调等级开始进入勉强协调阶段，耦合协调度从 0.517 增长到 0.591。2019 年，耦合协调等级变为初级协调，耦合协调度为 0.606。2010—2019 年，随着产业数字化和数字产业化进程的加快，数字经济与产业深度融合也为经济结构调整及发展方式转变提供了科技和平台支撑，产业结构更加合理，落后产能逐渐淘汰，同时生态文明建设力度不断加大，生态保护状况持续优化，数字经济、生态保护、高质量发展三大系统进入协调阶段。

表 6－17　2005—2019 年黄河流域上中下游数字经济、生态保护、高质量发展耦合协调度

年份	全域（耦合协调等级）	上游	中游	下游
2005	0.422（濒临失调）	0.404	0.374	0.461
2006	0.447（濒临失调）	0.438	0.395	0.478
2007	0.472（濒临失调）	0.463	0.427	0.507
2008	0.486（濒临失调）	0.481	0.448	0.515
2009	0.498（濒临失调）	0.487	0.475	0.524
2010	0.517（勉强协调）	0.498	0.495	0.542
2011	0.524（勉强协调）	0.504	0.502	0.552
2012	0.535（勉强协调）	0.511	0.509	0.562
2013	0.548（勉强协调）	0.521	0.519	0.580
2014	0.556（勉强协调）	0.526	0.526	0.587

① 根据国家五年计划政策时点设置。

续表

年份	全域（耦合协调等级）	上游	中游	下游
2015	0.560（勉强协调）	0.541	0.534	0.588
2016	0.566（勉强协调）	0.546	0.537	0.598
2017	0.587（勉强协调）	0.564	0.548	0.624
2018	0.591（勉强协调）	0.571	0.548	0.625
2019	0.606（初级协调）	0.587	0.563	0.644

2. 空间特征

从空间演变的视角来看①，2019 年，黄河流域耦合协调等级处于濒临失调至优质协调之间，等级处于勉强协调的城市最多，等级处于濒临失调的城市仅剩陇南市、定西市、忻州市、渭南市、固原市、商洛市、朔州市；等级处于优质协调的城市仅有郑州市，耦合协调度为 0.913，等级处于良好协调的城市为西安市、青岛市、济南市、太原市、兰州市；耦合协调度最低的城市为陇南市，数值为 0.433。耦合协调等级空间分布格局均有明显空间集聚现象，山东半岛城市群三大系统耦合协调度最高，这是因为山东半岛城市群经济结构相对合理，有着区位与资源双重优势，加之较高的生态保护水平，可以形成数字经济、生态保护和高质量发展相互促进的良性循环，更容易形成三者耦合协调发展的局面。

（三）黄河流域 DEH 系统耦合协调度空间自相关分析

为更清晰地分析三大系统耦合协调度的空间动态集聚趋势以及区域间空间关联效应，利用 GeoDa 软件对黄河流域 DEH 系统耦合协调度进行全局空间自相关和局部空间自相关分析。

1. 全局空间自相关

借助 GeoDa 中的空间分析工具，测得黄河流域 2005—2019 年数字经济、生态保护、高质量发展三大系统耦合协调度全局 Moran's I 指数均为正值并呈波动上升趋势（如图 6－4 所示），且每年均通过 1% 水平上的显

① 限于篇幅，此处未展示由 ArcGIS 绘制的耦合协调度空间分异图，结果备索。

著性检验（$p<0.01$，$Z>2.58$）。这表明黄河流域三大系统耦合协调度存在显著空间正相关关系，即耦合协调度相似的地区趋于集聚，且从整体来看这种集聚程度愈加明显。其原因是近年来各地区逐渐进入经济转型发展阶段，越发重视数字经济赋能和绿色经济发展，有先天优势的地区在国家政策支持和自身投入的双重推动下，三大系统耦合协调度快速提升，并由此形成集聚趋势渐强的局面。

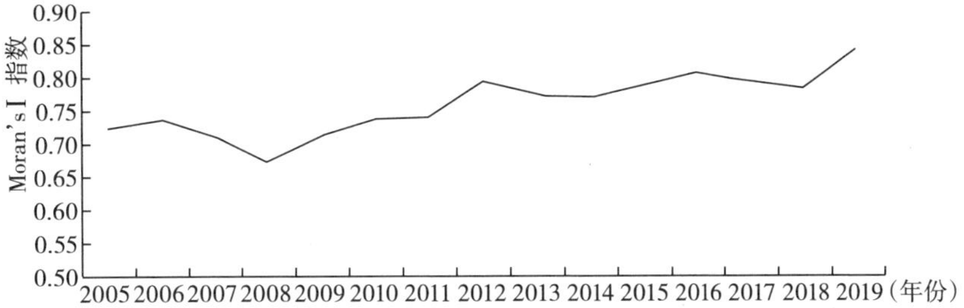

图 6-4　2005—2019 年黄河流域数字经济、生态保护、高质量发展耦合协调度全局 Moran's I 指数

2. 局部空间自相关

自相关只能反映整体空间关联度而无法分析局部单元与周边空间关联特征的不足，为了弥补全局空间，借助 GeoDa 软件测得 LISA 聚类图探究局部空间关联性特征，同样选取四个时点（2005 年、2010 年、2015 年、2019 年）作为研究断面。

结果显示[①]，四个时点的 LISA 聚类图整体分布格局基本保持不变，高—高聚集区主要集中于呼包鄂城市群和山东半岛城市群，其在资源、经济、生态等方面具有相对优势，进而能够较快形成相对合理的产业结构，相应的资源投入也能够使数字经济和绿色经济更好地引领地区经济发展方式转型，进而形成强大的协同效应并辐射周边地区，形成高—高聚集区。低—低聚集区大多分布于以“关中城市群—中原城市群”为中心的外围环形区域。随着两城市群间联系越来越紧密，涓滴效应逐渐显著，从而使城

① 限于篇幅，此处未展示耦合协调度 LISA 聚类图，结果备索。

市群交界处被逐渐“打通”，低—低聚集区明显减少。其中，低—低聚集区域资源“瓶颈”约束效应明显，且在资源获取、资金支持、基础设施建设等方面相对落后，导致其城市化进程相对较慢、产业结构不合理，区域间“数字鸿沟”无法弥合，加之其在经济高速发展过程中承受了东部沿海地区污染产业转移带来的环境外部效应，多因素叠加导致耦合协调度较低的区域形成聚集，存在陷入“恶性循环陷阱”的风险，是黄河流域未来数字经济、生态保护、高质量发展水平提升的重点区域。高—低、低—高聚集区为耦合协调高水平区向低水平区辐射传导过程中的断层区域，如兰州市、西安市、银川市、太原市、郑州市均长期处于高—低聚集区，其中仅有西安市、郑州市逐渐在研究时段后期实现了一定程度上的协同发展，兰州市、银川市、太原市仍处于吸引周围城市要素流汇集的极化发展阶段，这剥夺了周围欠发达城市的发展空间，致使形成低—高、低—低的发展逆差。

三、黄河流域 DEH 系统耦合协调发展的驱动因素

黄河流域 DEH 系统耦合协调度空间依存特征较为显著，为进一步科学有效地厘清黄河流域 DEH 系统耦合协调度时空分异格局形成的内在机理，系统分析黄河流域数字经济、生态保护、高质量发展的共同效应因子，有必要重点探究影响黄河流域 DEH 系统耦合协调度的驱动因素及其不同时期驱动作用、交互作用的异同。

本书拟从人地关系的视角出发，建立内外驱动力共同作用下的黄河流域 DEH 系统耦合协调度驱动模型（如图 6－5 所示），系统量化多要素相互作用导致的时空演变过程。考虑到黄河流域自身发展特点，遵循客观性、科学性等原则并结合现有研究成果，构建由 10 个指标组成的黄河流域 DEH 系统耦合协调度驱动因素指标体系（如表 6－18 所示）。由于导入地理探测器的探测因子必须为类型变量，本书利用 SPSS 22.0 软件对各因子进行最适离散化处理。

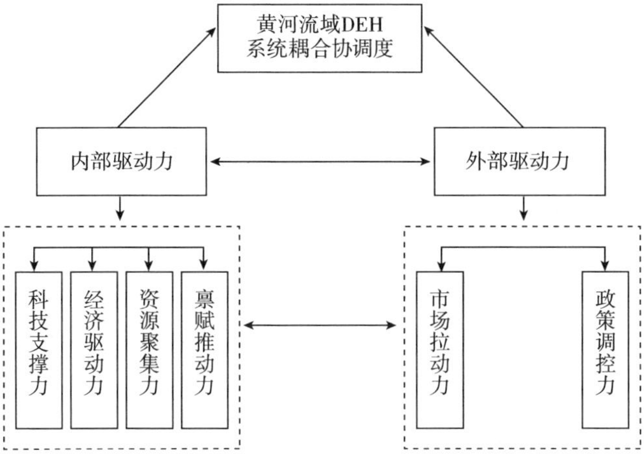

图 6－5　黄河流域数字经济、生态保护、高质量发展耦合协调度驱动机制

（一）驱动力时间异质性分析

运用地理探测器中的因子探测器检验各驱动因素对 DEH 系统耦合协调空间分异的解释力 q 值发现，2005 年、2010 年、2015 年、2019 年探测因子均在 5% 的水平上显著，结果见表 6－18。

表 6－18　2005 年、2010 年、2015 年、2019 年黄河流域整体 DEH 系统耦合协调度驱动因子探测结果

驱动力	驱动因素	指标	2005 年	2010 年	2015 年	2019 年	总和	驱动作用
科技支撑力	信息化程度（X_1）	每万人互联网接入数（人）	0.5593	0.6085	0.6596	0.5053	2.3327	↑↑↓
	创新水平（X_2）	万人专利授权量（件）	0.7101	0.6419	0.7231	0.7351	2.8102	↓↑↑
经济驱动力	经济发展（X_3）	人均 GDP（元）	0.6141	0.5269	0.5845	0.5525	2.2780	↓↑↓
	产业结构（X_4）	产业结构合理化指数	0.2520	0.3562	0.4880	0.6131	1.7093	↑↑↑
资源聚集力	城镇化水平（X_5）	城镇化率（%）	0.4469	0.2452	0.2714	0.3492	1.3127	↓↑↑
	交通可达性（X_6）	人均道路面积（平方米/人）	0.3130	0.2533	0.2687	0.3410	1.176	↓↑↑
禀赋推动力	地形禀赋（X_7）	地级市坡度（%）	0.1591	0.1022	0.1121	0.0933	0.4667	↓↑↓
	生态禀赋（X_8）	绿化覆盖率（%）	0.3137	0.2320	0.1527	0.1316	0.8300	↓↓↓

续表

驱动力	驱动因素	指标	2005 年	2010 年	2015 年	2019 年	总和	驱动作用
市场拉动力	对外开放水平（X_9）	外贸依存度（%）	0.4101	0.4426	0.4595	0.4817	1.7739	↑↑↑
政策调控力	政府调控（X_{10}）	人均地方财政支出（万元/人）	0.3077	0.1716	0.2829	0.1478	0.9100	↓↑↓

就黄河流域总体而言，不同因素对黄河流域 DEH 系统耦合协调度的影响具有显著异质性。总的来看，四时点驱动作用最高和最低的因子分别为创新水平（X_2）和地形禀赋（X_7）。分时段来看，2005—2019 年，驱动作用提升的驱动因子驱动作用提升值从高到低依次为产业结构（X_4）、对外开放水平（X_9）、交通可达性（X_6）、创新水平（X_2）；驱动作用减弱的驱动因子驱动作用降低值从低到高依次为生态禀赋（X_8）、政府调控（X_{10}）、城镇化水平（X_5）、地形禀赋（X_7）、经济发展（X_3）、信息化程度（X_1）。从研究期整体来看，仅有生态禀赋驱动作用呈连续下降状态，产业结构、对外开放水平驱动作用呈连续上升状态；科技支撑力的平均驱动作用显著高于其他维度，禀赋推动力的平均驱动作用显著低于其他维度。进一步来看，具体如下。

1. 内部驱动力

科技支撑力驱动作用在研究期均呈现较高水平，这反映了国家近年来重视科技创新发展和数字技术应用。科技创新不仅能直接为经济发展和生态保护提供技术支持，还能起到“纽带作用”，即间接通过产业培育与产业革新减少生态污染；信息化程度的提高则有利于提升资源利用效率、清洁生产过程，减轻区域发展对资源环境的干扰与破坏以及突破资源环境的“瓶颈”约束，进而促进高质量发展新格局的形成。随着我国经济进入高质量发展阶段，地方政府不再单纯追求 GDP 高速增长，具体表现为经济发展驱动作用逐渐减弱，产业结构驱动作用逐渐增强。对黄河流域而言，部分资源型城市在路径依赖作用下导致黄河流域产业结构重型化特征突出，资本、劳动等生产要素流向资源型行业，部分地市出现牺牲生态环境发展经济的现象，使资源聚集力对 DEH 系统耦合协调度的解释作用先减弱后增强，这种现象在 2010 年前后有所好转。在资源导向型的传统增长模式中，自然禀赋状况在很大程度上决定了地区经济发展水平，区域经济增长模式的转变使禀赋推动力驱动作用有所下降，加之数字经济的蓬勃发展重构了经济地理格局，在一定程度上消除了自然地理要素的局限性，减弱了禀赋推动力的驱动作用。

2. 外部驱动力

对外开放水平驱动作用呈连续上升趋势。企业可以通过知识转移引进先进的生产技术和经验，提高全要素生产率，同时对资本积累和社会生产起到一定的积极作用，进而影响 DEH 系统耦合协调度。进一步来看，在 2005—2010 年，对外开放水平驱动作用上升明显，因为初期国家环境规制政策较为宽松，“污染避难所”假说认为，当地区环境规制比较宽松时，污染企业更易选择在环境标准较低的国家进行投资生产，表现为前期 q 值提升幅度较大；后期随着国家科技创新及经济发展实力逐渐增强，外商投资对生态环境的负面影响不断凸显，对外开放水平对 DEH 系统耦合协调度的驱动作用持续减缓。另外，政府作为市场经济主体，承担国家的经济、政治、社会管理等多方面职能，逆周期调节是政府宏观调控的本质，表现为政府调控驱动作用的周期性变动。

（二）驱动力空间异质性分析

黄河流域横跨中国东、中、西三大经济地带，考虑到上中下游自然、经济、社会、人文等条件差异巨大，研究进一步测算了各驱动因素作用于黄河流域上中下游 DEH 系统耦合协调发展的区域差异（如表 6 – 19 所示）。

表 6 – 19　2005 年、2010 年、2015 年、2019 年黄河流域上中下游 DEH 系统耦合协调度驱动因子探测结果

驱动因素	2005 年			2010 年			2015 年			2019 年		
	上游	中游	下游	上游	中游	下游	上游	中游	下游	上游	中游	下游
X_1	0.6117	0.8461	0.6981	0.7097	0.5816	0.9038	0.6953	0.9306	0.7486	0.5713	0.6210	0.8098

续表

驱动因素	2005年			2010年			2015年			2019年		
	上游	中游	下游	上游	中游	下游	上游	中游	下游	上游	中游	下游
X_2	0.4900	0.7707	0.8898	0.7317	0.6747	0.9350	0.6683	0.7622	0.9189	0.6288	0.7506	0.9576
X_3	0.5030	0.7326	0.7946	0.6497	0.4153	0.7595	0.7202	0.6042	0.7049	0.6646	0.4317	0.8275
X_4	0.2174	0.1856	0.5650	0.4124	0.2002	0.5417	0.4934	0.4547	0.5538	0.8405	0.5817	0.5782
X_5	0.4814	0.3375	0.8343	0.5320	0.4300	0.2477	0.7464	0.3248	0.2422	0.9036	0.6350	0.3563
X_6	0.3753	0.3068	0.4206	0.4812	0.1613	0.2358	0.6599	0.1858	0.3807	0.3090	0.3957	0.2617
X_7	0.1455	0.0793	0.0700	0.1043	0.0828	0.0905	0.1115	0.0552	0.1046	0.0184	0.1496	0.0718
X_8	0.2970	0.3720	0.3509	0.3761	0.3040	0.0933	0.3192	0.1543	0.2157	0.5629	0.1698	0.0716
X_9	0.3891	0.5310	0.8405	0.3827	0.4814	0.9390	0.4192	0.4982	0.9124	0.3299	0.5706	0.9287
X_{10}	0.2978	0.2946	0.8111	0.3100	0.1543	0.8151	0.5427	0.3774	0.7949	0.2502	0.2072	0.8719

1. 内部驱动力

由表6-19可知，科技支撑力对黄河中下游DEH系统耦合协调度驱动作用大多大于上游，这表明黄河上游科技创新驱动转型机制尚不健全。经济发展的驱动作用基本呈现上下游大于中游的格局，下游充裕的资金支持以及上游的政策红利导致“中部凹陷”。而产业结构的驱动作用则呈现随时间推移由下游向中上游转变的趋势，对中上游驱动力在2019年超过下游，这也表明在2019年黄河流域中上游产业结构转型升级初见成效。资源聚集力在不同时间对各区域的驱动作用也体现了城镇化以及道路交通系统的重要意义，这在研究段中后期表现尤为明显，从侧面反映出我国扶贫、基础设施建设等项目对推动中西部欠发达地区数字经济发展、生态保护、高质量发展的重要作用。整体来看，禀赋推动力对中上游DEH系统耦合协调空间分异的影响力基本大于下游，其中生态禀赋对上中下游区域作用力不同的原因是，随着经济发展，部分城市逐渐跨过环境库兹涅茨曲线（EKC）“拐点”，出现了生态保护水平相似但经济社会发展水平不同的区域，这导致生态禀赋对黄河流域DEH系统耦合协调度分异性的解释力逐渐减弱。

2. 外部驱动力

由表6－19可知，对外开放水平对黄河中下游DEH系统耦合协调度驱动作用均呈现下游>中游>上游的分布格局，这是因为黄河流域下游城市有着良好的区位优势，外商投资相对活跃，垂直专业化分工程度显著高于内陆区域，而中上游城市则更多通过向沿海区域提供中间产品而间接实现增加值出口；政府调控驱动力均呈现下游>上游>中游的分布格局，其原因是下游城市深度嵌入全球价值链、产业链，社会经济发展不确定性较强，政府调节力度较大，而上游城市享受“西部大开发”等国家相关政策支持，中游城市则相对处于政策“真空”状态。值得注意的是，2019年，下游地区是唯一同时受到内外部驱动力显著影响的区域，由此反映出下游地区是带动黄河流域DEH系统发展的关键力量，且在下游地区内外部驱动力的共同作用下，科技创新驱动的“马太效应”使上中下游DEH系统耦合协调度空间分异格局在短期难以得到根本性转变。

（三）因子交互

运用地理探测器中的交互探测器探测双因子对黄河流域DEH系统耦合协调度的共同作用①。就交互作用类型而言，大部分是双因子增强且不存在减弱类型，进一步来看，较容易与其他因子产生非线性增强的驱动因子为：产业结构（X_4）、地形禀赋（X_7）、城镇化水平（X_5）；就双因素交互而言，增强效果最显著的因素为2010年的产业结构（X_4）与政府调控（X_{10}）；就单因素影响效果而言，2005年交互后q值提升最多的因素为地形禀赋（X_7），2010年为政府调控（X_{10}）、2015年为产业结构（X_4），2019年为城镇化水平（X_5），这种不同年份的因素变化趋势与国家发展战略和宏观调控政策提出时间基本契合。由此可见，黄河流域DEH系统空间分异格局并不是单因素造成的，而是多种因素交互协同发挥作用，且2005—2019年，交互增强作用最显著的因素各不相同。

① 因篇幅所限，探测结果未展示，备索。

四、主要结论

异质性视域下对黄河流域77个地级市的研究结果如下。

第一，2005—2019年黄河流域数字经济水平实现较大增长，年均增长率为8.77%，空间呈现下游>中游>上游的分布格局；生态保护水平呈缓慢波动增加趋势，年均增长率为2.92%，空间呈现下游>上游>中游的分布格局；黄河流域高质量发展指数总体呈波动增长趋势，年均增长率为3.27%，空间呈现下游>中游>上游的分布格局。

第二，2005—2019年黄河流域DEH系统耦合协调度呈逐年上升趋势，整体从濒临失调进入初级协调，逐渐形成下游>上游>中游的发展格局。耦合协调度在地市层面表现出显著的空间正相关特征，从整体来看这种集聚水平呈波动上升趋势，局部空间上呈高—高集聚与低—低集聚的空间俱乐部收敛特征，高—高聚集区主要集中于呼包鄂城市群和山东半岛城市群，低—低聚集区大多分布于以“关中城市群—中原城市群”为中心的外围环形区域。

第三，不同因素对黄河流域DEH系统耦合协调度的影响具有显著异质，从整体来看解释力最大的驱动因素为创新水平，产业结构、交通可达性、对外开放水平驱动作用呈持续上升状态，生态禀赋驱动作用呈持续下降状态，科技支撑力的平均驱动作用显著高于其他维度，禀赋推动力的平均驱动作用显著低于其他维度。下游地区是唯一同时受到内外部驱动力显著影响的区域，也是带动黄河流域DEH系统发展的关键力量。黄河流域DEH系统空间分异格局是由多种因素交互协同作用形成的，研究期四时点交互增强效果最显著的单因素分别为地形禀赋、政府调控、产业结构、城镇化水平。

基于以上研究结果，首先，在“共抓大保护”的前提下，各地市应当根据自身数字经济、生态保护、高质量发展水平，结合区域资源禀赋优势制定差异化发展战略。中下游地市应当利用其雄厚的经济、科技实力基础，以数字技术加强生态保护治理，修复经济变换裂缝，围绕晋陕能源基地、河道滩区、黄河三角洲等生态保护重点内容，建立健全地方政府资源开发与生态保护考核机制，实现生产力可持续发展。上游地区应积极构建符合西部地区优势和特色的数字基础设施网络，以数字化技术赋能水资源集约安全利用，努力缩小上下游数字鸿沟，利用数字技术助推产业转型升级，转变黄河流域以农业生产和资源能源开发为主的经济发展方式，打造黄河流域生态保护和高质量发展新动能。

其次，加大对黄河流域地级市的财政支持，优化科技资源配置，加强网络设施及服务等数字基础设施建设，尤其是完善中上游中小城市基础网络体系，构建多层级、一体化综合交通枢纽体系。通过数字技术引导能源产业变革，助力实现“碳达峰、碳中和”战略目标，加快产业数字化转型升级，积极推动数字经济新业态、新模式发展以创造更多的消费需求。借助物联网、大数据、人工智能等数字技术因势利导大力发展生态旅游、休闲养老、特色养殖、特色农业，推动数字经济与实体经济深度融合，打造高质量发展新增长点。同时，完善政府、市场、社会组织、公众共同参与的空间治理模式，健全公平与效益并重、政府调控与市场优化配置并重、问题与目标并重、约束与激励并重的区域政策体系，形成适应高质量发展要求的区域协调新机制。

最后，黄河流域各地市间应当加强技术合作，积极探索以市场为导向、企业为主体的产学研深度融合数字技术创新体系，提高关键核心技术创新能力，破除黄河流域“资源诅咒”。中上游地市应当以西部大开发、“一带一路”倡议为契机，加快补齐城镇化短板弱项，同时加强数字人才培养，不断扩大“数字产业＋人才”聚集区，发挥城镇化和政府调控的交互协同作用。下游地市应聚焦科技创新前沿，面向全国构建大数据、云平台、人工智能、区块链等数字信息技术创新投融资支撑体系，加速推动数字信息领域核心技术突破，为实现现代化“科技治黄”提供有力支撑。

第七章　黄河流域制造业双重价值链高质量嵌入路径

黄河流域的发展是我国经济社会发展的重要组成部分，黄河流域制造业对国内价值链和全球价值链的双重高质量嵌入既是推动区域协调发展、实现中国式现代化的重要内容，也是构建国内国际双循环、形成新发展格局的关键所在。因而，黄河流域国内价值链高质量嵌入须基于与东部沿海地区的产业协调布局，全球价值链的高质量嵌入则须以“一带一路”为依托。

第一节　基于区域协调的黄河流域制造业国内价值链高质量嵌入

从整体来看，黄河流域制造业在近几年迅速崛起，但是黄河流域经济发展水平与东部地区依然存在显著差距。本书第四章从产业视角出发，聚焦制造业，具体从制造业分工合作现状、产业转型差异两个部分对比分析黄河流域和东部地区制造业全球价值链攀升的产业基础，研究发现黄河流域和东部地区之间存在较为严重的地方保护主义问题和贸易壁垒，在制造业领域存在重复建设的问题。这种情况使这两个地区的产业结构趋向一致，制造业分工不够协调。在产业转型方面，发现东部地区产业结构领先于黄河流域地区，但是双方经济互动交流使得这一差距显著缩小。以上研究表明，黄河流域地区制造业亟待通过与东部地区的良性互动实现自身对双重价值链的高质量嵌入。

一、黄河流域与东部地区互动及双重价值链嵌入的特征事实

（一）黄河流域产业结构与贸易结构协调度不高

本书第四章关于产业结构与贸易结构耦合协调度区域差异性分析表明，黄河流域产业结构与贸易结构未做到协调分工，而城市化水平差异则是二者未能协调分工的重要原因。黄河流域地区经济发展较为落后，第一、第二产业相较全国平均水平而言占比较大，高端制造业与现代服务业发展相对滞后，因此城市化水平相对较低，城市化在黄河流域产业结构与贸易结构协调发展中发挥的驱动力有待提升。此外，第四章的分析还表明，科技投入和区域内部资源整合同样扮演着关键角色。就科技投入而言，黄河流域地区创新投入不足在某种程度上限制了产业与贸易的有效协同发展。科技投入对黄河流域和东部地区产业结构与贸易结构的耦合协调发展具有较强的驱动作用，其中，科技投入对黄河流域的创新驱动效果好于对东部地区的创新驱动效果，科技投入对黄河流域产业结构与贸易结构耦合协调关联度的边际效用较大。就内部资源整合而言，黄河流域地区政府间缺乏深度合作，资源得不到有效整合，产业结构高度重合，贸易结构协调度也不高，这阻碍了黄河流域产业的协调发展。

（二）黄河流域行业同质性较高导致贸易格局不均衡

本书第四章对黄河流域和东部地区内部制造业行业分工指数进行分析后发现，长期以来，地区保护主义政策限制了黄河流域与东部地区之间的贸易，妨碍了地区制造业比较优势的充分发挥，也导致市场失灵，区域产业结构封闭性强，进而限制地区经济的发展。黄河流域与东部地区之间的互动改变了全球价值链在地理位置上更加倾向于东部的格局，优化了国内不同区域之间的资源配置。同时，东部地区发挥了对中西部和内陆地区的带动作用，解决了东向开放对中西部地区的“虹吸效应”，进而促进了开

放型经济中的区域协调发展。在过去，各国会根据地缘资源和成本差异，自主地整合产业链上的研发、生产等环节，以提升其在产业链中的地位。然而，传统的加工贸易通常偏向某一特定地理位置，这导致产业空间布局的固化，贸易格局也开始偏向东部地区。此外，东部地区从加工贸易中获得的增值“极化效应”也削弱了调整产业布局的动机，进一步加深了东部与中西部之间贸易格局的不均衡，难以适应贸易竞争力提升的战略需要。

（三）黄河流域数字基础设施建设与商业模式创新亟待提高

与东部地区相比，黄河流域的数字基础设施建设相对滞后，如在宽带网络、数据中心、云计算资源等方面存在显著不足。由于缺乏先进的数字基础设施，地区内的科研和创新活动受到限制。数字基础设施的缺乏也会导致数据存储和处理效率低下，使科研工作更为耗时，从而延长了技术创新的研发周期。同时，该区域的商业模式创新也面临着挑战，商业模式的创新通常需要资源和市场影响力，而巨头公司就是聚集地区资源与市场影响力的载体。与东部地区的巨头企业如阿里巴巴、腾讯相比，黄河流域地区缺乏类似的国内巨头企业，导致地区内企业在商业模式的模仿和创新方面存在较大困难。这些问题不仅影响了黄河流域地区内部的创新能力，还限制了外溢效应的发挥。缺乏足够的数字基础设施和商业模式创新可能使东部地区的人才不太愿意在黄河流域地区投资或参与创新活动，从而减少了跨区域的技术传播和知识共享。

二、产业协调是黄河流域制造业国内价值链高质量嵌入的核心

（一）基于要素区域内整合促进黄河流域与东部沿海地区产业链协调

2022 年，中国的 GDP 规模达到 121.02 万亿元，世界第二大经济体的地位进一步巩固。一方面，经济发展必将促进城市发展建设进一步升级，从而加剧土地、资源等要素的稀缺问题。中国的制造业高度集中在东部地区，尤其是经济较为发达的东部沿海城市。在 29 个大类行业中，东部地区

份额超过90%的有4个，超过70%的有20个。企业的不断聚集导致经济环境日益恶劣，其直接后果就是各种生产要素价格急剧上升，资源、能源供给日趋紧张。为了缓解这种经济与社会环境发展的失调，就需要把在相对发达地区已经丧失优势的一些劳动密集型产业转移出去，腾挪出更多空间和资源发展知识、技术及智能密集型产业，实现城市产业结构的优化升级，同时实现本地区经济与环境的可持续发展。

另一方面，我国在经济发展进程中全面推进城镇化建设，中西部等内陆城市不断发展，非一、二线城市产业基础条件日益成熟，这带动了当地的产业发展和人才聚集。且产业园区不断开发建设，资本市场关注度越来越高，相关促进政策也不断出台，为普通的三、四线城市承接一、二线城市溢出产业提供了良好的产业转移承接条件。同时，部分中西部地区致力于利用其在水电、风电、光伏等领域的资源优势改善营商环境，如重庆、成都、武汉、郑州、西安、合肥等核心城市开始承接东部地区的多晶硅、人造石墨、碳纳米管等新材料产业及电子信息、机械制造、生物医药和汽车制造等技术密集型产业。西安半导体产业、重庆新能源汽车产业、合肥芯片产业、武汉光纤通信产业等均已初具规模，目前国内产业跨区域转移呈现南北向、东西向的多方向态势，高端产业“平行转移”日渐突出，与“双转移”特征一起，重构国内产业链空间格局。

黄河流域除了山东其余省份均为中西北地区，要利用与东部地区的要素差异加强专业化分工与协作，推动产业链在国内区域间合理布局与协同发展。

1. 基于城市功能布局产业链

发生于20世纪60年代中期的国内产业转移主要是政府主导型的产业转移，而新一轮产业转移则主要由发达城市产业结构升级和城市用地稀缺驱动。近年来，国内各大城市及城市群纷纷开始对城市功能进行重新定位，强调产业与城市功能的匹配，并以产业结构与城市定位相协调为目标重新布局产业链和产业集群，以各大中心城市为核心的圈层化产业转移不断深化。其主要表现为：中心城市强化科技创新、先进制造、国际商贸、综合物流枢纽等核心功能，主要发展数字经济、生命健康、智能制造、高端装备等新兴产业，将纺织、化工、建材、造纸等高耗能、高污染行业以及农产品加工等劳动密集型产业向外转移。

黄河流域应利用西安已有的“双中心”地位，形成以西安、成都为中心城市的科技创新圈，以西安、兰州、郑州为中心的交通物流圈，以及以山东为中心城市的制造业核心，进而与东部地区形成合理分工与良性互动。

2. 基于传统产业转型升级发展新兴产业

新兴产业的产能扩张和布局具有其特殊性，除了要考虑劳动力、土地和物流等成本因素，更要注重三个方面的因素：一是上游产业环境，主要看是否贴近原材料产地；二是下游市场状况，主要考虑应用市场的规模及其未来发展前景是否广阔；三是政策环境，新兴产业的扩张性布局十分注重地方政府支持力度。新兴产业中除了像小金属这样严重依赖原材料的行业，大部分产能扩张行业都集中在新能源、光伏、生物制药、医疗器械以及集成电路等高端领域。而西部地区在水电、风电、光伏，以及金属、煤炭、石油等传统能源行业均具有较为突出的资源优势，其营商环境的逐步改善，新兴产业市场需求的持续扩大，为中西部外围城市和园区发展带来了新的机会。除了传统的东部地区向中西部地区进行以能源化工、资源精深加工、新材料、轻工产品等劳动密集型产业为主的梯度转移，中西部地区也开始承接技术密集型产业，重庆、成都、武汉、郑州、西安等核心城市，逐步从承接劳动密集型产业向承接电子信息、机械制造、生物医药和汽车制造等技术密集型产业转变。国内跨区域产业南北向、东西向的多方向转移态势逐渐呈现。

（二）通过集群式产业转移重塑区域产业链

黄河流域与东部地区的差距不是点的差距而是面的差距，这种差距不是通过引进几个大企业、发展几个产业能够消除的，且产业基础条件较差的区域仅仅依靠自身努力也很难改变落后局面，只有将发达地区逐渐失去产业竞争优势的产业集群整体性引入，才能全面实现黄河流域地区的整体性发展。集群式转移是一整条产业链的转移，是在新地区植入新产业，因而对输入地产业基础条件要求不高，原有区域禀赋条件对新产业的限制也较小，只要后续产业发展的氛围不被破坏，这种植入就有可能取得成功。

要实现产业集群式转移，引进“链主企业”十分关键。产业链关键节点的链主企业，必须满足两个条件：一是要具有较好的点辐射功能，即能有效带动一批产业链上下游配套企业转移，拉长产业链，从而有效形成大规模产业集群，发挥规模经济效应；二是要具有较好的产业链边缘性质，即具有较强的跨产业关联性，能促进产业链在区域内延伸与拓展，发挥区域内不同产业链的“联结”作用，改善区域产业基础，催生具有竞争力的区域优势产业。通过引进具有引领作用的链主企业带动低端产业集群转入黄河流域，不仅可以为东部地区腾出产业升级的市场空间，也可以为黄河流域产业结构的完整化和优化调整创造条件。“链主企业—重大项目—产业链—产业集群”是有效推动黄河流域现代化产业体系构建的重要路径。

（三）以“特别合作区”模式推动区域产业协调

2011 年，广东省在深圳（汕尾）产业转移工业园的基础上设立了深汕特别合作区，“特别合作区”模式成为广东省在新时期探索区域协调发展的创新模式。该合作区具有三大十分突出的特点。一是定位准确。该合作区以坚定发展实体经济为宗旨，以加快构建现代产业体系为目标，重点并优先发展高新技术项目、重大项目和规模集聚项目。二是板块清晰。该合作区着力建设和打造四大板块：深汕湾机器人小镇、鹅埠先进制造集聚区、深汕海洋智慧港、深汕工业互联网制造业创新基地。深汕湾机器人小镇引进显控、华睿丰盛、科卫、三宝等 10 余家实体企业，锐博特创新基地等平台项目，储备了哈工大机器人集团、中航联创、赛迪研究院等 20 多家优质科研机构，已成为全国最大的机器人小镇。三是模式创新。该特别合作区在传统飞地投资模式的基础上，经历几番机制调整，在不改变行政区划范围的前提下，从合作建立产业园区，发展到合作建设一座城市，实现了“飞出地全面管理”，是全国首个由“飞出地”全面主导建设管理的

“飞地”。

这一模式实质上扩大了深圳的城市空间，拓展了特大城市发展的新思路，示范效应显著。“宁淮特别合作区”“南京经济技术开发区涟水特别合作区”“广清特别合作区”“杭州高新区（滨江）富阳特别合作区”等相继出现，黄河流域可以结合自身条件借鉴推广。

（四）健全区域协调发展新机制

要充分发挥国家发展规划的战略导向作用，建立并完善区域经济政策评估体系，将地方政府对区域协调发展战略及相关政策的实施效果纳入地方政府考核体系；改革土地管理制度、全面建立生态补偿制度、完善财政转移支付制度，进一步优化区际利益补偿机制和基本公共服务均等化机制，建立政府负责、社会协同、公众参与、法治保障的区域协调治理体系，为区域间产业协同和空间协同提供必要的制度供给。

1. 引导人力资源有序流动

产业转型的基础和原动力是与之相配套的人力资源的流动与转移。因此，产业转移过程中一定要重视人力资源的流动与变化，规避劳动力区域错配给区域协调发展带来的风险。建立失业预警和调控体系，广开就业门路，建立就业服务体系，实施再就业工程，建立失业保险基金，积极发展和规范劳动力市场，形成市场导向的就业机制。

一是要改善以促进劳动力回流为主要内容的营商环境。当前出现的由东部地区向中西部地区的人口回流主要表现为结构性回流而非数量型回流。因此，地方政府必须以劳动力结构合理化为目标构建完善的劳动力市场，健全劳动力市场体系，创造承接产业转移的优势条件。

二是要完善产业承接地的人才激励机制。承接地要因时因地制定相关配套措施，如在住房、就医、就学、生活补贴、贷款贴息、股权激励、项目资助、职称评聘、人才（项目）评选等各方面提供帮助或支持，切实提升人才政策针对性、灵活性、精准性。

三是要完善企业生产环境。中西部地区企业普遍工资水平偏低且生产环境较差，对劳动力缺乏足够的吸引力。中西部地区企业要优化企业生产条件，完善职工的社会保障体系，提高职工待遇和生活保障水平，以促进劳动力回流。

四是要改善劳动力培训体系。提高劳动力收入和待遇的一个有效途径是提高劳动力技能、技术水平，而技能、技术水平的提高可以直接提高劳动生产率，一方面有助于为当地产业结构升级提供必要的人力保障，另一方面有利于优化劳动力市场结构。政府和企业应为职工提供各类技能、技术培训，完善再就业培训配套体系，促进劳动力回流。

2. 促进区域间长期紧密合作

区域间合作的基础是产业，而产业及产业集群的培育不是一蹴而就的，而是一个长期的过程。各地区在产业转移的过程中，要尊重产业规律，充分、及时地关注本地区产业优势变化及产业转移情况，积极引导产业在不同区域间进行梯度转移，并建立产业转移利益长期共享机制，实现优势产业对接，有效促进产业升级。

一是推行托管等区域合作新形势。托管、共建等形式是东部地区支持中西部和东北地区发展的重要形式，也是国家政策允许并支持的形式。可以通过科技成果共建转移转化示范基地以及新型研发机构战略联盟等形式，鼓励东部地区科技创新成果在中西部、东北地区孵化转化。产业转出地应积极创新合作模式，加快探索投入、收益、用地等利益分享机制，改变区域间合作的短期性，实现稳固产业衔接基础上的长期稳定合作。

二是建立知识产权保护和共享机制。深化我国知识密集型服务领域的体制机制改革，是数字贸易条件下进一步扩大服务业对内和对外开放，构建开放统一、有序竞争的服务业市场，以服务贸易开放倒逼改革，推动贸易自由化、投资便利化，向全球价值链高端攀升的重要举措。而知识密集型产业稳步健康发展的关键是知识产权的有效保护。产业的区域间长期紧密合作有赖于产业链不同环节的彼此衔接，需要在产业链完整的基础上调整区域产业结构，即建立知识密集型产业集群以充分利用知识与技术密集型产业的外溢效应辐射整体经济。这就要求建立跨区域知识产权保护与共享机制，深化跨区域知识产权行政保护协作。不同区域可以通过签订区域知识产权保护合作协议，轮流主持召开执法维权保护协作年会，定期开展典型案例分析研讨、知识产权执法维权保护工作交流会，开展跨区域知识产权联合执法，对重大案件协同处置等方式，在协议成员单位间建立密切配合关系，并加强证据移送、信息共享、委托调查、协同配合等方面的合作，完善线索移送和信息共享机制。同时，可通过人才资源共享，协调开通重点企业维权绿色通道，健全知识产权获权、用权、维权全链条保护体系，加强在知识产权信息利用平台、公共服务平台等方面的合作，增强区域知识产权协同创造能力。

3. 促进工业与生产性服务业协同转移

生产性服务业是为保持工业生产过程的连续性和高效性，促进工业技术进步和产业升级提供保障性支撑服务的服务行业。生产性服务业与制造业直接相关，是从制造业内部生产服务部门独立发展起来的新兴产业，贯穿企业生产的上游、中游和下游诸环节。生产性服务业的核心要素是人力资本、知识资本和技能资本，是第二、第三产业加速融合的关键环节。生产性服务业聚集能够产生规模报酬递增效应，推进工业与生产性服务业转移协作，保证我国产业链整体完整性，避免生产性服务业与工业发展出现地区错配情况，实现资源、环境协调发展。

随着三、四线城市人才回流趋势的出现，部分城市具有良好的人才技术资源，那么在承接产业转移时不应只局限于低端的产能或企业，而应全方位地承接。汽车、化工投资已经向中西部集中，集成电路、计算机和通信等高科技产品以及装备制造业的生产基地逐步向中西部转移趋势显现。三、四线城市应该尽早筹划，在大力吸引劳动密集型、资源密集型产业进入的同时，也要大力吸引科技型、创新型、服务型企业投资，吸引国内外战略投资者，培育一批创新性突出、成长性强、易于产业化的科技项目，形成现代化制造业与现代化服务业有机并存的现代产业体系。

三、区域一体化是黄河流域制造业国内价值链高质量嵌入的基础

全球化进程中日益凸显的区域一体化趋势突出的内部化优势同样可以作为国内区域发展的有效措施。应在整合区域资源的基础上，确立西安咸阳一体化、成渝城市群等区域一体化战略，消除地方保护主义，减少国内市场分割，推动黄河流域一体化发展。

一是基础设施互联互通。通过加大基础设施建设力度，构建跨区域的高效便捷交通网络、能源网络等，推动基础设施一体化发展，降低物流成本，促进资源要素自由流动。

二是科技创新协调推进。鼓励企业开展跨区域合作，通过先进地区示范引领和后发地区效仿，充分发挥后发地区的后发优势，形成区域间技术溢出效应，推动区域整体技术创新。

三是政策支持标准统一。建立统一的市场规则和标准，消除区域之间的贸易壁垒，促进商品、服务的自由流通。通过加强区域市场监管、建立共同的营商环境，提高整个区域的市场一体化水平。加大政策支持力度，强化区域关联与配套能力，避免传统的单一空间溢出，构建高—低梯度的双重价值链空间结构。

四是公共服务共建共享。建立黄河流域公共服务一体化平台，推进城乡公共服务便利化和共享化，尤其注重流域居民基本生活保障、基本医疗与养老水平的提升。优化教育资源配置，以教育联合体建设提高流域教育水平，优化人力资本结构。

五是生态环保协同共治。遵循黄河流域资源分布规律，针对上游、中游和下游的不同生态特征，建立联防共治的区域生态保护屏障。强化上游水源涵养功能，加强重点区域荒漠化治理，加大退耕还林还草、退牧还草、草原有害生物防控等工程实施力度，遏制生态退化趋势。提高中游水土保持能力，在适宜区域实施飞播造林，发展高效旱作农业，大力推广农业蓄水保水技术。推进下游湿地保护和生态治理，建设黄河流域下游绿色

生态走廊，促进生态保护与人口经济协调发展。

四、数字基础设施是黄河流域制造业国内价值链高质量嵌入的前提

以黄河流域制造业结构调整和价值链升级为动力的黄河流域高质量发展必然要与数字经济深度融合，完善黄河流域数字基础设施建设是必要的前提。黄河流域在完善数字基础设施方面还存在很多短板，其数字化建设水平远落后于东部沿海地区。

一是要坐实黄河流域数字基础设施核心层。数字基础设施建设是数字基础设施的核心层，包括5G、大数据、人工智能等方面的数字基础设施建设。首先，要进一步建设高速宽带基础网络和通信网络，着重提升通信网络的速度和覆盖范围，确保高效的数据传输。其次，要加大新一代超算、云计算等技术领域投资，提高数据处理和存储的能力。最后，要大力发展人工智能技术，提高智能化水平。

二是要构建黄河流域数字基础设施外延层。以数字化为核心的全新基础设施是数字基础设施的外延层，包括新能源、新材料及其应用领域配套设施、无人化配套设施等，以及这些领域对应的园区项目。首先，黄河流域高质量发展最关键的问题是生态保护，而黄河流域省份的产业多以能源型为主，因而黄河流域要通过关键技术突破，实现传统能源产业的绿色低碳转型。其次，要推动黄河流域地区统一数字化平台建设。制定并推行安全、高效的服务贸易数据共享机制，以保护隐私和确保数据安全。统一数据格式和管理规范，引导各类服务贸易企业积极参与数字化平台建设，合理有效地运用数字化平台，从而提高服务贸易质量与效率。最后，要在西安、郑州、兰州等黄河流域核心城市间建立与新能源、新材料等行业有关的产业集群，并在此基础上建设无人化数字园区。

三是要拓展黄河流域数字基础设施辐射层。数字基础设施辐射层是经数字化、智能化改造的传统基建，以及为补齐某些传统基建“短板”而衍生的新型细分领域，如智慧城市、轨道交通等。首先，要实现传统产业改

造升级；其次，要在此基础上推动新材料、新器件、新工艺和新技术的研发应用，为新技术的发展，新产业、新模式和新业态的形成与大规模商业化提供必要支撑；最后，要推动市政、交通、安全、环境、信息化等多个部门开展基于数字化平台的新型基础设施集成管理工作。

第二节　基于“一带一路”的黄河流域制造业全球价值链高质量嵌入

全球化是当代世界的主题，伴随着各国贸易自由化和技术的飞速发展，中间投入产品的可贸易性和生产步骤的可分解性得到进一步提升。各国都可以以国内价值链为载体对接全球价值链，实现本国的产业转型升级和高质量发展。然而，在2008年国际金融危机之后，逆全球化浪潮和贸易保护主义等问题日益凸显。在此背景下，习近平总书记发出建设“丝绸之路经济带”和“21世纪海上丝绸之路”的顶层倡议。通过与“一带一路”沿线各个国家和地区的深入沟通，“一带一路”倡议逐渐获得了国际社会的广泛认同。当前，“一带一路”国际经济合作已进入高质量发展阶段。

一、黄河流域制造业参与“一带一路”及融入全球价值链的特征事实

（一）参与全球价值链分工程度较低

从黄河流域制造业发展质量来看，黄河流域中上游地区（甘肃、青海、宁夏、陕西）与黄河流域其他地区相比制造业进出口受限程度相对较大。再加上黄河流域中上游通航条件有限，城市之间整体经济联系较弱，省域之间整体经济联系更弱，黄河流域中上游地区制造业没有形成流域内密切的区域经贸协同关系。本书第三章研究表明，从全球价值链后向参与度来看，黄河流域各省份参与度普遍不高，除山东外，其他省份全球价值

链后向参与度低于我国其他地区全球价值链参与平均水平。这说明黄河流域中上游地区最终产品生产使用的增加值较大比例来自各省份内部，较小比例来自国外。总而言之，黄河流域中上游地区参与全球价值链分工的程度较低。

（二）中上游地区尚未融入“一带一路”区域价值链

改革开放以来，中国经济快速发展，已成为全球第一贸易大国。在此过程中，东部地区深度融入全球价值链，而黄河流域中上游地区则快速融入以沿海发达地区为链主的国内价值链。然而，黄河流域在重点参与国内价值链的过程中，忽视了参与“一带一路”区域价值链的重要性，与“一带一路”区域价值链严重脱节，导致黄河流域中上游制造业企业缺少“走出去”的能力，制约了黄河流域中上游地区制造业在“一带一路”区域价值链上的发展。在习近平总书记提出的“一带一路”倡议下，黄河流域中上游地区与“一带一路”倡议参与国展开深度合作，坚持共商共建共享，形成命运共同体，实现国内价值链与“一带一路”区域价值链的协调发展。以“一带一路”区域价值链为依托，黄河流域中上游地区企业将国内标准与国际接轨，为中国“走出去”和“引进来”保驾护航，实现区域价值链和全球价值链的联动发展，推动中国全球价值链地位攀升。然而，在此过程中依然存在着一系列问题。本书第三章的行业竞争力分析表明，从总体上看，黄河流域中上游地区相对竞争力强的行业大多与当地资源和自然条件密切相关。黄河流域制造业行业处于竞争优势的大多是资源密集型行业，而处于竞争劣势的多数是技术含量高、附加值大和产业关联度高的行业。并且“一带一路”价值链上的大多数国家的支柱产业为资源密集型行业，与黄河流域中上游地区产业高度相似（刘志彪等，2018），可见，黄河流域中上游地区并未为了融入“一带一路”区域价值链而对自身的产业结构做出调整。总体而言，黄河流域中上游地区并未积极参与“一带一路”区域价值链的构建。

（三）与“一带一路”产能合作潜力巨大

“一带一路”价值链是以中国为主导的区域价值链，“一带一路”价值链上的大多数国家经济发展相较于黄河流域中上游地区而言还较为落后（刘志彪等，2018）。然而，“一带一路”价值链涉及范围广，各国间互补性强，这也为“一带一路”共建国家和地区间深度合作提供了天然条件。黄河流域中上游地区可以凭借“一带一路”价值链优势展开产业国际合作、产业国际转移或建立区域自贸区，优化黄河流域产业国内外布局，实现产业的转型升级。不同国家和地区拥有的土地、技术、资本、信息以及劳动力等生产要素的禀赋是各不相同的，这是跨地区开展经济行为的客观条件。本书第三章的生产关联度分析表明，一方面，黄河流域中上游地区利用国内价值链满足内需的程度相对较高，省际中间产品贸易额较大，在国内价值链分工体系中的参与程度较高；另一方面，黄河流域中上游地区之间的产能合作仅限于能源与服装加工领域，在其他领域则有很大的合作空间。总而言之，黄河流域中上游地区在依托国内价值链，同“一带一路”沿线国家和地区深入开展产能合作方面还具有较大潜力。

二、基于“一带一路”高质量嵌入全球价值链

（一）优化产业结构，积极融入“一带一路”价值链

当前，中国面临“人口红利”消失、劳动力成本增加、传统竞争优势逐渐丧失等诸多困境。加快形成以技术密集型和高附加值的商品研发、生产、出口为重要特征的新型竞争优势，对于提升以中国为主导的区域间生产网络中的国际分工地位至关重要。黄河流域制造业中上游地区在“一带一路”区域价值链中的分工地位长期处于平均值附近，且中低技术制造业在“一带一路”区域价值链中的分工地位普遍高于中高技术制造业。中低技术制造业在黄河流域中上游地区已饱和，而且以高消耗、低产出为特征的中低技术制造业在价值链中地位上升的空间有限。因此，一方面，提升中高技术制造业在“一带一路”区域价值链中的分工地位，是提高黄河流域制造业在“一带一路”区域价值链中地位的关键点。黄河流域中上游地区制造业因长期缺乏科技支撑而受到发展限制，故应瞄准中高技术制造业，以科技创新助力黄河流域中上游地区制造业突破发展“瓶颈”，提升

黄河流域中上游地区制造业在“一带一路"价值链中的地位。另一方面，鼓励黄河流域中上游地区制造业进行产业结构的优化和调整，以提升技术含量和附加值。政府可以通过提供税收优惠、贷款支持等激励措施，引导企业向技术密集型、高附加值的行业转型升级，主动融入“一带一路”价值链。

（二）推动“一带一路”国际产能合作路径的创新升级

在黄河流域传统产业国内发展优势地位逐渐丧失的情况下，加快推动国际产能合作成为当前阶段推动黄河流域提升在全球价值链中分工地位的重要手段。为解决国际产能合作可能出现的问题，可以从以下三个方面着手。一是维护开放发展环境，牢固树立“共商、共建、共享”的合作理念。弘扬丝路精神，推动“一带一路”沿线国家和地区的发展与合作，并通过夯实推进现有项目，赢得沿线国家的信任、欢迎与支持，推动国际产能合作向纵深发展。二是加强对“一带一路”沿线国家和地区的相关研究，降低各种产能合作风险发生的概率。具体而言，可以加强在“一带一路”沿线国家和地区政治、经济、安全、社会、文化等方面的研究，系统性评估相关风险，定期更新风险信息，发布“一带一路”沿线国家和地区风险报告，及时公布相关风险。对于高风险国家，做好对外投资风险预警。通过签订双边协定以进一步完善国际产能合作框架，制定双边投资保护机制及贸易、投资争端解决机制，建立多层次沟通平台，降低恶意违约风险，帮助中国企业在海外争取公平的投资和生产经营环境，维护中国企业合法权益，推动国际产能合作可持续发展。密切关注合作国的政治局势，指导中国企业进行滚动式投资，同时顺应合作国政治周期开展项目，减少项目中途被叫停或重新谈判等风险。出台具有可行性的政策和措施，推动产能合作相关保险、基金等的金融创新，与合作国共同分担和降低海外投资风险，维护“一带一路”建设的可持续发展。三是加快建设国内公共服务体系，为国际产能合作提供支持。具体而言，要强化国内公共服务支撑保障体系，采取多项措施支持国际产能合作，推动“一带一路”建设高质量发展。通过建设国际产能合作示范区，完善产业链条的海外整体布局。鼓励中国企业创建新型的运作模式，如通过企业抱团出海、建立境外产业集聚区和工业园区等，整合全产业链，推进高水平对外开放，促进产业链条由资源获取向产能输出转变，进而提升产业链的整合能力。

（三）推动以黄河流域为主导的“一带一路”区域价值链构建

当前，黄河流域面临着产业转移与产业升级的考验和机遇。政府和相关部门应推动构建新的经济发展结构下的以黄河流域为主导的区域价值链，其中产业转移是一种直接有效的方式，该方式适应了“一带一路”沿线国家和地区工业化水平差距大的情况。黄河流域的地理条件和经济结构使其成为构建区域价值链的理想地点。为构建“一带一路”区域价值链，可以从以下三个方面着手。一是为沿线发展水平较低的国家和地区提供制造业所需的产品和高端技术，构建完善的售后服务和维护体系，从而在短时间内形成以黄河流域为主导的产品价值链体系。这有助于推动生产技术改革、提高科技创新水平和企业经营能力。二是需要与落后国家和地区深化合作、加强与发达国家对接、拓展国际合作网络。从亚欧到非洲，通过共建“一带一路”为世界经济增长开辟新空间，为国际贸易和投资提供新平台。三是积极构建中国领导的多方合作框架，建立包括政府、企业、国际组织等的多方合作框架。通过定期会议、交流机制和联合研究，促进共同发展战略的制定和实施，确保各方在全球价值链中有更加积极的参与和贡献。政府也可以积极对接发达国家和国际组织的发展规划，吸收其成功经验和引进其先进技术，提升“一带一路”区域的产业水平。

第三节　黄河流域制造业双重价值链协同攀升

在一个国家参与的价值链上，其收益与其投入和产出息息相关。对中国而言，各地区同时参与国内价值链和全球价值链。国内价值链的中间产品来自本土企业，而全球价值链的中间产品则来自全球范围。对全球价值链而言，如果国内产品能够更多地作为中间产品参与其中，将有利于将更多的附加值留在国内。对国内价值链来说，能够更好地整合国内产业链，达成聚集效应，迅速提升产业竞争力，则有利于国内产业在全球价值链地位中的提升。研究发现，一个地区国际分工和区域分工可以协作并存，黄河流域制造业表现出既加入全球价值链又加入国内价值链的双重分工特征。这表明，国内价值链和全球价值链的互动对黄河流域制造业起到至关重要的作用。

一、黄河流域制造业双重价值链互动的特征事实

（一）区域内产业竞争力差距大

基于前文对黄河流域国内价值链参与程度和参与地位的分析可以看出，黄河流域中上游地区虽然在国内价值链中的参与程度与参与地位较高，但制造业竞争力水平仍较低且处于衰退状态，可能的原因在于该地区高等教育落后、高素质人才流失严重、人才引进不足等。而黄河流域下游地区制造业竞争力水平则相对较高，且相较于黄河流域中上游地区，中下游地区的知识密集型制造业更具比较优势。这表明在构建国内价值链以及参与全球价值链的过程中，中下游地区制造业会利用全球价值链的外资溢出效应等率先实现制造业升级，这证实了黄河流域制造业在参与国内价值链时形成的中下游主导、引领中上游发展的格局。这一格局表明黄河流域制造业发展不均衡，黄河流域东西部之间企业所有制也存在巨大差距。山东、河南等黄河流域中下游地区民营经济占大头，经济活动较为活跃，而黄河流域中上游地区国有企业较多，整体效率低下，这导致两区域产业竞争力存在较大差距。

（二）黄河流域融入国内价值链分工效率不高

国内价值链分工能够通过技术创新扩大企业出口规模。与发达国家相比，中国制造业凭借低成本劳动力优势直接嵌入到全球价值链分工体系中，培育出强大的国内价值链分工体系之后再嵌入全球价值链，进而在国际市场上表现出更强的竞争力。对黄河流域而言，积极融入国内价值链分

工体系对出口规模的促进效应持续性更强、动力更足以及真实效益更高。然而，前文黄河流域参与国内循环的变化趋势的研究表明，对黄河流域各省增加值而言，省内循环所占份额最高，且占比呈下降趋势；省际循环与国内循环占比呈相反变化趋势，且2015年以后省际循环占比呈上升趋势。根据黄河流域省际循环与国内循环逐年的变化趋势可知，黄河流域省际循环与国内循环存在反向关系。这是因为黄河流域地区之间设置的“旋转门”和“玻璃门”造成了严重的市场分割，提升了地区间企业的交易成本，降低了黄河流域融入国内价值链分工的效率。这进一步导致黄河流域技术溢出效应微弱，交易成本负向效应凸显，无法形成具有国际竞争力的国内价值链企业集群。可见，黄河流域在国内价值链分工上的低效性不仅制约了技术创新，还阻碍了企业出口规模的扩张。

（三）高端产业优势与需求不足

“微笑曲线”理论指出，价值链的两端通常能够获得更多的附加值，而黄河流域在全球价值链中处于被发达国家“俘获”的低端位置。由于发达国家对关键技术的封锁，地区向价值链高端攀升往往受阻。前文测量黄河流域相对竞争力发现，黄河流域相对竞争力强的行业大多依靠当地资源和自然条件。黄河流域制造业行业多数处于竞争优势地位，但这些处于竞争优势地位的行业大多是资源密集型行业，而处于竞争劣势地位的行业多数是技术含量高、附加值大和产业关联度高的行业。究其原因，一方面源于黄河流域的资源禀赋，如丰富的煤炭、石油、天然气与有色金属等；另一方面与中华人民共和国成立初期的工业布局具有鲜明的能源型经济特征相关。这些产业处于价值链的底部，增加值不高。各省份为了追求大而全的产业面，不顾当地的环境情况，盲目建设不适合当地经济发展的制造业，使得黄河流域产业同质化严重，产业同质化进而导致了产品同质化。同质化现象的出现将会极大地影响黄河流域制造业的利润空间，导致消费者在对应市场的购买力下降，并引发重复建设与产品创新效率低下等问题。

二、黄河流域双重价值链产业与空间组织优化

黄河流域双重价值链产业与空间组织优化可以从产业、空间布局与制度质量三个方面进行分析。

（一）产业集聚不均衡

黄河流域上中游地区在国内价值链构建中面临一系列挑战。地理位置较为偏远、要素禀赋相对不足、创新投入水平较低、区域内的产业与人口过度分散等因素在一定程度上制约了黄河流域上中游地区参与国内价值链的积极性。与此相对，黄河流域下游地区具有更好的地理位置、要素禀赋、科技创新能力，以及较好的生态保护状况，这使其更容易实现产业集聚、人口集聚、吸引更多人口就业等目标。同时，降低成本并推动正外部效应的发挥，有利于区域价值链的构建。本书第三章表明，甘肃在交通运输业，仓储和邮政业，租赁和商务服务业，陕西在交通运输业，仓储和邮政业，信息传输、软件和信息技术服务业，科学研究和技术服务业，呈现出绝对集中的趋势。而山东则在这些领域都有绝对集中趋势。这证明，黄河流域不同区域间产业集聚的数量和质量不均衡。然而，产业集聚也存在一些挑战。当产业集聚达到一定程度时，负外部性可能出现，产生“拥挤”效应，导致生产成本上升，从而可能导致产业扩散或转移到上中游地区。在这种情况下，部分物质资本、人力资本和创新资本可能会发生转移。而产业集聚不均衡引发的产业分散可能导致资源配置不协调，一些地区可能过度依赖某一特定产业，一省财政可能过于倚重某种单一产业，这会造成整个地区经济的稳定度不高。企业家也会借此与政府勾结打压其他潜在产业的崛起，从而限制其他潜在产业的发展。

（二）空间布局呈多中心结构

通过改革开放40多年的建设，黄河流域建成了关中平原城市群、呼包鄂榆城市群、中原城市群及山东半岛城市群，形成了以西安、青岛、郑州中心城市为网络中心的多中心结构格局。我们可以很明显地看到黄河流域

多中心分散，各自距离较远。相对于单中心集聚的结构，较为分散的多中心结构可能会带来交易和运输成本的上升。企业的生产和交易成本可能随之上升，城市间的合作水平不足，中间品价格上升，黄河流域在国内和国际价值链中的地位难以提升。前文在分析黄河流域发展结构中曾提到，省份之间的距离对产业的协同有着较大影响。而青海、甘肃、宁夏等省份中心城市之间距离较远，加上黄河通航条件有限，导致这些城市之间整体经济联系较弱，省域之间联系更弱，没有形成流域内密切的区域经贸协同关系，进而阻碍黄河流域制造业开放水平提升。

（三）制度质量仍需提升

前文对黄河流域的区域特征分析结果表明，各省份制造业开放水平落差较大且经济联系较弱。对黄河流域嵌入国内价值链的影响要素分析结果表明，黄河流域产权单一，国有经济占比过高，企业缺少创新能力。在制度理论经济学的观点中，制度被视为经济增长的关键来源，它在经济发展中发挥着决定性的作用。高志刚（2021）认为，可以用产权多元化、财政分权以及经济开放度衡量制度质量。黄河流域的资源型城市在产权多元化方面，国有经济占有较高比重，制度相对僵化，整体经营效率不高，市场机制不完善，这可能产生“供给障碍”问题。引入多元化产权，明晰不同产权关系，进一步实施有效的产权激励，可以降低交易成本，提高微观主体的活力，淘汰落后的生产能力，建立更有效的企业治理机制。从经济发展的角度来看，产权多元化可促进要素配置，推动要素的自由流动，增加物质资本、社会资本和人力资本的积累。此外，财政分权也是一个重要因素。分税制改革使地方政府有更大自主权分配资源，但也可能导致地方政府过于追求短期的 GDP 增长，加大投资基础设施等资本性支出，而忽视民生支出，进一步致使低端产能过剩，不利于产业结构升级，引发结构性矛盾。不完善的财政体制不利于供给侧结构性改革政策的顺利推进，从而阻碍经济可持续发展。最后，经济开放也是关键因素。黄河流域的资源型城市通常地处内陆，距离经济发达地区和国际市场较远，面临严重的区位障碍。

三、基于“双循环”推动黄河流域双重价值链高质量攀升

黄河流域的发展必须服务于国家重大战略，并高度依赖于国际形势以及由此带来的国内影响。基于分工表现出来的产业链格局的国际和国内变化呈现出两个突出特点。

第一，基于“双循环”进行“双转移”。经过以产业间分工、产业内分工、产品内分工、工序间分工驱动的四次国际产业转移，全球范围内的产业已经进入以“工序间分工与产业间融合”为特征的第五次浪潮。在这一背景下，中国在国际分工产业链中以低成本优势承接发达国家产品的组装加工环节，并以原材料进口为主与东南亚等国家形成的分工模式受到挑战。这种国际分工格局中特殊的枢纽地位使中国在新一轮国际产业转移中承担着全新的“双角色”，推动着全球产业的新一轮布局调整：既向发达国家转出高端产业，也向东南亚国家转出低端产业。中国向东南亚国家转移的行业主要有三大类：一是污染行业，如橡胶加工与制造；二是产业链短且对非复杂劳动力使用多的行业，如低端服装加工；三是全出口产业，如服装、家具、照明产品等。东南亚国家既是中国低端制造业和低端生产环节转移的目的地，也是低端产品的主要出口市场，如 OPPO 手机在越南热销，摩托车、家电、卫浴等产品在菲律宾等国家畅销。出口产业向东南亚国家的转移，一是利用其区位优势，东南亚国家本身就多是出口导向型国家，出口优势明显；二是 C－ASEAN 的成立及《区域全面经济伙伴关系协定》《全面与进步跨太平洋伙伴关系协定》等区域一体化协议的推动，区域协定有助于降低贸易成本，推动投资与贸易便利化；三是避免贸易争端，长期以来的中美贸易争端主要源于两国的贸易不平衡，中国向东南亚国家转移出口，实际就是转移顺差，缓解与主要出口市场的贸易摩擦。

这是中国参与新的国际产业分工格局的新模式，是“双循环”中国内大循环的具体表现。在国内，由于区域发展不平衡，制造业水平存在东部、中部、西部地区由高到低的梯度差异，轻工产品、能源化工、资源精深加工的劳动和资源密集型产业向中西部地区转移，而技术密集型产业进

一步向东部沿海地区集中。进口资源加工型产业则依据区位优势实现转移：原材料主要依赖进口的钢铁、石化等产业向沿海港口区域转移，如连云港徐圩新区承接苏州新的国家级石化产业基地；主要与周边国家合作的木材加工、矿产加工、煤化工、农副产品等产业向边境口岸城市转移，如绥芬河国林木业城产业园区形成集贸易、加工、交易、物流等于一体的综合性园区。以上是中国在新时期国内产业的重新布局。

第二，产业链“两端挤压”带来“产业空心化”风险。第五次产业国际转移之前，产业在世界不同国家之间的转移受小岛清“边际产业扩张理论”的影响主要表现为“雁型模式”，即由科技革命和产业变革引发以高度发达的工业化国家或地区为领头雁，向工业化欠发达地区梯次转出低端的劳动密集型产业的单向转移模式，是国际产业分工不断深化、不断细化的结果。而新一轮国际产业转移受产业融合趋势与技术进步推动的影响，是由信息技术、数字技术、人工智能、生物技术、新能源技术、新材料技术等交叉融合形成的新一轮科技革命和产业变革，给全球制造业生产方式带来了颠覆性的影响，使不同发展水平的国家间形成了不同层次上的产业关系，分工的日益细化与产业的深度融合相嵌套，改变着全球制造业的发展格局和新一轮国际产业转移模式。

此外，曾经的工业欠发达国家正在逐渐成长为“新兴经济体”并与发达国家在国际市场上角逐，导致主要由发达国家发起的新贸易保护主义盛行，冷战思维滋生，脱钩威胁加剧，加之欧美等发达国家自身经济出现问题，发达经济体纷纷开始推行“再工业化”战略以推动制造业回流、价值链高端环节收紧。中国在全球产业链中特殊的枢纽地位决定了其将因此而受到巨大的影响，并已经出现计算机、航空航天、汽车、机械等高端行业开始从中国向发达经济体转出的现象，中国的高端产业将面临“削头”的风险。同时，考虑到中国劳动力成本上升以及产业结构升级的要求，部分低端制造业加速向东南亚国家转移，印度尼西亚、越南等国正在逐渐成为国际低端制造业转移的重要承接地，这在一定程度上对中国产业链形成“断尾”压力。中国制造业占 GDP 的比重已经从 21 世纪头 10 年稳定的

32%左右下降到第二个10年的27%左右，发达国家一直存在的“产业空心化”现象或许会因不同的原因以同样的方式在中国重新上演。

在以上国际、国内大背景下，基于制造业双重价值链攀升的黄河流域高质量发展需要重点突破。

（一）基于国际协调发展确立黄河流域发展格局

面对“两端挤压”的风险，迅速形成产业链完整的国内统一大市场势在必行。2022年1月，工业和信息化部、国家发展改革委等十部门联合发布《关于促进制造业有序转移的指导意见》，该意见指出，西部地区要建设国家重要的能源化工、资源精深加工、新材料、轻工产品等劳动密集型产业、绿色食品基地，以及区域性高技术产业和先进制造业基地；东北地区要加快高端装备、航空等传统优势产业改造升级；中部地区要着力打造能源原材料基地、现代装备制造及高技术产业基地；东部地区要强化关键核心技术创新，提升创新策源能力和全球资源配置能力，加快培育世界先进制造业集群。

在国家清晰的产业区域布局指引下，一方面，利用我国完整的工业体系和基础，借助超大的市场规模和劳动力优势，提高黄河流域产业的规模效应；利用与东部地区的要素差异加强专业化分工与协作，推动产业链在区域间合理布局与协同发展。另一方面，在全球产业转移第五次浪潮中坚持对外开放，深化对外开放要有新思路，要充分利用“一带一路”建设的已有成就，深度挖掘“一带一路”沿线国家和地区的发展潜力与优势，并要有效借助《区域全面经济伙伴关系协定》的力量，利用中国在国际分工产业链中的枢纽地位，打破现有分工体系，构建“中国+N”的亚洲价值链布局，形成以中国为主导的区域产业价值链，适当引导部分低附加值产业或生产环节对外转移，并借此加强中国与亚洲新兴经济体之间的产业关联，强化中国在亚洲价值链中的核心功能。

（二）基于产业适配规避“产业转移陷阱”

由于资源禀赋差异，黄河流域省份与长三角地区的产业梯度差十分明显。新一轮制造业布局具有两个十分显著的目标导向：一是市场驱动；二是集群导向。市场驱动型发展要求生产地接近市场以节约运输成本，而无论是消费层次还是消费规模，东部地区都容量巨大，因此珠三角内部的转移、由深圳向东莞、佛山、惠州的转移，以及向武汉、郑州或重庆的转移都十分明显。产业链各个环节的生产商集群化布局带来的产业集聚效应具有不可比拟的高效率和低成本优势，而中国的制造业产业集聚地几乎都分布在东部地区，因此区域内部由发达省份向不发达省份的转移非常明显，比如苏南向苏北的转移、珠三角地区向周边和邻近地区的转移以及向江西南部的转移等。这使得中国制造业产业转移路径较短，形成"产业转移陷阱"。

而我国传统的产业国内转移，在宏观层面表现为中国加入世界分工体系之后经济的快速增长以及城镇化推动的固定资产投资增长，宽松的货币政策使东部沿海发达地区的"过剩资本"向中西部城市转移，在微观层面则表现为东部地区劳动力、土地等要素成本大幅上涨，推动产业向成本更低的中西部转移。这种产业国内转移的具体实现形式即地方政府的招商引资，内陆城市大多单纯依赖土地、财政、补贴等优惠政策吸引企业进入，从而形成拼政策的"内卷化"现象。

随着这些"旧动能"的逐渐衰减，叠加当前严峻而动荡的国际形势，完整而成熟的产业链、资金链、人才链在产业转移中的吸引力日益提高。黄河流域在调整产业结构承接产业转移时，不仅应重视当地的自然禀赋和产业结构、当地是否有产业龙头以及产业关联性，还应使引进项目与当地产业发展规划相匹配，避免重复投资和产能过剩，以达到形成完整产业链和产业集群的目的。

（三）基于要素协同规避产业—要素"逆向转移"

黄河流域产业发展的基础是要素，尤其要避免产业与要素的逆向流动。

1."逆向转移"的主要表现

首先是劳动力要素。产业发展的基础是生产要素，其中尤其以劳动力要素为主，而产业转移本身就会带来劳动力的转移。通常情况下，产业转移与劳动力转移是“同向而行”的，即劳动要素会随着产业的转移而从迁出地转移到迁入地。但我国现阶段的产业转移呈现出“产业从发达地区向包括黄河流域在内的中西部地区转移，而大量劳动力从欠发达地区外流至发达地区”的“逆向而行”的趋势和特征，这种欠发达地区劳动力尤其是高技能劳动力供给不足的现象在一定程度上会阻碍产业的进一步转移以及产业结构的优化升级。我国第七次人口普查数据显示，2020 年，我国有 3.76 亿人口从中西部地区向东部地区流动，且其中 90% 为劳动力人口的流动，东部地区 2020 年常住人口数量占全国总人口的比重达 40% 以上，而黄河流域不到 10%，且差距还在进一步加大。黄河流域地区“招工难”“用工荒”现象日益突出。人才流失问题成为当前制约黄河流域高质量发展的突出问题。

劳动力受教育程度直接影响劳动力质量和生产率，是劳动力市场配置的关键因素。第七次人口普查结果显示，我国 15 岁以上人口人均受教育年限从 10 年前的 9.08 提高到 9.91。全国人均受教育年限排在前三位的是北京、上海和天津，排在后三位的是西藏、青海、云南。劳动力受教育水平直接影响技术创新程度，而技术创新能力与水平对东部地区行业间资源错配的影响高于对黄河流域地区的影响，这说明黄河流域产业结构以劳动密集型行业和低端制造业等非技术密集型行业为主，提高黄河流域教育水平以提高劳动力资源配置效率是缩小黄河流域与东部地区差距的根本因素。

其次是基础设施。除了交通、水力、电力供应等传统的基础设施，在以高质量发展为目标的新发展时期，数字基础设施对产业转移的影响日益提高。地区网络基础设施的普及化会加速信息融合，从而优化资源配置效率，促进区域间产业承接与融合。网络普及率是对各地区资源配置及产业发展影响程度最大的因素。目前，我国东部、中部、西部三大地区的网络普及率分别为 85.5%、80.5%、66.8%，黄河流域省份主要所处的西部地区网络普及率则明显偏低，互联网、云计算、大数据等数字化基础设施建设也十分薄弱。

最后是生态要素。与中国在以制造业国际转移为主要内容的第一轮全球化中承接西方发达国家制造业组装加工环节，从而不得不面对环境污染和生态破坏的情形类似，黄河流域及其他中西部地区在承接东部地区产业转移时，也不得不面对东部地区高污染、高能耗带来的对生态的影响。而黄河流域高质量发展最重要的内容就是生态保护。当前，产业从东部地区向黄河流域地区的转移，主要动因是降低成本、提高效益，推动本地产业升级，其在转移过程中会不惜透支资源和环境承载力，引发承载地生态环境问题。一方面，正如经济发达程度不同的国家对环境与生态保护的意识和要求不同一样，中西部地区对自身的自然环境保护意识较差，对生态要求较低，在承接产业转移时只考虑或多考虑经济效益，对环保并不重视，因此会承接一些高污染、高耗能、高排放产业；另一方面，东部地区的工业体系已稳固建立，以金融、保险、信息咨询、房地产等为主体的第三产业发展迅速，居民消费层次、消费水平同步提高，而西部地区三次产业比重差异不大，以资源型农业和初级加工为主的经济模式仍未得到根本改变，且第三产业发展仍然缓慢，并以传统的流通和服务业、交通运输业、批发零售业为主，为现代工业服务的金融、通信和信息产业相当薄弱，现代化水平不高。因而，东部地区基于产业结构持续优化而转移给中西部地区的产业通常技术含量低、污染高、收益低，这加剧了黄河流域地区的生态恶化。

2. 提升制度质量促进产业与要素协调

一是促进产权多元化。黄河流域的资源型城市可以推动国有企业的产权多元化，通过明确不同产权关系，减少交易成本，实现激发产权有效激励，提高企业的治理效率。还可以逐步引入非国有资本，并鼓励私营经济的发展，建立更具活力的市场机制，从而减轻“供给障碍”问题。

二是改进财政分权机制。为了更好地协调资源配置，财政分权需要更加合理和平衡。地方政府应该更注重民生支出，确保资金用于基础设施建设等资本支出的同时，保障公共服务的质量，以促进结构升级和缓解结构性矛盾。此外，政府官员的绩效考核需要更多地关注经济的合理性和可持续性，而不仅仅是 GDP 增长。

三是促进市场进一步开放。为了克服地理障碍，黄河流域的资源型城市可以通过促进经济开放拓展市场，吸引更多的外部投资和合作机会。具体做法包括发展跨境贸易、吸引外资、推进国际合作项目等，这些做法有助于促进区域协调发展，减少区位障碍的影响。

（四）基于全产业链规避“蛙跳式”短路径产业转移

1. “蛙跳式”转移的主要表现

“蛙跳式”转移导致产业短路径转移。产业在国内转移日益出现经济发展领先城市跳过周边次发达县市转移到邻省甚至东南亚国家的现象，除区位条件和资源禀赋条件无法满足转出产业需求及产业布局需求等正常因素外，这种“蛙跳式”转移大部分是由于被转入地有更加优惠的政策，且产业转移路径短。珠三角地区这种现象较明显，长三角、珠三角地区已经形成较为成熟的产业集群，产业转移成本较高，这导致产业转移地理辐射近，黄河流域及其他中部和西部地区很难受益。这种短路径产业转移对全国范围内拉长产业链条，实现各地区协调发展，形成国内统一大市场作用甚微。

2. 以分工细化延长产业链

一是加强与东部地区的分工协作，形成原料基地和劳动力基地的双重身份，以延长全球价值链在国内的环节。推进产业在国内有序转移的重要基础是产业梯度差，目标是形成国内各区域协调发展的产业网络。由于资源禀赋差异，我国东中西部地区之间的产业梯度差十分明显，但并不意味着只要存在产业梯度差，产业转移就会发生。产业转移它需要承接地推力和承接地拉力的共同作用，即转出地要有所有权垄断优势和内部化优势，而承接地要有区位优势和要素优势，由此才能形成不同区域之间以优势互补为基础的良性互动。

二是将分工焦点从“环节对链条”升级为“链条对链条”，实现对节点的分解与定位，从而产生相同模块的聚集效应，带来正向的外部性，以减轻发达国家对黄河流域制造业的纵向挤压，解决低端锁定的问题。黄河流域要在加强成本优势的基础上以“链条式”产业承接方式与东部地区形成合作，突破产业转移短路径“瓶颈”。

三是促进中上游与中下游地区之间协同发展。政府可以建立产业联盟，支持不同地区的企业共享资源、技术和市场信息，提升黄河流域产业竞争力，鼓励企业承接研发、制造和营销等环节，推动全流域制造业质量水平整体提升，形成一体化的经济模式，促使价值链的形成和完善。

参考文献

[1]安树伟,李瑞鹏.黄河流域高质量发展的内涵与推进方略[J].改革,2020(1):76-86.

[2]陈虹,王蓓.生产性服务化对制造业出口技术复杂度提升的影响研究:来自中国的经验分析[J].经济问题探索,2021(9):117-129.

[3]陈晓东,金碚.黄河流域高质量发展的着力点[J].改革,2019(11):25-32.

[4]陈晓东,刘洋,周柯.数字经济提升我国产业链韧性的路径研究[J].经济体制改革,2022(1):95-102.

[5]陈晓东,杨晓霞.数字化转型是否提升了产业链自主可控能力?[J].经济管理,2022,44(8):23-39.

[6]陈艺毛,李春艳,杨文爽.我国制造业国际分工地位与产业升级分析:基于增加值贸易视角[J].经济问题,2019(5):105-114.

[7]杜传忠,刘书彤.数字经济赋能中国制造业全要素生产率的效应测度及路径分析[J].经济与管理研究,2023,44(9):43-65.

[8]杜宇,黄成,吴传清.长江经济带工业高质量发展指数的时空格局演变[J].经济地理,2020(8):96-103.

[9]段联合.新发展格局下我国贸易结构优化与产业结构升级联动关系[J].商业经济研究,2021(23):173-176.

[10]冯永琦,邱晶晶.科技金融政策的产业结构升级效果及异质性分析:基于“科技和金融结合试点”的准自然实验[J].产业经济研究,2021(2):

128 - 142.

[11]付晨玉,杨艳琳. 中国工业化进程中的产业发展质量测度与评价[J]. 数量经济技术经济研究,2020(3):3 - 25.

[12]高敬峰,王彬. 国内区域价值链、全球价值链与地区经济增长[J]. 经济评论,2020(2):20 - 35.

[13]郭炳南,王宇,张浩. 数字经济、绿色技术创新与产业结构升级:来自中国282个城市的经验证据[J]. 兰州学刊,2022(2):58 - 73.

[14]郭春丽,易信. 新发展阶段扩大内需的现实逻辑、战略导向和实践重点[J]. 经济纵横,2023(7):34 - 42.

[15]韩小蕊. 中国对"一带一路"沿线国家直接投资与出口贸易互动关系研究[J]. 工业技术经济,2020,39(8):95 - 100.

[16]何雅兴,罗胜,谢迟. 中国区域双重价值链的测算与嵌入特征分析[J]. 数量经济技术经济研究,2021,38(10):85 - 106.

[17]黄速建,肖红军,王欣. 论国有企业高质量发展[J]. 中国工业经济,2018(10):19 - 41.

[18]惠宁,杨昕. 数字经济驱动与中国制造业高质量发展[J]. 陕西师范大学学报(哲学社会科学版),2022,51(1):133 - 147.

[19]黎峰. 国内垂直专业化分工与区域间技术差距:基于地区—行业层面的分析[J]. 商业经济与管理,2021(3):70 - 84.

[20]黎峰. 国内专业化分工是否促进了区域协调发展?[J]. 数量经济技术经济研究,2018,35(12):81 - 99.

[21]李虹,邹庆. 环境规制、资源禀赋与城市产业转型研究:基于资源型城市与非资源型城市的对比分析[J]. 经济研究,2018,53(11):182 - 198.

[22]李杰,沈宏亮,宋思萌. 数字化转型提高了企业劳动资源配置效率吗?[J]. 现代财经(天津财经大学学报),2023,43(9):108 - 125.

[23]李秀芳,金璐. 财政政策、预期管理与产业结构优化[J]. 财经科学,2023(4):63 - 77.

[24]李艳,柳士昌. 全球价值链背景下外资开放与产业升级:一个基于

准自然实验的经验研究[J]. 中国软科学,2018(8):165－174.

[25]廖正方,王丽. 金融科技与京津冀地区产业结构升级[J]. 北京社会科学,2023(5):22－32.

[26]林毅夫. 新结构经济学[M]. 北京:北京大学出版社,2012.

[27]刘翠花. 数字经济对产业结构升级和创业增长的影响[J]. 中国人口科学,2022(2):112－125＋128.

[28]刘琳轲,梁流涛,高攀,等. 黄河流域生态保护与高质量发展的耦合关系及交互响应[J]. 自然资源学报,2021,36(1):176－195.

[29]刘喜和,叶静,楼倩. 地方政府债务、银行信贷配置与制造业创新[J]. 审计与经济研究,2022,37(4):101－109.

[30]刘新智,沈方. 人力资本积累与产业结构升级的耦合协调研究:以长江经济带为例[J]. 西南大学学报(社会科学版),2021,47(3):99－111＋220－221.

[31]刘赟,莫斌. 货币政策、信贷规模与产业结构升级:基于银行竞争视角的分析[J]. 山西财经大学学报,2021,43(8):43－56.

[32]刘志彪,凌永辉. 结构转换、全要素生产率与高质量发展[J]. 管理世界,2020,36(7):15－29.

[33]刘志彪,吴福象. "一带一路"倡议下全球价值链的双重嵌入[J]. 中国社会科学,2018(8):17－32.

[34]刘志彪. 全国统一大市场[J]. 经济研究,2022,57(5):13－22.

[35]刘智勇,李海峥,胡永远,等. 人力资本结构高级化与经济增长:兼论东中西部地区差距的形成和缩小[J]. 经济研究,2018,53(3):50－63.

[36]柳卸林,陈傲. 中国区域创新能力报告:2011[M]. 北京:科学出版社,2012.

[37]陆江源. 地方参与国内国际循环水平测度研究[J]. 当代经济管理,2022,44(5):8－13.

[38]逯进,李婷婷. 产业结构升级、技术创新与绿色全要素生产率:基于异质性视角的研究[J]. 中国人口科学,2021(4):86－97＋128.

[39]吕德胜,王珏,程振.黄河流域数字经济、生态保护与高质量发展时空耦合及其驱动因素[J].经济问题探索,2022(8):135-148.

[40]金碚.关于“高质量发展”的经济学研究[J].中国工业经济,2018(4):5-18.

[41]马丹,何雅兴,郁霞.双重价值链、经济不确定性与区域贸易竞争力:“一带一路”建设的视角[J].中国工业经济,2021(4):81-99.

[42]马静,闫超栋.中国工业转型升级效果评价、地区差距及其动态演化[J].现代经济探讨,2020(8):78-89.

[43]马淑琴,戴豪杰,徐苗.一带一路共建国家商品贸易网络动态演化特征与中国引领策略:基于147个国家的数据[J].中国流通经济,2022,36(9):86-101.

[44]毛其淋.人力资本推动中国加工贸易升级了吗?[J].经济研究,2019,54(1):52-67.

[45]孟繁瑜,李新瑶.科技创新政策支持下的产业升级换代研究:以美国钢铁行业史为鉴[J].科学管理研究,2019,37(3):82-86.

[46]潘彪,黄征学.长三角地区制造业分工合作、产业结构优化升级与对外贸易竞争力提升[J].科学发展,2021(8):5-14.

[47]潘为华,潘红玉,陈亮,等.中国制造业转型升级发展的评价指标体系及综合指数[J].科学决策,2019(9):28-48.

[48]乔美华.对外贸易对工业企业绿色创新效率的异质门槛效应[J].中国科技论坛,2019(11):93-102.

[49]任保平,杜宇翔.黄河流域经济增长—产业发展—生态环境的耦合协同关系[J].中国人口·资源与环境,2021,31(2):119-129.

[50]上官绪明,葛斌华.科技创新、环境规制与经济高质量发展:来自中国278个地级及以上城市的经验证据[J].中国人口·资源与环境,2020,30(6):95-104.

[51]邵朝对,苏丹妮.国内价值链与技术差距:来自中国省际的经验证据[J].中国工业经济,2019(6):98-116.

[52]沈路,钱丽.黄河流域高质量发展水平测度、空间关联及影响因素分析[J].统计与决策,2022,38(13):26-30.

[53]盛斌,苏丹妮,邵朝对.全球价值链、国内价值链与经济增长:替代还是互补[J].世界经济,2020,43(4):3-27.

[54]师博,张冰瑶.全国地级以上城市经济高质量发展测度与分析[J].社会科学研究,2019(3):19-27.

[55]史丹,李鹏.中国工业70年发展质量演进及其现状评价[J].中国工业经济,2019(9):5-23.

[56]宋洁.新发展格局下黄河流域高质量发展"内外循环"建设的逻辑与路径[J].当代经济管理,2021,43(7):69-76.

[57]宋文月,任保平.政府治理对产业结构变迁的影响及区域差异[J].中国软科学,2020(7):77-91.

[58]宋跃刚,郑磊.中间品进口、自主创新与中国制造业企业出口产品质量升级[J].世界经济研究,2020(11):26-44+135.

[59]苏丹妮,盛斌,邵朝对.国内价值链、市场化程度与经济增长的溢出效应[J].世界经济,2019,42(10):143-168.

[60]苏华,王威华,肖飒.要素集聚与高质量发展:基于黄河流域生态经济带地级市的实证研究[J].工业技术经济,2020(12):28-35.

[61]肖锐,汤宽之,洪正.产业升级、金融分权与民营企业融资约束[J].当代经济科学,2021,43(2):36-47.

[62]汤铎铎,刘学良,倪红福,等.全球经济大变局、中国潜在增长率与后疫情时期高质量发展[J].经济研究,2020,55(8):4-23.

[63]赵卫军,朱建民.人力资本、技术进步与中国文化产业转型升级:基于中介效应模型的分析[J].经济问题,2023(2):85-93.

[64]唐青青,吕德胜,王珏.数字贸易促进出口产品质量升级了吗?[J].现代财经(天津财经大学学报),2023,43(8):64-81.

[65]唐松,伍旭川,祝佳.数字金融与企业技术创新:结构特征、机制识别与金融监管下的效应差异[J].管理世界,2020,36(5):52-66+9.

[66]佟孟华,李慧,张国建. 区位导向性政策的创新驱动效应:基于产业转型升级示范区的证据[J]. 经济管理,2022,44(4):63－79.

[67]王彬,高敬峰,宋玉洁. 数字经济对三重价值链协同发展的影响[J]. 统计研究,2023,40(1):18－32.

[68]王晗,何枭吟. 服务业开放缩小了地区工资差距吗?——基于中国省际面板数据的实证分析[J]. 企业经济,2020,39(10):83－89.

[69]王静. 供需匹配的产业升级效应及其机制研究:基于全球价值链视角的实证检验[J]. 广东财经大学学报,2021,36(5):41－51＋60.

[70]王珏,黄光灿. 全球价值链下制造业嵌入式升级研究[J]. 区域经济评论,2017(5):86－93.

[71]王珏,吕德胜. 数字经济能否促进黄河流域高质量发展:基于产业结构升级视角[J]. 西北大学学报(哲学社会科学版),2022,52(6):120－136.

[72]王军. 新一代信息技术促进黄河流域生态保护和高质量发展应用研究[J]. 人民黄河,2021,43(3):6－10.

[73]王亚飞,张毅. 自贸区设立对城市全要素生产率的影响研究:兼论资本错配的中介效应和产业集聚的调节作用[J]. 软科学,2021,35(11):52－57.

[74]王永贵,高佳. 新冠疫情冲击、经济韧性与中国高质量发展[J]. 经济管理,2020,42(5):5－17.

[75]王玉燕,涂明慧. 国内大循环与制造业全球价值链地位:兼论双循环发展格局的新思路[J]. 商业研究,2021(6):44－54.

[76]王玉泽,罗能生. 对外直接投资对母国收入差距的影响效应:基于跨国面板数据的研究[J]. 中国管理科学,2019,27(4):1－12.

[77]王振华,孙闻娅,白冰. 数字金融要素配置、技术进步偏向与收入分配效应[J]. 现代财经(天津财经大学学报),2023(10):3－20.

[78]吴安兵,龚星宇,陈创练,等. 非金融企业影子银行化的风险承担效应:内在机制与经验证据[J]. 中国工业经济,2023(4):174－192.

[79]吴松强,蔡文洁. 知识溢出对先进制造业集群升级的影响研究:基于企业合作的中介和政府支持的调节作用[J]. 华东经济管理,2019,33

(10):58－65.

[80]吴玉彬,石福安."双循环"发展水平测度、时空格局与驱动因素研究[J].统计与决策,2023,39(17):89－94.

[81]项莹,陈奇远."双循环"背景下医药制造业参与全球与国内价值链分工的统计研究[J].系统科学与数学,2021,41(10):2800－2828.

[82]肖仁桥,沈路,钱丽.新时代科技创新对中国经济高质量发展的影响[J].科技进步与对策,2020(4):1.

[83]协天紫光,宋文豪.来华留学教育与中国对外直接投资:作用机制与经验证据[J].现代经济探讨,2020(9):63－75.

[84]徐鹏杰,王宁,杨乐晴.要素市场化配置、政府治理现代化与产业转型升级[J].经济体制改革,2020(5):86－92.

[85]徐伟呈,范爱军.数字金融、产业结构调整与经济高质量发展:基于南北差距视角的研究[J].财经科学,2022(11):27－42.

[86]闫红瑛.基于区域产业链差异化的西部经济研究新视角:评《西部地区产业联动发展与政策优化研究》[J].经济问题探索,2020(9):2＋191.

[87]杨骞,秦文晋.中国产业结构优化升级的空间非均衡及收敛性研究[J].数量经济技术经济研究,2018,35(11):58－76.

[88]杨朝均,付珊娜,毕克新,等.制造业产业升级与低碳技术突破性创新互动关系研究[J].中国软科学,2017(12):141－153.

[89]杨仁发,郑媛媛.环境规制、技术创新与制造业高质量发展[J].统计与信息论坛,2020(8):73－81.

[90]杨芸.产业变迁视角下的劳动力资源再配置:"新常态"下劳动力分布特征及其解释[J].管理现代化,2019,39(6):83－86.

[91]杨喆,陈庆慧,李涛.环境规制与工业绿色转型升级:基于规制异质性和执行力度视角的分析[J].重庆理工大学学报(社会科学),2022,36(4):41－54.

[92]姚树俊,董哲铭.我国产业链供应链现代化水平测度与空间动态演进[J].中国流通经济,2023,37(3):32－47.

[93]尹华,刘育彤.营商环境对省域制造业出口技术复杂度的影响:基于全国31个省级面板数据的中介效应分析[J].河南师范大学学报(哲学社会科学版),2022,49(2):84-92.

[94]于法稳,方兰.黄河流域生态保护和高质量发展的若干问题[J].中国软科学,2020(6):85-95.

[95]余丽丽,彭水军.国内价值链分工位置、增加值收益及产业链分解[J].经济科学,2021,43(3):96-107.

[96]余林徽,马博文.资源枯竭型城市扶持政策、制造业升级与区域协调发展[J].中国工业经济,2022(8):137-155.

[97]余世勇,朱咸永,张琦雯.区域市场分割对中国制造业全要素生产率的影响[J].西南大学学报(社会科学版),2022,48(4):109-120.

[98]余泳泽,段胜岚.全球价值链嵌入与环境污染:来自230个地级市的检验[J].经济评论,2022(2):87-103.

[99]余泳泽,杨晓章,张少辉.中国经济由高速增长向高质量发展的时空转换特征研究[J].数量经济技术经济研究,2019,36(6):3-21.

[100]袁航,朱承亮.国家高新区推动了中国产业结构转型升级吗[J].中国工业经济,2018(8):60-77.

[101]袁凯华,彭水军,陈泓文.国内价值链推动中国制造业出口价值攀升的事实与解释[J].经济学家,2019(9):93-103.

[102]张二震,戴翔.全球产业链供应链调整新趋向及其对策[J].经济学动态,2022(10):31-41.

[103]张国庆,李卉.税收增长对产业升级的影响:基于空间计量和面板门槛模型的实证分析[J].云南财经大学学报,2019,35(7):36-48.

[104]张虎,张毅,韩爱华.我国产业链现代化的测度研究[J].统计研究,2022,39(11):3-18.

[105]张建武,高聪,赵菁.中国人口、经济、产业重心空间分布演变轨迹:基于1978—2019年省级数据的分析[J].中国人口科学,2021(1):64-78+127.

[106]张军扩,侯永志,刘培林,等.高质量发展的目标要求和战略路径[J].管理世界,2019,35(7):1-7.

[107]张瑞,王格宜,孙夏令.财政分权、产业结构与黄河流域高质量发展[J].经济问题,2020(9):1-11.

[108]张少军,方玉文.中国经济双循环的比较优势分析[J].数量经济技术经济研究,2022,39(2):3-22.

[109]张少军,刘志彪.全球价值链模式的产业转移:动力、影响与对中国产业升级和区域协调发展的启示[J].中国工业经济,2009(11):5-15.

[110]张少军.全球价值链与国内价值链:基于投入产出表的新方法[J].国际贸易问题,2009(4):108-113.

[111]张涛.高质量发展的理论阐释及测度方法研究[J].数量经济技术经济研究,2020,37(5):23-43.

[112]张伟,李航宇,张婷.中国制造业产业链韧性测度及其时空分异特征[J].经济地理,2023,43(4):134-143.

[113]张月友,董启昌,倪敏.服务业发展与“结构性减速”辨析:兼论建设高质量发展的现代化经济体系[J].经济学动态,2018(2):23-35.

[114]赵剑波,史丹,邓洲.高质量发展的内涵研究[J].经济与管理研究,2019,40(11):15-31.

[115]赵立斌,范鹏辉,张梦雪,等.生产网络视角下河北与京津协同对接“一带一路”研究[J].国际经济合作,2022(3):33-43.

[116]赵涛,张智,梁上坤.数字经济、创业活跃度与高质量发展:来自中国城市的经验证据[J].管理世界,2020,36(10):65-76.

[117]中国科技发展战略研究小组,中国科学院大学中国创新创业管理研究中心.中国区域创新能力评价报告 2022[M].北京:科学技术文献出版社,2022.

[118]中国社会科学院工业经济研究所课题组,曲永义.产业链链长的理论内涵及其功能实现[J].中国工业经济,2022(7):5-24.

[119]仲颖佳,孙攀,高照军.基于时空数据的财政政策对产业结构升级的

影响研究:来自 281 个城市的经验证据[J]. 软科学,2020,34(10):56 - 62.

[120]周国富,董子祎,申博. 人力资本集聚、数字经济发展与"产业—消费"协同升级[J]. 山西财经大学学报,2023,45(6):70 - 84.